U0503955

国家社会科学基金项目"民国时期大学生就业问题及其对策研究（1927—1937）"（项目编号：14BZS124）

谭玉秀 著

民国时期大学生就业问题研究

1927·1937

中国社会科学出版社

图书在版编目（CIP）数据

民国时期大学生就业问题研究：1927—1937 / 谭玉秀著 . —北京：中国社会科学出版社，2024.3

ISBN 978 - 7 - 5227 - 2765 - 3

Ⅰ. ①民… Ⅱ. ①谭… Ⅲ. ①大学生—就业问题—研究—中国—1927 - 1937 Ⅳ. ①G647.38

中国国家版本馆 CIP 数据核字（2023）第 235600 号

出 版 人	赵剑英
责任编辑	吴丽平
责任校对	冯英爽
责任印制	李寡寡

出　　版	中国社会科学出版社
社　　址	北京鼓楼西大街甲 158 号
邮　　编	100720
网　　址	http://www.csspw.cn
发 行 部	010 - 84083685
门 市 部	010 - 84029450
经　　销	新华书店及其他书店

印　　刷	北京明恒达印务有限公司
装　　订	廊坊市广阳区广增装订厂
版　　次	2024 年 3 月第 1 版
印　　次	2024 年 3 月第 1 次印刷

开　　本	710×1000　1/16
印　　张	19
字　　数	302 千字
定　　价	108.00 元

目　　录

前　　言

　　大学生是天之骄子与社会的精英群体，是国家与社会发展的重要力量。其中，大学生就业是牵涉国家、社会、学校、家庭与个人等多重层面的社会问题，受到当今世界各国的高度关注。早在20世纪二三十年代，中国高校毕业生就业问题曾备受时人瞩目，社会上一度出现"毕业即失业"的言论，且甚嚣尘上，各类文章时常见诸各类报刊中，政府、社会与学校是如何应对的，成效怎样，值得深入探研。

一　选题背景与价值

　　中国高等教育肇始于清中晚期，在19世纪60年代至90年代的洋务运动开展过程中，清政府出于自强与求富的双重目的，创办了一系列的军事学堂、培养英语与商业方面的专业学堂，譬如上海广方言馆、京师同文馆、广州同文馆、天津武备学堂、天津水师学堂等。1901—1911年新政时期，清政府反思庚子之变的几乎覆亡之祸，遂下令进行政治、经济、教育等方面的改革。清政府通令全国各省，大力兴办高等教育，为大学教育在中国的推广奠定基础。1912年，清王朝退出历史舞台，中华民国创立，各式大学纷纷建立，高校数量不断增加，最多时增至116所。1916年，随着"洪宪帝制"的幻灭，袁世凯亦走到了人生的终点，随即北洋军阀内部的政治较量与军事斗争不停地上演着"你方唱罢，我登场"的喧嚣与血腥场面，中国高等教育亦跌入谷底，高校数量减至80余所。1927年4月18日，中国国民党建立了南京国民政府，为巩固新建的政权，从政治、军事、经济、教育与外交等方面，颁布制定了一系列相关政策，并付诸实施，国家建设逐步恢复。其中，中国高等教育再度获得发展，高校数量又恢复至100余所，培养了大量的高层次人才，1927年以来中国高等教育亦步入稳步发展阶段，摆脱了民国初期的低谷，大学毕业生逐年递增，流向全国的各行各业，譬如流向学校、政府机关、医院、银行、商店等领域，毕业生为这些部门的发展注入了新的活力。然而，1929 年世界经济危机爆发，西方诸国向中国转嫁危机，而中国国内战争、自然灾害、政治内斗与经济衰退等因素交替纠葛，致使 20 世纪 30 年代初中国大学生就业受阻，引发官方、社会与学界的高度关注。因此，为促进大学生顺利就业，南京国民政府、高校、社会与大学生等多方力量采取一系列措施，取得了一定成效。

目前，学术界关于此问题的研究尚处于起步阶段，本书以 1927—1937 年为考察时段，对大学生就业问题进行全面、系统地研究，力图复原大学生就业原貌，从微观层面解析大学生就业群体的内部结构，探讨安置大学生就业的举措及成效，从中归纳出大学生就业的特点。本书对大学生就业问题的探讨，不仅拓宽了民国教育史的研究领域，而且丰富了民国社会经济史研究的内容，具有较大的学术价值。同时，也可以为当今中国解决大学生就业问题提供史鉴，具有一定的现实意义。

二　学术史回顾

大学生就业是关乎个人、家庭、高校、社会与国家的敏感话题。当代世界各国与中国大学生的就业状况仍是困扰政府与社会的焦点问题。反观民国时期，高等教育快速发展，大学毕业生数量逐年递增，历年毕业的莘莘学子的就业分布、职业流向与能否成功就业等，成为时人聚焦的问题。正所谓"以史为鉴，可以知兴替"，民国时期大学生就业状况如何以及有关各方是怎样应对的？这一问题受到国内外学者的关注与研究。

（一）国内研究现状

20 世纪二三十年代，中国高等教育稳步发展，高校毕业生逐年增多。受 1929 年世界经济危机影响，中国经济萧条，就业环境恶劣，大学生就业问题较为突出。这引起当时政府官员、学者的关注，他们通过论著积极呼吁，表达各自见解，寻求与剖析解决就业的措施，当代学者们从教育史、经济史与社会史等角度，展开研究，取得了一些成果。

1. 民国时期

政府官员与学者们围绕大学生就业问题在报纸杂志上发表许多文章，

呼吁有关各方采取措施，提出各种意见与对策，主要集中在以下几个方面。

民国时期高校的统计。南京国民政府教育部对1912—1937年中国高等教育进行了调查与统计，主要有：《二十一年度全国高等教育概况统计》《全国高等教育概况：二十一年度调查》《调查与统计资料：最近五年度全国高等教育各科毕业生之比较》《二十二年度全国高等教育概况》《二十二年度全国高等教育概况》《教育部最近发表民国廿年度全国高等教育统计》《全国公私立大学及专科学校现况一览表》《全国历年之医科毕业生》《全国高等教育毕业生数表（1912年度至1914年度）》《全国各项教育统计》《全国高等教育概况》《我国最近二十年来国内高等教育之统计》《最近四年度全国高等教育毕业生调查》《最近全国高等教育概况》等论著①，刊载了南京国民政府教育部对全国高等教育的统计，重点围绕高校数量、分布、大学生人数等问题。这些统计为本书的撰写奠定了基础，可以从繁多的统计数据中爬梳出1927—1937年中国高校的发展态势，进而更加清晰地掌握大学的地域分布特点与数量的变化，以及其对大学生就业的影响。这些成果更多的是抽象数字的呈现，略有不足之处在于缺乏深入的理论分析。

民国时期高校毕业生的调查、统计与分析。随着南京国民政府建立了形式上统一全国的政权，亟须各类人才开展社会经济建设事业，势必对全国历年高校毕业生的情况较为重视，于是教育部进行了相关调查与研究，具体有：《毕业生统计》《调查毕业生就业情况》《一万大学毕业生》《全国高教毕业生比较》《历年全国专科以上学校毕业生统计》《全国大中学校

① 教育部高等教育司编：《二十一年度全国高等教育概况统计》，教育部高等教育司1933年版；《全国高等教育概况：二十一年度调查》，《新医药杂志》第4卷第8期，1936年；《调查与统计资料：最近五年度全国高等教育各科毕业生之比较》，《天仙旅社特刊》1937年特刊；郭有守：《二十二年度全国高等教育概况》，《时事月报》第14卷第2期，1936年；《二十二年度全国高等教育概况》，《教育季刊》第12卷第3期，1936年；《教育部最近发表民国廿年度全国高等教育统计》，《民间（北平）》第1卷第20期，1935年；《全国公私立大学及专科学校现况一览表》，《申报年鉴》，1933年；《全国历年之医科毕业生》，《现代国际》第1卷第2期，1937年；《全国高等教育毕业生数表（1912年度至1914年度）》，《统计月刊》1918年第2期；刘大佐：《全国各项教育统计》，《教育杂志》第27卷第4期，1937年；《全国高等教育概况》，《蜀铎》第2卷第1期，1936年；《我国最近二十年来国内高等教育之统计》，《中华基督教教育季刊》第10卷第1期，1934年；《最近四年度全国高等教育毕业生调查》，《国际教育》第1卷第3期，1936年；《最近全国高等教育概况》，《全国学术工作咨询处月刊》第2卷第10期，1936年。

历届毕业生状况总表》《教部统计最近五年度全国高教各科毕业生之比较》等成果①，以数据的形式，从宏观层面调查 1912—1937 年中国高校毕业生数量的变化，便于本书的顺利推进。此外，民国时期社会各界人士较为重视大学毕业生的出路问题。《毕业生之出路》《专门以上学校毕业生之出路》《北平大学为毕业学生谋出路》《毕业学生出路问题》②，这些文章多感慨于民国时期国人不是失业，而是无业，重点分析影响大学生就业的因素。鉴于此，他们借助舆情向政府施压，希望国家大力发展社会事业，为民众乃至大学生创造更多的工作岗位。然而，学者们更多的是理论层面的争论，缺乏实践层面的探研与推动。透过争辩，我们可以了解那个时代国人对大学生就业问题的关注度，从中探寻历史的真相。

　　大学生就业前后应具备的条件。《初期就业之大学毕业生》《职业指导与青年出路》《职业介绍理论与实施》《大学生的职业兴趣和后十年职业史的关系》《大学生的职业问题》《大学生的职业运动》《上海职业指导运动》《上海职指所推广人才出路》《青年会职业指导部定期开幕》等论著③，对大学生就业状况与就业素质进行了分析，指出：受国内天灾人祸、政局动荡与经济不景气等因素的影响，大学生不仅觅业困难，而且成功就业者常常是所学非所用。为提高毕业生就业率，应加强职业指导与大力推广职业介绍。特别强调已获业者更应增强服务意识与素质。

　　大学生失业原因、状况与解决途径。主要有：《专科以上学校毕业生

---

　　① 《毕业生统计》，《浙江民众教育》1933 年第 7 期；《调查毕业生就业情况》，《工业周刊》1937 年第 298 期；《一万大学毕业生》，《民间半月刊》第 2 卷第 4 期，1936 年；《全国高教毕业生比较》，《月报》第 1 卷第 1 期，1937 年；《历年全国专科以上学校毕业生统计》，《江西地方教育》1939 年第 161—162 期；《全国大中学校历届毕业生状况总表》，《湖北省政府公报》1934 年第 56 期；《教部统计最近五年度全国高教各科毕业生之比较》，《全国学术工作咨询处月刊》第 2 卷第 12 期，1936 年。

　　② 《毕业生之出路》，《振华季刊》第 1 卷第 3 期，1934 年；《专门以上学校毕业生之出路》，《顺天时报》1928 年 2 月 5 日第 7 版；朱光宇：《北平大学为毕业学生谋出路》，《正论》1935 年第 42 期；《毕业学生出路问题》，《国闻周报》第 9 卷第 26 期，1932 年。

　　③ 喻鉴清：《初期就业之大学毕业生》，《全国学术工作咨询处月刊》第 1 卷第 10 期，1935 年；钟道赞：《职业指导与青年出路》，《教育与职业》1933 年第 8 期；喻兆明：《职业介绍理论与实施》，中华书局 1948 年版；马葆炼：《大学生的职业兴趣和后十年职业史的关系》，《教育研究》1938 年第 91—92 期；百忍：《大学生的职业问题》，《中国革命》第 4 卷第 3—4 期，1934 年；正之：《大学生的职业运动》，《新人周刊》第 2 卷第 39 期，1936 年；《上海职业指导运动》，《民国日报》1927 年 10 月 16 日第 1 版；《上海职指所推广人才出路》，《民国日报》1930 年 8 月 20 日第 4 版；《青年会职业指导部定期开幕》，《申报》1927 年 4 月 28 日第 5 版。

失业问题》《苦闷的大学生》《救济大学毕业生》《由今日大学毕业生之无出路谈到今后中国之大学教育》《中国大学生之进路与出路》《大学生的出路问题》《大学生的出路》《教部训练毕业大学生》等论著①，其中，管怀琮的《大学生的失业问题》② 分析大学生在社会上的地位、大学生失业的现象、失业原因与大学生失业的救济法等。陆东野的《青年失业问题之研究》③，主要对青年失业的情形、失业原因以及解决青年失业问题的途径进行阐述。仪声的《大学生的失业问题》④ 指出：大学生失业不是大学生本身问题，而是社会问题，大学教育应与社会相适应，并对大学生毕业的去向进行归类等。仪声对大学生毕业后就业危机的剖析，令时人深思与反省。何景元的《大学生失业问题》⑤，用较长的篇幅说明大学生失业是一种严重的社会病态，探析大学毕业生失业恐慌的几种原因。陈光虞的《大学生失业问题的检讨》⑥ 强调，导致大学生失业的社会责任远比大学生本身的责任更大，指出教育制度与失业有极大的关联，学科设置亦是影响大学生就业难的主要原因。邱杰的《现阶段的大学生失业救济问题》⑦ 提出，不能"人尽其才"是导致中国大学生失业恐慌的因素之一，该文并对1934年、1935年、1936年中国高校的文科、法科、商科、教科、理科、农科、工科、医科等学科毕业生数量进行统计，提出文法两科毕业生失业概率大于其他各类实科，并呼吁政府改革县政及乡政工作，为文法两科毕业生提供就业机会。以上成果从经济、政治、外交、教育文化等层面分析大学生失业问题的由来，通过统计数据来说明大学生失业的严重，提出教育要实现"建教合作"与"政教合作"，建议各省市县行政人员多从大学生中选

① 龚徽桃：《专科以上学校毕业生失业问题》，《教育杂志》1937年第27卷；黄邦俊：《苦闷的大学生》，妇子书店1932年版；郭寿华：《救济大学毕业生》，《时代公论》第2卷第96期，1934年；张英：《由今日大学毕业生之无出路谈到今后中国之大学教育》，《文化与教育》第24期，1934年；吴世烈：《中国大学生之进路与出路》，《天籁》第26卷第1期，1937年；史乃绍：《大学生的出路问题》，《舆论周刊》第1卷第7期，1937年；海伦：《大学生的出路》，《时事周报》1932年第2卷；《教部训练毕业大学生》，《华侨半月刊》1936年第86期。
② 管怀琮：《大学生的失业问题》，《国立劳动大学月刊》第1卷第3期，1929年。
③ 陆东野：《青年失业问题之研究》，《社会半月刊》第1卷第14期，1935年。
④ 仪声：《大学生的失业问题》，《民生》1936年第30期。
⑤ 何景元：《大学生失业问题》，《社会半月刊》第1卷第1期，1934年。
⑥ 陈光虞：《大学生失业问题的检讨》，《民鸣周刊》第1卷第12期，1934年。
⑦ 邱杰：《现阶段的大学生失业救济问题》，《全国学术工作咨询处月刊》第2卷第7期，1936年。

拔任用，以解决失业问题。

从不同角度解读大学生就业问题。第一，民国时期学者对师范毕业生失业原因及指导办法等有所研究。宋积莲《青海师范毕业生服务指导问题》[①] 强调：一方面，全国各地推行义务教育合格师资的缺乏，另一方面，师范毕业生又苦无出路，并简要分析青海师范毕业生失业原因及指导办法。赵寿堦《城市师范毕业生应如何尽先去乡村办教育》[②]，强调乡村教育的重要性，指出城市师范毕业生不愿到乡村服务的原因，根源在于教育当局未能积极推动。欧阳湘的《受训中等师资之出路问题》[③] 阐述师范毕业生在大学生失业背景下就业难现状，以及对于政府和学校当局的企盼。欧阳湘《师范生之工作介绍问题》[④] 指出：师资训练机关对于介绍毕业生工作有着不可推卸的责任，并分析师范毕业生失业的原因。余家菊的《师范教育》[⑤] 主要包括：中国师范教育的回顾、师范学制、师范学校课程、组织及师范生实习、教育政策等。郭鸣鹤的《师范教育》[⑥] 解析师范生的职责、修养、实习等问题。

第二，知识女性就业问题。民国教育史或妇女史的著作偶有提及女子教育及知识女性职业等问题。陈东原的《中国妇女生活史》[⑦] 是最早关于中国妇女史的系统性著作，对于日后中国妇女史研究带来很大的影响。郭箴一的《中国妇女问题》[⑧] 第二章第二节剖析了妇女的婚姻、职业、教育等问题，并以天津市妇女职业为例，把妇女职业分为有学识和无学识两类，对其工作内容、职业待遇等方面展开研究。程谪凡《中国现代女子教育史》[⑨] 主要阐述清末至 20 世纪 30 年代中国女子教育情况，部分章节提

---

① 宋积莲：《青海师范毕业生服务指导问题》，《新青海》第 2 卷第 12 期，1934 年。
② 赵寿堦：《城市师范毕业生应如何尽先去乡村办教育》，《中国出版》第 5 卷第 3—4 期，1935 年。
③ 欧阳湘：《受训中等师资之出路问题》，《全国学术工作咨询处月刊》第 2 卷第 6 期，1936 年。
④ 欧阳湘：《师范生之工作介绍问题》，《教育改造》第 1 卷第 5—6 期，1937 年。
⑤ 余家菊：《师范教育》，中华书局 1926 年版。
⑥ 郭鸣鹤：《师范教育》，百城书局 1932 年版。
⑦ 陈东原：《中国妇女生活史》，商务印书馆 1937 年版。
⑧ 郭箴一：《中国妇女问题》，商务印书馆 1937 年版。
⑨ 程谪凡：《中国现代女子教育史》，中华书局 1936 年版。

到女教职员人数。除此之外，还有《中国妇女运动通史》《中国妇女问题讨论集》，等等①。中国近代报刊亦刊载有关女大学生就业的文章。如《女大学生的前途》《妇女的出路问题》《女学生的出路》等②，指出女性若追求与男子相等的就业权利，需要增强自身的见识学问。民国时期女性毕业生的出路，要么回归家庭相夫教子，抑或是步入社会求职。另外，《东方杂志》《妇女杂志》《生活周刊》《中华教育界》等刊登的论文，探讨民国时期女性职业问题，亦不乏关于知识女性就业的统计。

第三，有关教会大学的论著。民国时期关于教会大学的研究成果寥寥无几，主要是各教会学校出版的本校概况或是对教会大学学生的调查。私立福建协和大学于1931年编写的《私立福建协和大学十五周年纪念册》，介绍各学院概况以及校园生活和校园设施。沪江大学于1936年编辑出版的《私立沪江大学一览》，阐述该校历史沿革、学校制度、学院课程、学生统计等内容。私立岭南大学于1937年编写发表《私立岭南大学二十五年度校务报告（1936—1937年）》，主要包括：基金来源、工作预算、学院概况、教员与学生、研究工作及设备等情况，是研究私立岭南大学的重要参考资料。金陵大学总务处于1947年出版的《私立金陵大学要览》，简要介绍该校历史沿革、校址、校舍、行政组织、院科系数、员生人数、经费、图书设备、研究工作以及推广工作等。朱汇源的《近二十年来吾校毕业生统计论及校友与母校之联络与合作》③对金陵大学近二十年的毕业生职业进行统计与分析。罗炳生的《基督教高等教育之近状及当前的问题》④，对教会大学的演变历程、教会大学办学成果等进行研究，指出教会大学不断本土化的发展趋势。朱惟杰的《大学教育》⑤指出：民国时期现存大学的现状，将教会学校与公立学校进行对比。通过对以上成果的整理与研究，

① 谈社英编著：《中国妇女运动通史》，妇女共鸣社1936年版；梅生主编：《中国妇女问题讨论集》，新文化书社1934年版。
② 斐男：《女大学生的前途》，《女子月刊》第2卷第7—12期，1934年；殷栋：《妇女的出路问题》，《广西青年》1933年第12期；伊蔚：《女学生的出路》，《女声》第1卷第24期，1933年。
③ 朱汇源：《近二十年来吾校毕业生统计论及校友与母校之联络与合作》，《金大青年》1939年第1期。
④ 罗炳生：《基督教高等教育之近状及当前的问题》，《中华基督教教育季刊》1926年第3期。
⑤ 朱惟杰：《大学教育》，《教育季刊（上海1931）》1931年第2期。

有利于探讨不同类型学校毕业生的就业问题。

总之，上述成果，初步勾画出民国时期大学生就业环境、状况、失业成因、解决办法等。然而，成果相对分散，或受年代限制，无法系统阐析大学生就业状况、特征与解决就业的实效等问题。

2. 1949 年至今

1949 年以来，学界关于此问题的研究，经历了从无到有的发展过程，成果多集中探讨民国时期大学生就业难问题。

中国大陆方面，中华人民共和国成立至"文化大革命"结束，关于民国时期大学生就业问题的研究无人问津。改革开放以来，为数不多的中青年学者对此问题展开研究，仅 20 余篇，譬如：《二十世纪 30 年代高校毕业生就业难问题及其政府对策》《20 世纪 30 年代的文实之争》《二十世纪三十年代大学生就业难问题的透视》等①。其中，陈建成《民国时期国民党政府大学生就业难题与求解》② 把大学生失业问题归结于高等教育的不足以及国民政府为解决大学生就业问题而制定的相关政策。王婕的《民国时期大学生就业研究（1912—1937）》③ 从不同角度对大学生就业问题进行解析，仅以高等教育为研究对象，对公私立学校不同时期，不同专业进行剖析，并从中寻找出大学生就业的特点及就业因素，未对就业成效进行探究。金以林的《近代中国大学研究：1895—1949》④ 对清末以来不同阶段大学教育的发展历程进行研究，以及关注南京国民政府整顿院系、发展实科与废止文科等问题，为本书提供借鉴。谭玉秀《南京国民政府十年期大学生失业结构特征探研》《中国近代知识女性就业状况研究》《抗战前大学生失业问题探析》⑤ 等系列论文，对南京国民政府十年期大学生失业结构、抗战前大学生"毕业即失业"现象、中国近代知识女性就业等问题展开研

---

① 金兵、王卫平：《二十世纪 30 年代高校毕业生就业难问题及其政府对策》，《贵州社会科学》2009 年第 2 期；张太原：《20 世纪 30 年代的文实之争》，《近代史研究》2005 年第 6 期；武增锋：《二十世纪三十年代大学生就业难问题的透视》，《社会科学》2003 年第 9 期。

② 陈建成：《民国时期国民党政府大学生就业难题与求解》，《求索》2012 年第 1 期。

③ 王婕：《民国时期大学生就业研究（1912—1937）》，硕士学位论文，郑州大学，2012 年。

④ 金以林：《近代中国大学研究：1895—1949》，中央文献出版社 2000 年版。

⑤ 谭玉秀：《南京国民政府十年期大学生失业结构特征探研》，《兰州学刊》2018 年第 7 期；《中国近代知识女性就业状况研究》，《教育评论》2015 年第 1 期；《抗战前大学生失业问题探析》，《教育评论》2008 年第 12 期。

究，指出大学生因失业而造成的窘况，以《申报》刊载的实例说明大学生求业的艰难，论述此时期大学生失业原因以及可采取的应对举措。上述论著从经济、用人机制、高等教育等层面分析民国时期大学毕业生就业难的成因，指出政府采取成立登记处、介绍机构、考试等措施解决就业。而其他一些重要问题，如大学生就业人数与就业率、职业分布与特点、不同级别与类型高校就业差异、地区流向、男女就业异同，以及解决就业的措施与成效等，尚未展开研究。

还有部分学者从师范院校毕业生、女大学生、教会大学毕业生等层面，解读民国时期大学生就业问题。第一，有关民国时期师范院校毕业生的研究成果。王向文《民国时期湖南师范教育研究》① 对民国时期湖南教育与其他省份师范教育进行比较，总结湖南师范教育的特征。慈鸿飞在《二三十年代教师、公务员工资及生活状况考》② 中主要强调了这一时期大、中、小学教师的工资差别大，分析了当时的物价水平。丛小平的《师范学校与中国的现代化：民族国家的形成与社会转型1897—1937》③，此书以1897—1937年中国师范学校发展的翔实史料为基础，按时间顺序，阐释中国师范教育发展的过程，从教育、政治、经济、社会等层面，分析师范教育在中国教育现代化过程的作用。这些成果提及师范院校毕业生的待遇，未对其就业展开研究。事实上，有关民国时期师范毕业生的成果大多从经济学角度研究，从社会学和历史学角度展开探研的论著较少，譬如：杨才林《民国社会教育研究》《社会救济行政》《剑桥中华民国史（1912—1949）》④ 等，以上成果未对民国时期师范毕业生就业问题进行全面阐析，仅有部分章节略加介绍。

第二，关于民国时期知识女性就业的论著。20 世纪 90 年代中国妇女史研究开始兴起与发展。其中，关于民国时期知识女性就业方面的研究相

---

① 王向文：《民国时期湖南师范教育研究》，博士学位论文，湖南师范大学，2009 年。

② 慈鸿飞：《二三十年代教师、公务员工资及生活状况考》，《近代史研究》1994 年第 3 期。

③ 丛小平：《师范学校与中国的现代化：民族国家的形成与社会转型 1897—1937》，商务印书馆 2014 年版。

④ 杨才林：《民国社会教育研究》，社会科学文献出版社 2011 年版；陈续先：《社会救济行政》，正中书局 1943 年版；[美] 费正清、[美] 费维恺编：《剑桥中华民国史（1912—1949）》，刘敬坤等译，中国社会科学出版社 1993 年版。

对薄弱。中华全国妇女联合会妇女运动历史研究室编著的《五四时期妇女问题文选》[1] 收录了关于女性职业、教育、婚姻家庭以及儿童教育等方面的多篇论文，反映出女性尤其是知识女性争取经济独立、摆脱婚姻家庭束缚与步入社会就业的强烈愿望。罗苏文的《女性与近代中国社会》[2] 提到女性教育、职业、婚姻等问题，但论述不够全面、集中。王晓丹的《历史镜像：社会变迁与近代中国女性生活》[3] 阐述中国近代女性的经济生活、文化教育、婚姻家庭、女性就业及参政等问题。乔素玲的《教育与女性：近代中国女子教育与知识女性觉醒（1840—1921）》[4] 对中国近代知识女性的教育、婚姻、职业观念的嬗变进行剖析，强调中国近代女子教育与知识女性的觉醒、社会地位的变迁有着密不可分的关系。吕美颐的《20 世纪二三十年代中国女性职业简论：从上海女子商业储蓄银行建立谈起》[5] 指出：20 世纪二三十年代中国知识女性职业范畴一改 19 世纪中国女性职业范围狭小的局面，着重分析知识女性就业的发展与特点，挖掘影响中国近代女性职业发展的诸种因素，揭示女性就业存在的问题，最后得出中国近代职业女性依然处于社会的被动地位。何黎萍的《试论近代中国妇女争取职业及职业平等权的斗争历程》[6] 对于全面认识近代中国社会和近代妇女地位变迁以及解决妇女现实问题有着重大意义。张丽的《20 世纪二三十年代职业女性与妇女解放》[7]，从职业分布、职业生活、职业与家庭的矛盾、职业女性与妇女解放等方面，指出女子职业的发展、妇女解放必须依赖社会经济的高度发达，观念上的变革才是最深层次的革命，只有从心理上、观念上改变人们的传统认知，妇女职业发展和妇女解放才能真正实现。

---

[1]　中华全国妇女联合会妇女运动历史研究室编著：《五四时期妇女问题文选》，生活·读书·新知三联书店 1981 年版。

[2]　罗苏文：《女性与近代中国社会》，上海人民出版社 1996 年版。

[3]　王晓丹：《历史镜像：社会变迁与近代中国女性生活》，云南大学出版社 2011 年版。

[4]　乔素玲：《教育与女性：近代中国女子教育与知识女性觉醒（1840—1921）》，天津古籍出版社 2005 年版。

[5]　吕美颐：《20 世纪二三十年代中国女性职业简论：从上海女子商业储蓄银行建立谈起》，《郑州大学学报》（哲学社会科学版）2002 年第 6 期。

[6]　何黎萍：《试论近代中国妇女争取职业及职业平等权的斗争历程》，《近代史研究》1998 年第 2 期。

[7]　张丽：《20 世纪二三十年代职业女性与妇女解放》，《内蒙古农业大学学报》（社会科学版）2010 年第 3 期。

除此之外，还有《1912—1937 年知识女性职业状况考察》《民国时期的新兴职业女性》《民国时期女性职业问题研究——以〈妇女共鸣〉为中心的考察》《20 世纪二三十年代中国妇女生活状况研究》等硕士学位论文①。以上成果为本书的推进提供了启示，便于对民国时期不同类型大学毕业生就业展开全面研究。

　　第三，民国时期教会大学毕业生就业问题研究。20 世纪 80 年代以来，教会大学研究成果颇丰，既有对于全国范围教会大学的研究，又有针对某个特定学校或者学校的某个方面的探析。陈景磐的《旧中国的教会学校述略》② 是国内探究大学史的最初成果。徐以骅的《基督教在华高等教育初探》③ 比较全面地提出了重新研究和评价教会大学史的问题，从此，此研究开始变热。高时良主编的《中国教会学校史》④ 以教会大学为主线，注重介绍和总结教会学校的行政管理模式和教学方法及理念。吴洪成主编的《中国教育史研究·中国教会教育史》⑤ 是从教育和教学的视角，探析西方传教士在华的活动以及与近代中国高等教育错综复杂的关系，探研中国近代教会教育的产生、发展过程及其对中国近代高等教育的影响。章开沅的《文化传播与教会大学》⑥ 与朱维铮的《基督教与近代文化》⑦ 是从文化视角看待中国传统文化与西方基督教文化之间的冲突与融合，具有一定的代表性。顾长声的《传教士与近代中国》⑧ 和杨天宏的《基督教与近代中国》⑨ 则更多是从政治层面来解读西方外来文化对中国社会的干预甚至改变。王长生、许椿生的《旧中国私立大学的国教会大学的特点及其现代意

　　① 阮珍珍：《1912—1937 年知识女性职业状况考察》，硕士学位论文，河南大学，2008 年；刘方：《民国时期的新兴职业女性》，硕士学位论文，吉林大学，2006 年；冯慧敏：《民国时期女性职业问题研究——以〈妇女共鸣〉为中心的考察》，硕士学位论文，河北大学，2011 年；张丽：《20 世纪二三十年代中国妇女生活状况研究》，硕士学位论文，厦门大学，2007 年。
　　② 陈景磐：《旧中国的教会学校述略》，《教育研究通讯》1983 年第 3 期。
　　③ 徐以骅：《基督教在华高等教育初探》，《复旦学报（社会科学版）》1986 年第 5 期。
　　④ 高时良主编：《中国教会学校史》，湖南教育出版社 1994 年版。
　　⑤ 吴洪成：《中国教育史研究·中国教会教育史》，西南师范大学出版社 1998 年版。
　　⑥ 章开沅主编：《文化传播与教会大学》，湖北教育出版社 1996 年版。
　　⑦ 朱维铮主编：《基督教与近代文化》，上海人民出版社 1994 年版。
　　⑧ 顾长声：《传教士与近代中国》，上海人民出版社 1981 年版。
　　⑨ 杨天宏：《基督教与近代中国》，四川人民出版社 1994 年版。

义》和苑青松的《教会大学的办学特点及启示》① 皆强调硬件设施完备与优良的校园人文环境是教会大学的优势所在。孙秀玲的《教会大学办学特色考》② 将教会大学办学特色归纳为以宗教灌输为首要方针、以英语作为教育媒介、照搬西方大学的课程体系、由外国人把持校政等，最后教会大学亦不得不走向本土化、世俗化。王成的《中国教会大学人才培养特点透视》③ 深入分析了教会大学人才培养模式离不开多元化的课程设置、学识深厚的师资力量、良好的学习氛围等因素。王立诚编的《美国文化渗透与近代中国教育——沪江大学的历史》④ 以沪江大学的开办到解体的整个过程为背景，以沪江大学为媒介来探讨美国文化在中国教会大学里所扮演的角色以及施加的影响。徐以骅、韩信昌编的《海上梵王渡：圣约翰大学》⑤ 阐析其创办始末、发展过程、经费来源、院系设置、学生概况、校园建筑，分析圣约翰大学的教学特点及其与公立大学的不同之处。张连红主编的《金陵女子大学校史》⑥ 介绍金陵女子大学的创建与初期发展，"本土化"运动与金女大，抗战时期的金陵女子大学以及金陵女子大学与中国近代女界精英群体等，注重金陵女子大学的发展与社会变迁之间的互动，内容翔实。最后一章着重强调金陵女子大学毕业生对社会的突出贡献。熊月之、周武主编的《圣约翰大学史》⑦ 把圣约翰大学置于中西文化交流与近代上海社会变迁的双重交叉背景下，梳理圣约翰大学纵向发展轨迹，重视横向关系的层面研究，如：管理系统和管理实务、系科结构和课程体系、英文教学和国文教学、校园校风、社团刊物等，从中总结圣约翰大学的独特性。陈国钦、袁征编的《瞬逝的辉煌：岭南大学六十四年》⑧，以翔实的史料，叙述私立岭南大学从建校到合并的历史过程，尤其教派性的色彩并

---

① 王长生、许椿生：《旧中国私立大学的国教会大学的特点及其现代意义》，《高等教育研究》2009 年第 6 期；苑青松：《教会大学的办学特点及启示》，《大学（研究版）》2015 年第 3 期。

② 孙秀玲：《教会大学办学特色考》，《教育评论》2014 年第 3 期。

③ 王成：《中国教会大学人才培养特点透视》，硕士学位论文，南京大学，2011 年。

④ 王立诚编：《美国文化渗透与近代中国教育——沪江大学的历史》，复旦大学出版社 2011 年版。

⑤ 徐以骅、韩信昌编：《海上梵王渡：圣约翰大学》，河北教育出版社 2003 年版。

⑥ 张连红主编：《金陵女子大学校史》，江苏人民出版社 2005 年版。

⑦ 熊月之、周武主编：《圣约翰大学史》，上海人民出版社 2007 年版。

⑧ 陈国钦、袁征编：《瞬逝的辉煌：岭南大学六十四年》，广东人民出版社 2008 年版。

不浓厚。王国平主编的《东吴大学简史》①，对东吴大学的发展轨迹进行细致的梳理，详细阐述"东吴系统"的产生乃至成为东吴大学安身立命的根本过程，附录部分的毕业生及肄业生名录是非常重要的参考资料。高时良的《华中大学的发展历程及办学特色》和章博的《近代中国社会变迁与基督教大学的发展——以华中大学为中心的研究》②，皆以华中大学为考察对象，分析社会变迁与教会大学发展之间的内在联系以及华中大学在社会转型之际如何自我调适。蒋宝麟的《20 世纪 20 年代金陵大学的立案与改组》③ 侧重于 20 世纪 20 年代中国民族主义和革命运动对金陵大学造成的巨大挑战，金陵大学以立案和改组为例，借此可看出西方教会在华势力的不断退出甚至消失。程海霞的《教会女子大学毕业生的就业特点及就业力强的原因分析——以金陵女子大学为例》④，以金陵女子大学毕业生就业为例，探讨教会大学教育与普通学校教育的区别，对此书颇具参考价值。总之，改革开放后，教会大学的研究进入繁盛阶段，既有全国范围教会大学的整体概述，又有地区教会学校的个案分析。但是，这些研究侧重于教会学校的演变过程和社会角色，缺乏对教会大学毕业生的深层次研究。

此外，罗志田指出，民国前期以城市为中心的新教育培养出来的知识青年（大学生是其中主要群体），在毕业后由于城市并无那么多机会提供给他们，他们又无法回到农村的左右不逢源的生存窘境。⑤

目前，中国台湾学者关于民国时期大学生就业问题的直接研究成果尚未见到，多分散于中国近代教育史论著之中，主要有：高明士的《中国制度教育史论》⑥，分析新学制与中国传统教育的冲突，作者对传统教育的流失表示遗憾。新学制显示出知识广度的扩展以及学生知识信息量的增加，

① 王国平主编：《东吴大学简史》，苏州大学出版社 2009 年版。
② 高时良：《华中大学的发展历程及办学特色》，《教育评论》1993 年第 5 期；章博：《近代中国社会变迁与基督教大学的发展——以华中大学为中心的研究》，博士学位论文，华中师范大学，2006 年。
③ 蒋宝麟：《20 世纪 20 年代金陵大学的立案与改组》，《近代史研究》2016 年第 4 期。
④ 程海霞：《教会女子大学毕业生的就业特点及就业力强的原因分析——以金陵女子大学为例》，《出国与就业（就业版）》2010 年第 20 期。
⑤ 罗志田：《城乡"薄海民"：民国前期的离村知识人》，《近代史研究》2023 年第 5 期。
⑥ 高明士：《中国制度教育史论》，联经出版事业公司 1999 年版。

亦指出文科生就业难的实质在于教育制度与学制的不合理。中国教育学会主编的《师范教育》① 着重介绍师范教育的历史，包括教师的任用、待遇、专业道德等问题。中国教育学会主编的《师范教育研究》② 阐述中国师范教育的沿革、进展与师范生的待遇等问题。《抗战前教育政策之研究》《无声之声（Ⅰ）：近代中国的妇女与国家（1600—1950）》《无声之声（Ⅱ）：近代中国的妇女与社会》《无声之声（Ⅲ）：近代中国的妇女与文化》《妇女与社会》《1910—1920 年代都会新妇女生活风貌》《中国妇女史论集》等③，对抗战前教育政策与中国近代女性等问题展开研究。因资料有限，未见到台湾学者有关民国时期大学生就业问题的研究成果，但是对本书的展开仍有借鉴意义。

综上所述，民国时期教育部与社会学、教育学、经济学等领域的专家学者对民国时期大学生就业的调研统计与分析，当代学者们更多是对研究对象本身的表层描述与理论政策的呼吁，至于大学生群体就业的内部结构与治理成效则鲜有谈及。这些研究成果切入角度各有不同，不仅开阔了本书的探研思路，而且有利于本书针对以往研究分析的薄弱之处有所加强。

（二）国外研究现状

目前，美国、日本等海外学者对大学生失业与就业问题较为关注，特别是德国于 20 世纪五六十年代对失业问题及其对策展开研究。令人遗憾的是，国外学者对民国时期失业与就业问题的探索未形成全面系统的研究成果，仅限于社会保障或者个别区域的研究，对本书的顺利推进起到辅助作用。譬如：美国伯克利大学教授叶文心的《民国时期大学校园文化（1919—1937）》④ 是海外研究民国时期高等学校与校园文化的代表作，她

① 中国教育学会主编：《师范教育》，正中书局 1963 年版。
② 中国教育学会编：《师范教育研究》，正中书局 1979 年版。
③ 陈进金：《抗战前教育政策之研究（民国十七年至二十六年）》，近代中国出版社 1997 年版；吕芳上编：《无声之声（Ⅰ）：近代中国的妇女与国家（1600—1950）》，"中研院"近代史研究所 2003 年版；游鉴明主编：《无声之声（Ⅱ）：近代中国的妇女与社会（1600—1950）》，"中研院"近代史研究所 2003 年版；罗久蓉、吕妙芬编：《无声之声（Ⅲ）：近代中国的妇女与文化（1600—1950）》，"中研院"近代史研究所 2003 年版；李贞德、梁其姿主编：《妇女与社会》，中国大百科全书出版社 2005 年版；周叙琪：《1910—1920 年代都会新妇女生活风貌》，台湾大学出版中心 1996 年版；鲍家麟编著：《中国妇女史论集》，稻乡出版社 2004 年版。
④ ［美］叶文心：《民国时期大学校园文化（1919—1937）》，冯夏根等译，中国人民大学出版社 2012 年版。

把民国时期京沪等地的知名大学作为研究对象，以档案资料、学校统计年鉴、回忆录等大量史料为研究基础，从生活水平、学杂费负担、就业状况等层面，重构民国时期校园生活的真实镜像，是一部难得的佳作。［美］费正清《剑桥中华民国史（1912—1949）》（下卷）① 对民国时期大学机构进行研究，梳理民国时期高等教育演变的过程，为该书的探研提供基础。西方学者于 20 世纪 50 年代开始着手对中国近代教会大学资料进行整理与研究。由于教会大学早期管理层和教职员工大多为外籍人士，不少关于教会大学的资料皆保存在国外，因此国外学者关于教会大学的研究早于国内，著述颇丰。［美］郭爱理《中国与教育自主（1807—1937）》② 把中国新教教会教育分为前期（1807—1902）、中期（1902—1927）和后期（1927—1937）等三个阶段，着重剖析教会教育在中国传统文化与政治之间的挣扎和生存，以及与中国高等教育改革的关系。对于新教教会大学研究最为全面的成果始于 1954 年，由总部设在纽约的亚洲基督教高等教育联合董事会主持编写的 10 所新教教会大学历史，主要为：之江大学、福建协和大学、华南女子大学、齐鲁大学、燕京大学、东吴大学、华中大学、金陵女子大学、华西协和大学等。此套丛书的撰写者大多曾在中国教会大学工作，亦参与过学校的具体运作，丛书内容颇具参考价值。20 世纪 70 年代后，西方学者又有一批学术成果相继刊发。［美］杰西·格·卢茨的《中国教会大学史 1850—1950》③ 是剖析中国近代基督教大学从办学的动因、兴起、发展至结束的历史，对传教与教育的关系、教会大学的教学、科研、社会服务与学生运动等诸多方面进行考察。［美］司徒雷登的《在华五十年：司徒雷登回忆录》④ 以传记方式记录了司徒雷登在中国 50 年间的教育活动和政治活动，从亲历者的视角来解读燕京大学的嬗变。［美］海伦·福斯特·斯诺的《中国新女性》⑤、［美］白凯（Kathryn Bernhardt）

---

① ［美］费正清、［美］费维恺编：《剑桥中华民国史（1912—1949）》（下卷），刘敬坤等译，中国社会科学出版社 1998 年版。

② ［美］郭爱理：《中国与教育自主（1807—1937）》，锡拉丘兹大学出版社 1946 年版。

③ ［美］杰西·格·卢茨：《中国教会大学史 1850—1950》，曾钜生译，浙江教育出版社 1987 年版。

④ ［美］司徒雷登：《在华五十年：司徒雷登回忆录》，程宗家译，北京出版社 1982 年版。

⑤ ［美］海伦·福斯特·斯诺：《中国新女性》，中国新闻出版社 1985 年版。

的《中国的妇女与财产》①，着重阐析了民国女性与教育、家庭、社会的关系，以及民国女性继承权的演变。［日］多贺秋五郎的《近代中国教育史资料1902—1960》②，辑录了有关教育诏谕、奏议、法令和规程等文献资料，具有重要的参考价值。［日］本间久雄的《妇女问题十讲》③通过对妇女运动的起源、失败原因与妇女运动等层面的解读，提倡女子参政与推广女子教育，使女性获得服务国家的机会，最终实现女子解放的目标。［日］山川丽的《中国女性史》④阐述中国上古时代至民国时期妇女的生活状况，指出男女职业的地位与待遇的差异。日本学者关于中国就业史方面的研究成果屈指可数，仅限于某一区域的研究。综之，目前，国外学界对民国时期大学生就业问题的研究零星、分散地见于少数论著当中，缺乏对这一问题全面、系统的梳理和研究，这就为本书提供了广阔的研究空间。

综上所述，当前，国内外学术界关于民国时期大学生就业问题的研究以民国时人的调查统计与理论探讨的论著为多，当今中国国内史学工作者多是关注民国时期大学生就业难问题，台湾与国外学者重视探讨中国近代高等教育的演变，仅有部分章节零星、分散地论及就业问题。本书在充分吸收借鉴前人研究成果的基础上，以丰富的文献资料为支撑，运用历史学与教育学相结合的方法，对1927—1937年中国大学生就业问题及其对策进行全方位的探研，从中吸取有益的经验，为当代中国大学生就业问题提供史鉴。

三　资料来源

历史研究离不开第一手的文献资料，它是任何史学研究展开的基石。通过搜集与整理民国时期的档案、报刊、著作与资料汇编等大量翔实的史料，为民国时期大学生就业问题及其对策研究奠定坚实的基础。

（一）档案

上海市档案馆、北京市档案馆、天津市档案馆、湖北省档案馆与浙江省档案馆等收藏上海市高校毕业生、北京市高校大学生、天津大学毕业生

---

① ［美］白凯：《中国的妇女与财产》，上海书店出版社2007年版。
② ［日］多贺秋五郎：《近代中国教育史资料1902—1960》，文海出版社1976年版。
③ ［日］本间久雄：《妇女问题十讲》，开明书店1924年版。
④ ［日］山川丽：《中国女性史》，三秦出版社1987年版。

等有关档案，丰富了本书的研究。

（二）资料汇编

资料汇编是原始性、年度性、规范性、系统性兼具的综合性文献资料，便于本书的深入展开，主要有：《全国高等教育概况统计》、《全国高等教育统计（1928.8—1931.7）》、《第一次中国教育年鉴》、《革命文献》（第53—60辑）、《民国史料丛刊·文教·高等教育》、《中国近代教育史资料》（上中下）①、《近代中国史料丛刊》、《民国丛书》、《中华民国史档案资料汇编》、《民国时期社会调查丛编》，等等，上述资料汇编进一步夯实了此书的研究基础。

（三）民国报刊

报纸是以刊载新闻和时事评论为主的定期向公众发行的印刷出版物，是大众传播的重要载体，具有引导社会舆论的功能，是反映中国近代城市社会生活的晴雨表。同时，民国时期杂志业颇为发达，特别是五四运动以后各种报刊纷纷创办，为文人墨客提供抒发情怀与关心民瘼的平台。这一时期主要有：《申报》《大公报》《东方杂志》《教育杂志》《教与学》《实业季刊》《教育通讯月刊》《社会半月刊》《全国学术工作咨询处月刊》《国闻周报》《中华教育界》《民生》《文化与教育》《社会工作通讯》《民鸣》《妇女杂志》《教育与职业》等百余种，刊载与本书相关的各种报道、时评与调查统计，这些珍贵的文献资料是民国时期大学生就业问题研究的重要来源。

（四）著作

目前，国内外教育学、社会学、经济学等领域的学者们较为关注大学生群体，从各自角度给予不同的解读。鲁竹书的《失业问题研究》、陈续先的《社会救济行政》、柯象峰的《中国贫穷问题》、教育部《青年择业问题》、［美］叶文心的《民国时期大学校园文化（1919—1937）》、谭玉秀的《民国时期城市失业问题及其对策研究1912—1949》、［美］威尔铿

---

① 《全国高等教育概况统计》，教育部高等教育司1934年版；《全国高等教育统计（1928.8—1931.7）》，教育部高等教育司1932年版；教育部中国教育年鉴审委员会编：《第一次中国教育年鉴》，开明书店1934年版；《革命文献》（第53—60辑），台北：中央文物供应社1971—1972年版；张研、孙燕京主编：《民国史料丛刊·文教·高等教育》，大象出版社2009年版；舒新城编：《中国近代教育史资料》（上中下），人民教育出版社1981年版，等等。

斯（E. H. Wilkins）的《大学教育新论》等百余部著作，是本书推进的基础之一。

四 研究对象与主要内容

（一）研究对象

大学是人类文化发展到一定阶段的历史产物，经过历史的积淀、自身的发展与周围环境的影响，逐步形成了一种独特的大学文化。大学至今已有上千年的历史，最早是从德国、英国等国家发展起来的，日本东京大学是亚洲创办最早的大学之一。事实上，大学是一种功能独特的文化机构，是与社会、经济和政府既相互关联又鼎足而立的传承文明与教授高深学术的高等学府。它亦是提供教学和研究的综合性平台，还有授权颁发学位的高等教育机关。就广义而言，大学包括高等专科学校、学院、综合性大学等；从狭义层面而论，大学特指多科系的高等学校，一般设有文科、理科、工科等各种专业，如北京大学、复旦大学。为了更加充分全面地探析民国时期大学生就业问题，本书的主要研究对象为1927—1937年中国接受基础高等教育和专业高等教育的毕业生，即广义维度的普通高等学校的大学毕业生。

（二）主要内容

第一，从宏观层面来看，1927—1937年，中国高等教育发展迅速，毕业生逐年增多，就业率不断下降，大学生"毕业即失业"相当普遍；就微观层面而言，公立、国立、理工科等大学生就业率高于私立、省市县、文法科的毕业生。

第二，阻碍大学生就业的因素主要有经济萎靡、高等教育畸形发展、人才供求双方沟通不畅、学生职业素质欠缺等。

第三，在安置大学生就业的过程中，形成了以"国家为主、社会为辅"的治理对策。

第四，受时局影响，多方力量共同努力的成效微弱，未能从根本上解决高校毕业生就业问题。

五 研究方法与创新之处

（一）研究方法

本书试图在占有大量文献资料的基础上，采用宏观与微观相结合的方法，运用历史学、教育学、经济学、社会学等多学科的理论和方法，系统地整理民国时期大学生就业问题的有关资料，力图还原当时大学生就业的真实状况，以及大学生就业给社会带来影响，并进一步分析解决就业的措施及成效，为当今中国应对大学生就业难问题提供借鉴。

（二）创新之处

本书突破昔日成果分散与零星的局限，运用历史比较法，对高校进行分类对比，对不同专业与区域的大学生就业问题及对策进行横向比较，探析毕业生就业的异同与特点，客观公允地评价国家、社会与学校的作用；从社会转型的宏观视域，系统地阐释大学生就业的总体走向与特点，深入剖析毕业生就业对社会发展的影响、应对策略以及成效、启示等。

第一章

清末民初全国高校的兴起与发展

清末"新政"时期，科举制度被废除，取而代之的是学校教育，中国高等教育在此时获得了初步发展。正如享誉世界的教育学家许美德（Ruth Hayhoe）指出："只有在这一时期，中国才真正开始致力于建立一种具有自治权和学术自由精神的现代大学。"① 1912 年，中华民国建立后，各种级别与性质迥异的高校如雨后春笋似的在全国各地相继创建，毕业生数量逐年递增。尤其是 1927 年 4 月 18 日南京国民政府建立后，高等教育进入快速发展阶段，不同类型的大学纷纷创办，综合性大学、农学院、医学院、法学院、商学院、教育学院与理学院等均有创办。同时，作为社会精英的大学毕业生拥有了发挥专长的平台与空间，力求实现学以致用，服务社会。

第一节　中国近代高等教育体制的形成与发展

1911 年，辛亥革命爆发后，清王朝覆亡。1912 年以来，随着王朝时代的终结，取而代之的是现代国家的建立，即中华民国的创建，其间经历了三届政府的更迭，这几届政府相继制定了发展高等教育的方针政策，譬如南京临时政府、北洋政府、南京国民政府等从学制、学科设置、管理制度等方面，颁布相关的法规与政策，便于推动高等教育的发展，于是各式高

---

① ［加］许美德：《中国大学 1895—1995：一个文化冲突的世纪》（许洁英译，教育科学出版社 2000 年版，第 66 页），转引自王李金《中国近代大学创立和发展的路径——从山西大学（1902—1937）的考察》，人民出版社 2007 年版，第 138 页。

校不断涌现，分布于全国各地，呈现出不同的地域取向。

中国近代真正现代式的大学教育的实施，始于光绪二十一年（1895年）盛宣怀在天津创设中西学堂，后来发展成为北洋大学。天津中西学堂既设，翌年李端棻奏请京师建立大学堂。光绪二十四年（1898年），京师大学堂成立。未几西太后推翻新政，大学稍形停顿。但至光绪二十七年（1901年），清廷重申兴学政策，颁布上谕，称"除京师已设大学堂应行切实整顿外，将各省所有书院于省城均改设大学堂……"并在1902年、1903年先后颁布"钦定学堂章程"及"奏定学堂章程"。上设通儒院，下有大学预科。通儒院不定年限，大学本科修业年限三年至四年，分设八科，每科复析为若干门。当时教育盛倡"中学为体，西学为用"，对于西洋学术，除军事外，特重用科学，对本国固有文化，亦甚重用。[①] 可见，清末现代意义的高等教育既已初现端倪，从学科体例、修业年限等层面对大学教育加以规范，着重指出中国传统文化的重要性，在学习西方军事技术以达到强国目的的同时，切勿本末倒置。这种"中学为体，西学为用"的治学理念，亦反映出清朝统治者对西方高等教育认知的局限与不足。尽管如此，初具雏形的中国近代高等教育为民国时期大学教育的发展打下一定的基础。

自近代以来，中西文化的冲突与融合在中国不停地交替推进着。就高等教育而言，中华民国建立后，中央政府及教育部门多效法欧美国家的高等教育体制。这一时期，西方国家对创设高校分为两派："一派曰英美派。斯派以造就少数国民之教育……委诸私人较为妥洽，故对于大学校及专门学校咸以私立为原则，间有国立者，不过凤毛麟角耳。二曰德法派。斯派以高等教育需费浩繁，设备维艰，委诸私人势难完善，究不若以国家之力统筹全局，酌量设立较易着手，故对于大学校专门学校坚以国立为原则，私立一项在法国或有之，若在德国则绝不可见也。吾国今日之高等教育……参照德法派而偏重于法兰西之办法也……实与吾国现势相吻合。"[②] 在效法西方创办高校的公私立原则的基础上，"吾国大学及专门学校，采自日本制度，一则养成硕学宏才，一则造就应用……教育部之规划并非不

① 罗廷光：《中国大学教育之展望》，《读书通讯》1947年第146期，第2—3页。
② 《论吾国高等教育》，《民国汇报》第1卷第2期，1913年，第1页。

善也……除创办医药专业学校一所外……已规定设立之南京、武昌、汉口三大学，言之新学制发表后，从前高等学堂只准办至旧班毕业为止，不能续招新生……无如一年以来各省中学毕业生有志入大学预科者不下千人，现皆望望然无校可入……兹事为目前万无可缓之问题，无论如何亦当筹办"①。民国初年，政府欲效法德法等国，以官方力量为主，创办公立高校，私立高校作为补充，这成为高等教育未来发展的基本原则。1912 年，民国肇兴，重订学制，高等教育机关有大学院、大学、高等师范及专门学校，各分本科预科。大学分文、理、法、商、农、工、医七科，大学预科三年，本科三年或四年。那时大学数量甚少，公私立大学共不过十所。1922 年改革学制，受新教育思潮之影响甚巨。大学教育最大之改革有四：(1) 设单科大学；(2) 高等师范改为师范大学；(3) 大学行选科制；(4) 废止预科。这时起各地大学增加甚众。自 1918 年至 1927 年，十年之间公立大学增加十倍，私立大学经政府认可者亦增加二倍。② 中华民国创设初期，中国高等教育的发展步伐仍然较为滞缓。1922 年，为政者对大学进行大幅度的改革，突破昔日的保守设置，激发了社会上创立高校的热情，短时间高校数量陡增。

自 1912 年在北京、南京、武昌、广州四地分设四所大学起，全国性的综合性大学开始逐渐在各地创办，主要包括大学与独立学院，大学又分为公立大学和私立大学，初始阶段的私立大学多为外国传教士创办。这一时期，从较为宽泛的层面而言，大学是指公立大学与私立大学、本科及专修科以及预科等。

1927 年 4 月 18 日，国民政府定都南京，学制逐渐确定。高等教育机关分为："大学、独立学院及专科学校三种。大学与独立学院得设研究院所，预科实行废止。大学分文、理、法、商、教育、农、工、医八学院，具备三学院以上者称大学，否则只称独立学院，又三学院中必有理学院或农、工、医学院之一，专科学校分农、工、医等类，修业期限二年或三年。研究院须备三研究所，每所设置若干学部（近略有变更），研究期限至少二年，抗战期内复增设师范学院，以造就中等学校之健全师资。"③ 可

---

① 《论吾国高等教育》，《民国汇报》第 1 卷第 2 期，1913 年，第 2—3 页。
② 罗廷光：《中国大学教育之展望》，《读书通讯》1947 年第 146 期，第 3 页。
③ 罗廷光：《中国大学教育之展望》，《读书通讯》1947 年第 146 期，第 3 页。

见，这一时期，中国高等教育学制渐趋成熟，对于高校种类、学科设置、修业年限等方面进行了详细的规划，使日后高等教育的发展有章可循。总之，清末，大学以造就通才为主旨，民国初年改为教授高深学术，养成硕学宏才，以适应国家需要，1929 年 7 月国民政府公布《大学组织法》，规定："大学应遵照中华民国教育宗旨及其实施方针，以研究高深学术养成专门人材。"① 自 1929 年 7 月国民政府公布《大学组织法》与《专科学校组织法》，8 月教育部公布《大学规程》《专科学校规程》《私立学校规程办法》，全国公私立大学及专科学校，均能遵照组织法及规程办理，截至 1929 年 8 月，全国共有公立及已立案之私立大学 58 所，专科学校 27 所。② 随着中国高等教育体制的完善，全国各地高校相继创立，高校数量不断增加。

　　1928 年 5 月 15 日，中华民国大学院召集第一次全国教育会议，确定具体的一贯的中华民国教育宗旨为"三民主义的教育"。③ 究竟何为三民主义的教育？简而言之，就是各级行政机关、各种教育机关以及各种教学科目皆以实现"三民主义"为目的的教育。南京国民政府建立后，采取各种措施发展大学教育。民国建立之初，新旧教育制度的更迭意味着新与旧之间的较量，现代式的高等教育击败传统的学堂教育。在此基础上，这一时期，南京国民政府相继对高等教育进行调整与规范。"三民主义"的教育主旨在于"整顿学风、提倡实科、整理各大学院系、严定教师资格……提高留学程度等"。④ 与此前相比，大学教育更侧重实用科学。为进一步规范高等教育的发展，南京国民政府教育部于 1929 年颁布《大学组织法》《大学规程》，规程明确规定大学需满足两个条件，其一，需设三个及以上学院；其二，三个学院中至少一个理科学院。大学本科需要四年至五年方可毕业，这是大学本科的规定，在本科之上还设有两年制的研究院。大学目的在于研究高深的学问，培养专门人才。1931 年，国民政府教育部规定大

---

① 罗廷光：《中国大学教育之展望》，《读书通讯》1947 年第 146 期，第 3 页。

② 《教育部高等教育司司长孙本文报告近三年来全国大学及专校概况》，《湖北教育厅公报》第 2 卷第 17 期，1931 年，第 3 页。

③ 教育部中国教育年鉴编审委员会编：《第一次中国教育年鉴》，开明书店 1934 年版，第 10 页。

④ 教育部中国教育年鉴编审委员会编：《第一次中国教育年鉴》，开明书店 1934 年版，第 1 页。

学教育实行学分制，注重理论科学的研究。至此，大学学制体系与教育体系已经较为完善，详见表 1 - 1。

表 1 - 1　　　　　　　　　1936 年度全国大学概况统计　　　　　　（单位：人）

学校性质	校数	大学生	教职员数		教职员共计
			教员	职员	
国立大学	13	11524	2431	1685	4116
省立大学	9	4292	823	571	1394
私立大学	20	12714	1727	1207	2934
共计	42	28530	4981	3463	8444
国立学院	5	1078	210	139	349
省立学院	9	1376	382	324	706
私立学院	22	6026	1042	698	1740
共计	36	8480	1634	1161	2795

资料来源：中国第二历史档案馆：《中华民国史档案资料汇编》（第五辑·第一编），江苏古籍出版社 1994 年版，第 296—297 页。

从表 1 - 1 可知，1936 年，中国高校数量为 78 所、大学生在校人数 37010 人。其中，国立大学、省立大学与私立大学的大学生人数为 28530 人，国立学院、省立学院与私立学院的大学生人数为 8480 人，前者是后者的 3 倍多。

表 1 - 2　　　　　　　　　1937 年全国高等教育概况统计　　　　　（单位：人）

学校性质	校数	大学生	教职员数		教职员共计
			教员	职员	
国立大学	12	11920	2006	1391	3397
省立大学	5	3576	493	445	938
私立大学	18	8008	1498	937	2435
共计	35	23504	3997	2773	6770
国立学院	6	941	246	283	529
省立学院	6	497	158	142	300
私立学院	20	3827	774	452	1226

续表

学校性质	校数	大学生	教职员数		教职员共计
			教员	职员	
共计	32	5265	1178	877	2055

　　资料来源：中国第二历史档案馆：《中华民国史档案资料汇编》（第五辑第一编），江苏古籍出版社1994年版，第330—331页。

　　由表1–2可知，1937年，中国大学数量为67所，大学生人数28769人。与1936年相比，两者皆有所减少，究其原因在于1937年日本对中国悍然发动全面侵华战争，国家进入非常时期，原本正常的社会秩序被打破。

　　总之，以上两表为南京国民政府1936年、1937年两年即执政后期大学发展的概况。这一时期，中国高校分三大类：国立大学、省立大学、私立大学。此外，独立学院又分为国立学院、省立学院、私立学院。这是因创办学校主体的差异，分别为中央办理、地方政府办理、私人办理。由以上两表可知，1927—1937年，中国高校数量显著提高，教员和职员数量庞大，大学生人数众多，大学教育亦呈现蓬勃势头。

　　以上，从学校数量、学生人数、教员总数、教育法规、教育宗旨等方面，阐析1927—1937年中国综合性大学的整体概况，不难发现，大学教育在量的方面快速发展的同时，教育规模亦逐渐扩大。

第二节　民国时期高校数量呈走高态势

　　1901—1911年，清末"新政"时期，清政府废除科举制度，举办新式学校教育。早在洋务运动期间，带有现代性的高等学府就已经创办，譬如：京师同文馆、广方言馆、福州船政学堂、北洋水师学堂、上海机械学堂和天津电报学堂，等等。不过，这些学堂的创设是清王朝为实现"求富"与"自强"的梦想，与真正意义上的高等学府尚存有差距。1912年2月12日，清朝最后一位皇帝爱新觉罗·溥仪宣布退位，至此，旧有的王朝时代一去不复返，而新的时期拉开帷幕——中华民国时期，时间虽然短暂，却呈现出政局波诡云谲与社会变化激烈的历史场景。其中，高等教育得以初步发展，掀起了创办高校的高潮，如表 1-3 所示。

表 1-3　　　　　　1912—1915 年全国高等教育机关比较　　　（单位：所）

年份	类别																	总计
	高等师范	专门学校							大学								其他	
		法政	医学	农业	工业	商业	商船	外国语	预科	文	理	法	商	医	农	工		
1912	12	64	5	5	10	5	—	5	10	—	—	1	—	—	—	—	5	122
1913	12	56	5	7	10	6	—	5	10	—	—	2	—	—	—	1	8	122
1914	11	44	7	7	13	5	—	2	14	—	—	—	—	—	—	—	6	109
1915	10	24	9	7	13	5	—	2	10	—	—	—	—	—	—	—	6	86

资料来源：黄炎培：《读中华民国最近教育统计》，《新教育》第 1 卷第 1 期，1919 年，第 21—22 页。

由表 1-3 可知，从广义层面而言，1912 年至 1915 年中国高校数量由多变少，反映出初建现代国家的亢奋状态渐趋平复。其中，减幅最大的为法政学校与大学法科，其次则为外国语与高等师范。究其原因在于：中华民国初创，社会上掀起了热衷于政治的浪潮，一时间与法政相关的专门学校纷纷涌现。为调整学科设置的平衡，政府严格限制此类学校的增设，遂呈现骤起骤落的异常现象。

另据教育部统计，全国高等教育院校，1912 年 115 所、1913 年 116 所、1914 年 103 所、1915 年 104 所、1916 年 86 所、1920 年 87 所。[①] 不难看出，1916 年因袁世凯去世引发的北洋内部的动荡，直接导致了此后两年高校数量的减少。时人郭秉文对 1921 年中国高等教育的进展有所阐述，他从国立大学、私立大学、特殊大学与酝酿中的大学四个层面分析，指出："（1）国立大学之创立。国立东南大学，于本年正式成立，设文、理、教育、农、工商等科，分 22 学系。设备上则除督军齐抚万氏捐资创建之孟芳图书馆外，尚有体育馆，中二院，及大学附属小学宿舍，初具规模。其商科设在上海，与暨南学校合办，为上海商科大学，设六学系，并有夜校，

───────────

① 《民元以来全国高等教育之进展》，《蜀铎》第 2 卷第 2 期，1936 年，第 53 页。

供商业界有志继续高深研究者求学机会，实吾国第一之高等商业教育机关也。（2）私立大学之增设及扩充。陈嘉庚捐资建立之厦门大学，本年先办商学，师范两部。南开大学则除文理科外，矿科商科并次第扩充。北京协和医学校，经营数年，本年秋间，学校及医院全部开幕。（3）特殊大学。交通部所设北京邮电及铁路管理两校，唐山及上海两工业专门学校，合并改组，称交通大学。其经费以交通部育才费及其他筹得之款充之。其北京学校设铁路管理科及无线有线电信科。唐山学校设土木工程科。上海学校设机械工程及电击工程科。（4）酝酿中之大学。计议或筹办之大学，则有广州之西南大学，云南之东陆大学，保定之河北大学，奉天之东三省大学，湖北之武汉大学、鄂州大学等。其倡议出自军阀者，因政潮之变迁，进行即不免随之延。以上极简略之事实，粗示一年来'大学潮'之趋势。此'大学潮'之继长增高，原因亦有数端：新文化运动后，青年之知识欲骤增，无高深学术之中枢，不足以厌其热望，一也；中学毕业学生渐多，须升学之地，二也；高等教育已有之基础，渐臻稳固，向上之"。①

　　郭秉文从高校性质、高校内部学科的设置、高校类型、高校的创办规划等方面，对1921年中国高等教育发展概貌进行简述，尤其是建立高校的规划，从东北边陲、西南一隅、内陆地区至中国南端等，皆有创建高校的计划，反映了官方力图提升全国高等教育发展水平的行政方向，并剖析其原因，从而勾勒出北洋时期高校继续拓展的趋势，为日后高校的发展奠定了基础。1921年，经民国教育部批准，在南京高等师范学校的基础上，成立国立东南大学，成为民国政府成立后建立的第一所国立大学，在为数不多的大学中，东南大学很快发展成为学科设置最为完备和教育质量较高的大学。1925年，清华学校成立大学部。1926年山东省于1926年合并六所专门学校，成立省立山东大学；湖南省于1926年合并三所专门学校成立省立湖南大学；河南省于1922年开始筹建中州大学。在此期间，四川省改成都高等师范为成都大学，湖北省改武昌高等师范为武昌大学，广东省改广东高等师范为广东大学，东北大学也于1923年在沈阳成立。② 从上可知，

　　① 郭秉文：《民国十年之教育：十年度之高等教育》，《新教育》第4卷第2期，1922年，第228页。
　　② 《清华大学根本改组》，《时事新报（上海）》1924年3月9日第12版；《校史概要》，《山大年刊》，1936年，第4页；《全国大学之沿革》，《时事新报（上海）》1934年2月19日第7版；观奕：《中州大学成立之经过情形》，《益世报（天津版）》1923年2月27日第6版；《全国专科以上学校近况》，《学生杂志》第22卷第8期，1945年，第55页。

1921年至1926年，全国各地陆续开始创设高校，主要分布于江苏、山东、湖南、湖北、河南、四川、广东、辽宁等地区，为其他地区高等教育的发展起到了引领作用。

1927年，南京国民政府建立后，据教育部统计，"1929年全年及1930年上学期概况，全国大学及专门学校总数计50校，大学34校，专门学校16校；全国大学及专门学校学生总数，计为19453名，大学生17285名，专门学校学生2168名；全国大学及专门学校教职员总数计4630名，大学教员数3977名，专门学校教员数653名；全国大学及专门学校经费总数为11756175元，大学经费11028270元，专门学校经费727905元；全国各大学各学院学生数，计法学院3507名，文学院2271名，工学院2135名，理学院1232名，商学院1127名，农学院724名，教育学院649名，医学院658名，艺术学院205名，专修科1012名，预科5446名，其他选修及研究生487名。"① 根据以上翔实的统计数据，可以获知截至1930年上半年，高校共计50所，在校生总数19453人，并统计各个学院学生总数，其中文法科学生人数5778人，理工科学生人数3367人，教育、农学、医学、艺术等学生人数不足千人。高校文法科多于实科的学科设置不平衡性已经显现出来。

"1932年度专科以上学校之校数，共计104校。内专科学校28校，独立学院35校，大学41校。自其设立性质方面区别之，计国立者21校（内专科3，独立学院5，大学13）；部立者5校（专科）；省立者32校（专科12，学院11，大学9）；私立者46校（专科8，学院19，大学19）。国立、部立、省立三者均属公立，共计58校。"②

20世纪30年代，中国高等教育进入快速发展阶段，高校数量不断增加。据教育部统计，1934年，全国专科以上学校总计110所，教员7200人，职员5300余人，在校生41700余人，毕业生9600余人，岁入3575万余元，岁出3519万余元，图书487万余册，新添设备663万元，每岁占费为636元有奇。兹将详细情形分析如下。

校数之分布，"专科以上学校110校，大学41，独立学院38，专科31

---

① 《全国高教概况：教育部对于全国高等教育》，《新声月刊》第3卷第2期，1931年，第4页。

② 《二十一年度全国高等教育概况统计》，教育部高等教育司1934年版，第1页。

校。以性质论，国立 22 校，部立 6 校，省市立 31 校，私立 51 校。其纯设实科者（理、农、工、医）共 32 校（大学 3、独院 15、专科 14），其纯设文科者（文、法、教育、商）共 33 校（独院 16、专科 17），文实两科兼设者共 45 校（大学 38，独院 7）。"① 大学 110 所，公立学校数量为 59 所，私立学校 51 所，公立与私立的比例大体持平。可见，这一时期公私立高校发展态势良好，不断地向社会输送各类人才。

据教育部统计，截至 1937 年，全国高等教育经费的支出，全年共计 3500 余万元，全国大学及专科学校共 110 所，全年经费支出的情形，略如下列：

表 1－4　　　　　　　　　1937 年全国高等教育经费支出统计

学校性质	校　数	百分数	全年经费支出数	百分数
国　立	22	20.00%	15617723 元	44.37%
省市立	31	28.18%	5121213 元	14.04%
公　立	6	5.46%	679942 元	1.85%
私　立	51	46.36%	13986287 元	39.34%

资料来源：刘季洪：《高等教育经费问题》，《广播周报》1937 年第 149 期，第 17 页。数字照原刊载录。

表 1－4 反映出 1937 年中国高校数量为 110 所，省市立为 31 所，私立为 51 所，国立高校 22 所，数量最少的是公立高校 6 所。就经费而言，国立高校所用经费占 44.37%，省市立学校仅占 14.04%，私立学校占 39.34%，公立只为 1.85%。大量经费倾向于国立高校，占大多数的省市立院校却获得少量的经费资助。

1927—1937 年，随着中国国内政局渐趋稳定，高等教育得以发展，最直接的表现则是高校数量的增加与保持平稳的发展态势，如表 1－5。

表 1－5 是 1932—1937 年全国专科以上学校历年的学校数量。这一时期高校数量大体保持 100 余所，其中大学和独立学院中的私立学校的数量多于专科学校，其次为省市立学校，国立学校最少。1937 年全面抗战爆发

<hr />

① 王成康：《最近全国高等教育概况》，《教与学》第 2 卷第 6 期，1936 年，第 209 页。

后，受战争影响，高校数量骤减。

表 1 - 5   1932—1937 年全国专科以上学校统计   （单位：所）

年份	大学				独立学院				专科学校				共计			
	国立	省市立	私立	小计	国立	省市立	私立	小计	国立	省市立	私立	小计	国立	省市立	私立	小计
1932	13	9	19	41	5	11	19	35	7	12	8	27	25	32	46	103
1933	13	7	20	40	5	12	22	39	10	10	9	29	28	39	51	108
1934	13	8	20	41	5	11	22	38	10	12	9	31	28	31	51	110
1935	13	9	20	42	5	9	24	38	7	12	9	28	25	30	53	108
1936	13	9	20	42	5	9	22	36	8	11	11	30	26	29	53	108
1937	12	5	18	35	6	6	20	32	6	9	9	24	24	20	47	91

资料来源：教育部教育年鉴编纂委员会编：《第二次中国教育年鉴》，商务印书馆 1948 年版，第 10 页。数字照原书载录。

第三节   民国时期高校分布广泛

清末民初，中国高等学府主要聚集于政治、经济与文化中心所在地，譬如北京、上海等。1927—1937 年，高校数量与日俱增，形成聚集中心城市与零星分散于全国各地的空间格局。譬如，1925 年，北洋政府提出筹设专科学校办法，具体如下："一是国立者应设在产业重大中心，省立者视各省需要和产业而定；二是设有大学的地方，宜在大学内设专修科，不必另设专修学校；三是非有充分的实习设备得开设专修课程，但能利用附近农、工、商设备者不在此限；四是得收同性质高中职业毕业生。"[①]

可见，20 世纪二三十年代，中国国立大学的选址以经济发达的城市为中心，省立大学则根据各省经济与社会发展的实际需要加以创立。抗战以前"中国大学在地理上之分布，杂乱无章，在同一区域内，常有多数大学，其所进行之工作，几全相同，诸大学间亦无合理之分工"。"1930 年中

---

① 《改进高等教育计划：（五）筹设专科学校办法（第十四年起）》，《吉林省教育会月报》1930 年第 8 期，第 12 页。

国大学生 33874 人中，有 20463 人（即 60%）分布于两个城市中，即北平与上海。六个城市共有大学生 27506 人，盖已占总数 4/5 以上矣。"此等畸形现象，早为吾人所不满，但若像他们所说："中国而外，世界各国同一城市而设立两个以上之大学者甚少。"① 因此，这一时期，高校云集上海与北平的现象已然形成，直接影响此后高校的空间布局与分配。1931 年，教育部高等教育司司长孙本文通过中央广播电台汇报 1928 年 7 月至 1931 年 8 月全国大学及专科学校的发展概况。他指出："自 1927 年 7 月国民政府公布《大学组织法》《专科学校组织法》，8 月教育部公布《大学规程》《专科学校规程》《私立学校规程》，全国公私立大学及专科学校，均能遵照组织法及规程办理，截至 1931 年 8 月，全国共有公立及已立案之私立大学 58 所，专科学校 27 所。近三年来，全国大学教育，似有相当进步，当 1928 年 11 月本部成立之初，国立大学计有中央、北平、武汉、浙江、清华、暨南、同济、劳动、交通等十校，旋因历史关系，北京大学、北平师范大学、北洋工学院于 1929 年 8 月间，先后独立；1930 年秋，青岛大学筹备成立，广东法官学校改组为广东法科学校，1931 年 3 月，中法国立工业专科学校，改组为中法国立工学院，截至 1931 年 8 月，国立大学计共 16 校。省立大学在 1928 年初，亦仅十校，即河北、东北、山西、成都、成都师范、湖南、安徽、河南中山、西安中山、兰州中山大学；1929 年夏，河北省立各专校，先后改组，有省立法商学院与省立工业学院两校，又添设省立女子师范学院一校；同时，四川各专校合并为四川大学。1930 年 1 月，太原国民师范学校高师部改组为山西省立教育学院，2 月河南中山大学改称河南大学；7 月江苏省立教育学院，就原有省立民众教育学院及劳农学院合组成立；同月云南东陆大学改为省立大学，8 月吉林省立法专等校合并成立吉林大学。1931 年 4 月，兰州中山大学改称甘肃学院，同月西安中山大学改办省立高中，8 月广西大学恢复。截至本年 8 月，省立大学共计 18 校，合国立省立计之，在近三年中，计添设 13 校之多，总数已达 34 校。私立大学，经前大学院核准立案者，仅厦门、金陵、大同、复旦 4 校，至 1929 年 6 月，又陆续核准沪江、光华、大夏、燕京、南开五大学立案。1929 年 7 月至 1930 年 6 月，陆续又核准东吴大学、武昌中华大

① 罗廷光：《中国大学教育之展望》，《读书通讯》1947 年第 146 期，第 4 页。

学、协和医学院、金陵女子文理学院、上海法学院、福建协和学院、广东国民大学、之江文理学院、持志学院等 10 校立案，已立案之私立大学，截至 1931 年 8 月，计共 24 校，合国立省立及私立各大学计之，共得 58 校。"①

"1932 年，全国专科以上学校数，以公立为多，私立者次之。至其分布状况，可分为四大中心：在北部为平津，共计 20 校；在南部为广州，共计 7 校；在东部为京沪，共计 28 校；在中部为川、鄂、豫、湘，共计 12 校，其他各省多则 6 校，少则 1 校。故我国专科以上学校之分布，东部居第一位，北部居第二位，中部居第三位，南部居第四位。"②

另据教育部统计，1933 年全国国立大学与学院发展概貌，详见表 1-6。

表 1-6　　　　　　　　1933 年中国国立大学及学院统计概况　　　　（单位：人）

校名	学院	时任校长	教职员数	学生数	近三年毕业人数	校址
国立中央大学	文理法教育农工六院	罗家伦	593	1663	773	南京
国立中山大学	文理工法农医五院	邹鲁	844	1263	703	广州
国立北平大学	法农工医女子文理俄文法政美术七院	沈尹默	840	2651	978	北平
国立北京大学	文理法三院	蒋梦麟	347	1203	469	北平
国立北平师范大学	文理教育三院	李蒸	452	1405	399	北平
国立清华大学	文理法工四院	梅贻琦	225	589	263	北平
国立浙江大学	文理工农三院	程天放	338	499	123	杭州
国立武汉大学	文法理工四院	王世杰	176	574	—	武昌
国立同济大学	医工两院	翁之龙	115	590	77	上海
国立暨南大学	文理商三院	郑洪年	242	1042	116	真如
国立山东大学	文理农工三院	赵畸	67	106	—	济南
国立北洋工学院	工学院	蔡远泽	57	459	199	天津

① 《教育部高等教育司司长孙本文报告近三年来全国大学及专校概况》，《湖北教育厅公报》第 2 卷第 17 期，1931 年，第 3—5 页。

② 《二十一年度全国高等教育概况统计》，教育部高等教育司 1934 年版，第 1 页。

续表

校名	学院	时任校长	教职员数	学生数	近三年毕业人数	校址
国立交通大学	分设铁道管理、土木工程、机械工程、电机工程、自然科学五科	黎照寰	283	1274	584	上海
中法国立工学院	工专药学二科	褚民谊	29	208	—	上海
国立四川大学	文理法三院	王宏实	151	1469	500	成都
国立广东法科学院	法学院	—	—	—	268	广州
国立上海商学院	商学院	徐佩琨	45	134	—	上海
国立上海医学院	医学院	颜福庆	45	66	—	上海

资料来源：《全国公私立大学及专科学校现况一览表》，《申报年鉴》，1933年，第31—32页。

如表1-6所示，这一时期国立高校主要分布是上海5所、北平4所、广州2所、杭州1所、南京1所、武昌1所、济南1所、天津1所。这些国立高校的空间走向以政治、经济、文化等中心的所在地为主导，这势必影响日后毕业生就业区域的选择与职业流向。

除了国立高校的发展受到关注之外，1933年中国省立大学与学院的发展情况亦被详细统计，见表1-7。

表1-7　　　　　　　　**1933年中国省立大学与学院统计**　　　　（单位：人，元）

校名	校长	学科	教职员数	学生数	常年经费	校址
东北大学	张学良	文法理工教育三院	254	1643	1258237	沈阳
安徽大学	程演生	文理法三学院	137	459	309506	安庆
湖南大学	胡庶华	文理工三院	134	489	288379	长沙
河南大学	许心武	文理法农医五院	120	746	314224	开封
山西大学	王录勋	文法工三院	110	950	155907	太原
广西大学	马君武	理农工三院	—	—	—	梧州
东陆大学	华秀昇	文理工三院	—	—	—	昆明
吉林大学	—	文法理工两院	66	383	—	吉林
东北交通大学	张学良	—	—	—	—	锦州

续表

校名	校长	学科	教职员数	学生数	常年经费	校址
甘肃学院	文法两科	邓春膏	55	108	82596	兰州
河北法商学院	法商两科	吴家驹	65	218	83758	天津
河北工学院	—	魏元光	62	226	123232	天津
河北女子师范学院	文理两科	齐国梁	36	127	55722	天津
河北农学院	—	薛培元	—	—	—	保定
河北医学院	—	马馥庭	126	245	285106	保定
山西法学院	—	冯纶	44	309	41447	太原
山西教育学院	—	郭象升	42	187	80000	太原
江苏教育学院	—	高阳	49	158	123772	无锡
新疆俄文法政学院	—	刘光汉	—	—	—	迪化
湖北教育学院	—	罗潘	—	—	—	武昌

资料来源：《全国公私立大学及专科学校现况一览表》，《申报年鉴》，1933 年，第 32—33 页。

如表 1–7 所示，上述省立大学分布于天津 3 所、太原 3 所、保定 2 所、沈阳 1 所、安阳 1 所、长沙 1 所、武昌 1 所、开封 1 所、梧州 1 所、昆明 1 所、无锡 1 所、锦州 1 所、吉林 1 所、迪化 1 所等，省立大学遍及东北、西北、西南、东南、华中等地区。尽管省立大学的数量有限，涵盖范围却十分广泛。

这一时期，在创办国立与省立大学的同时，私立高校亦纷纷建立，详见表 1–8。

表 1–8　　　　　　　**1933 年中国私立大学及学院统计**　　　　（单位：人）

校名	学院	时任校长	教职员数	学生数
私立复旦大学	文理法商四院	李登辉	130	1364
私立沪江大学	文理商教育四院	刘湛恩	80	526
私立光华大学	文理商三院	张寿镛	95	769
私立大夏大学	文理教商法五院	王伯群	137	1057
私立大同大学	文理商三院	曹惠群	52	462
私立震旦大学	法理医三院	胡文耀	55	550
私立中国公学	文理法商三院	—	111	1437

续表

校名	学院	时任校长	教职员数	学生数
私立燕京大学	文理法三院	吴雷川	215	553
私立辅仁大学	文理教育三院	沈兼士	53	270

资料来源：《全国公私立大学及专科学校现况一览表》，《申报年鉴》，1933年，第33页。

由上可知，此时的私立大学多分布于上海、北平等地，主要开设文理商等专业，学生数共计约6500人，是中国高等教育发展的重要补充，也为东南沿海地区社会经济的发展贡献力量，满足区域发展对人才的需求。

民国时期，全国各地创设了许多的专科学校，分布于东北、河北、山西、湖北、甘肃、新疆等省份，在校学生数为约1600人（见表1-9），满足了社会对各类人才的需求。中国高等教育的发展是由国立大学、省立大学与私立大学组成，专科学校是其必要补充。专科院校的增设，能够使所设区域培养更多的不同专业的人才，带动全国各地社会经济的共同发展。

表1-9　　　　　　　　1933年全国独立学院统计　　　　（单位：人，元）

校　名	学　院	时任校长	教职员数	学生数	经　费
东北交通大学	—	张学良			
甘肃学院	文法两科	邓春膏	55	108	82596
河北法商学院	法商两科	吴家驹	65	218	83758
河北工学院	—	魏元光	62	226	123232
河北女子师范学院	文理两科	齐国梁	36	127	55722
河北农学院	—	薛培元	—	—	—
河北医学院	—	马馥庭	126	245	285106
山西法学院	—	冯纶	44	309	41447
山西教育学院	—	郭象升	42	187	80000
江苏教育学院	—	高阳	49	158	123772
新疆俄文法政学院	—	刘光汉	—	—	—
湖北教育学院	—	罗潽			

资料来源：《全国公私立大学及专科学校现况一览表》，《申报年鉴》，1933年，第33页。

根据教育部统计，1931—1933 年，中国专科以上学生在各个省份的人数，如表 1 - 10 所示。

表 1 - 10   1931—1933 年中国各省专科以上学生数与总人口之比率   （单位：人）

省别	专科以上学生数	人口总数	每百万人口中之专科学校以上学生数
江苏	5616	34125857	165
广东	5059	32427626	156
河北	3405	31232131	110
浙江	3203	20642701	155
四川	3036	47992282	149
山西	2306	12228155	189
辽宁	2303	15233123	151
福建	1976	10071136	196
安徽	1718	21715396	79
湖南	1444	31501212	46
江西	1342	20322837	66
山东	1237	28672419	43
湖北	1052	26699126	39
河南	1013	30565651	33
合计	42305	474787386	89

资料来源：《最近三年度全国大学教员等级及女教员所占百分数表》，《申报年鉴》，1933 年，第 31 页。

从表 1 - 10 可知，1931—1933 年，中国专科以上毕业生人数分布于江苏、广东、河北、浙江、四川、山西、辽宁、福建、安徽、湖南、江西、山东、湖北、河南等地域。

1931 年，教育部对中国专科以上高校学生数进行了调查，各省大学生及在总人口中所占比例多少亦有所统计，详见表 1 - 11。

表 1-11　　　1931 年 7 月中国各省专科以上学生数与总人口之比率　　（单位：人）

省别	专科以上学生数	人口总数	每百万人口中之专科以上学生数
江苏	5616	34125857	165
广东	5059	32427626	156
河北	3405	31232131	110
浙江	3203	20642701	155
四川	3036	47992282	149
山西	2306	12228155	189
辽宁	2303	15233123	151
福建	1976	10071136	196
安徽	1718	21715396	79
湖南	1444	31501212	46
江西	1342	20322837	66
山东	1237	28672419	43
湖北	1052	26699126	39
河南	1013	30565651	33
广西	776	13648200	56
吉林	743	7634671	97
黑龙江	364	3724738	98
陕西	277	11802446	33
云南	193	13821234	14
甘肃	162	6281286	26
贵州	156	14745722	11
察哈尔	100	1997015	50
绥远	66	2123768	31
热河	44	6593440	7
蒙古	9	6160106	1
新疆	6	2551741	2
青海	4	6195057	1

续表

省别	专科以上学生数	人口总数	每百万人口中之专科以上学生数
西藏	3	3722011	1
宁夏	1	1449869	1
西康	1	8906430	0
合计	42305	474787386	89

资料来源：《高等教育：各省专科以上学生数与人口之比率》，《申报年鉴》，1933 年，第 30 页。

说明：表 1 – 10、表 1 – 11 的统计数据并不完全吻合，照原刊抄录。

  表 1 – 11 按照学生数由多至寡对全国专科以上学生数进行了排序，此次调查涵盖边疆地域。江苏、广东、河北、浙江、四川、山西、辽宁、福建、安徽、湖南等省学生人数位列前十，学生数分别为：5616 人、5059 人、3405 人、3203 人、3036 人、2306 人、2303 人、1976 人、1718 人、1444 人。江西、山东、湖北、河南等省学生数维持在 1000 余人的水平。广西、吉林、黑龙江、陕西等地区的学生数分别为 776 人、743 人、364 人、277 人，大学生数量大为减少。云南、甘肃、贵州、察哈尔、绥远、热河等偏远省份的大学生人数分别为 293 人、162 人、156 人、100 人、66 人、44 人。至于蒙古、新疆、青海、西藏、宁夏、西康等地的大学生则非常稀缺，仅有 6 人、9 人、4 人、3 人、1 人、1 人。大学生占总人口数的比例亦是江苏、广东、河北、浙江、四川、山西、辽宁、福建等地为高，西南与西北等偏远内陆地区大学生所占比重降低。此种高校大学生的地域分布格局直接影响着此后大学生的空间构成。

  "1934 年，就其分布区域比较，东部居第一位（京沪 30 余校），北部居第二位（平津 20 余校），中部居第三位（川鄂豫湘 10 余校），南部居第四位（广州等地），又西北农林专校及四川农工两院，皆近年设立。故今后全国专科以上学校之分布，有向西北之趋势。农场最大者浙江大学有 3440 亩，最小者励勤大学仅三分地，林场最大者，广西大学有 4 万余亩，最小者湖南大学仅 160 亩，园地最大者河南大学有 7292 亩，最小者东亚体专仅 3 分地。至于全校面积最大者，广西大学有 40637 亩，最小者上海医学院仅 2 亩；全校地价最大者，交通大学约值 143 万元，最少者河南水利工程学校，仅值 4000 余元。"① 从上可知，中国高校主要聚集于上海、南京等东南沿海地区，分布于北平、天津等地，中部与南部所设高校数量逐渐减少，西部的高校则有零星分布，于是形成了以华北、东南沿海为主，向北部、中部、南部发散，且兼及边疆地区的高校分布带。

"1936 年，全国专科以上学校，凡 108 所。计大学共 42 校（国立 16，省立 7，私立 19）；学院共 34 校（国立 5，省立 8，私立 21）；专科学校共 32 校（国立 6，公立及省市立 16，私立 10）。其分布状况，可分北部、中部、东部、南部、及西北部五区，北部包括平、津、冀、晋、鲁各省市共 30 校；中部包括川、鄂、豫、湘各省共 45 校；南部包括两广、闽、桂、滇各省共 13 校；西北部包括陕、甘、新疆各省共 3 校。其中上海独有 25 校，北平 14 校，广州 7 校，南京 6 校。各省区未设专科以上学校者，有察哈尔、绥远、青海、西康、宁夏等省及蒙古、西藏二区。各校共有教职员 110850 人，在校学生 41922 人，毕业生 9154 人，学生修习科目计习实类理、工、医、农、各科者 18459 人，习文类文、法、商、教育各科者 23152 人，各校总支经费 39275386 元。1937 年事变后受战争破坏者 92 校。计中央大学等 46 校之财产损失已达 3360 万元以上。"② 时至 1936 年，除 5 省 2 区之外，其余地区皆创办了大学，高校的覆盖面已十分广泛，既凸显上海、北平等城市的重要性，又体现地域平衡的需要，这是中国高等教育日趋成熟的表现，也初步奠定了当今中国高校的空间布局。

综上所述，中国高等教育因洋务运动而肇始，随着清末"新政"时期科举制度的废除，仿照西方国家高等教育模式，制定相应的学制。在现代学校取代传统学堂与书院的洪流之中，不同类型的高校被建立起来。民国时期，南京临时政府、北洋政府与南京国民政府等，出于构建政权的考量，皆采取有关措施来推动高等教育，于是高校数量由民国元年的快速增长，逐渐回归至 100 余所的正常状态。相比清末而言，全国高校数量是大幅增加，其空间分布形成以上海与北平为中心及遍及全国的高校带，向各地源源不断地输送各类人才，以期带动社会的进步与发展。

---

① 王成康：《最近全国高等教育概况》，《教与学》第 2 卷第 6 期，1936 年，第 209 页。
② 陈端志：《民国二十五年后之教育：事变前之教育：（一）高等教育》，《申报年鉴》，1944 年，第 969 页。

第二章

1927—1937 年中国大学毕业生状况与结构

民国以后，高等教育由初始的快速发展，到后期的平稳创办，招收与培养了数以万计的大学毕业生，颇具规模，输送至全国各地的不同领域，为社会建设发展注入新的活力。为了更加清晰地掌握大学毕业生的就业概况，须梳理当时全国高校毕业生总体走势与分布。当时，教育部等有关部门对民国时期高校毕业生的总人数、专业类型等方面进行了详细的统计。

第一节　毕业生数量逐年递增

1912—1937 年，中华民国创立后，各式高校由集中于华北、东南沿海地区，演变至分设于全国各地，随着高校数量的增加与规模的扩大，各式高校毕业生数量不断增多，形成逐渐递增的发展趋势。

表 2-1　　　　1912 年前后全国专科以上学校历年毕业生人数统计　　（单位：人）

年份	大学及学院			专科学校	总数
	大学	学院	合计		
民国元年以前	2180	910	3090	94	3184
1912	251	195	446	44	490
1913	759	73	832	144	976
1914	641	228	869	179	1048
1915	1006	280	1286	78	1364
1916	758	831	1089	381	1470

续表

年份	大学及学院			专科学校	总数
	大学	学院	合计		
1917	623	268	891	264	1155
1918	673	108	781	119	900
1919	791	233	1024	113	1137
1920	879	248	1227	219	1446
1921	921	258	1179	249	1428
1922	1072	367	1439	303	1742
1923	1247	418	1665	340	2005
1924	1482	470	1952	445	2397
1925	1466	450	1916	356	2272
1926	1696	679	2375	466	2841
1927	1523	779	2302	412	2714
1928	2022	824	2846	407	3263
1929	2620	1083	3703	461	4164
1930	2918	1021	3939	644	4583
1931	4708	1684	6392	642	7034

资料来源：教育部高等教育司编：《全国高等教育统计》，教育部高等教育司 1933 年版，第30 页。

由表 2－1 可知，清末高校毕业生为 3184 人，而 1912 年因政权更迭，专科以上毕业生仅有 490 人，1913—1918 年，毕业生人数呈增长态势突破千人，1916 年多至 1470 人。1917 年大学毕业生人数回落至 1155 人，1918 年降至 900 人，1919 年毕业生数量为 1137 人，有小幅提升。这与清末民初政局的动荡密不可分，譬如清朝的覆亡，中华民国的创立，意味着王朝时代的终结，现代国家模式的开启。其中，中国高等教育随政治潮流而颠簸起伏，特别是北洋政府时期的军阀混战与政治斗争，给高校的正常运营带来了一定的冲击，于是专科以上学校毕业生人数起起落落，未形成固有的良性发展态势。1919 年毕业生人数 1137 人、1920 年毕业生人数 1446 人、1921 年毕业生人数 1428 人，毕业生总数有所回升。1922 年至 1931 年历年毕业生人数分别为 1742 人、2005 人、2397 人、2272 人、2841 人、

2714 人、3263 人、4164 人、4583 人、7034 人，毕业生数量逐年递增。1927 年，南京国民政府建立后，动荡不安的政局渐趋平稳，为巩固政权起见，国家采取措施发展高等教育，高校数量不断增多，大学毕业生数量亦相应增加。

随着高等教育的快速发展，表 2－1 教育部等有关部门对清末民初的历年毕业生进行了统计，进而了解高校毕业生总体走向。为进一步明晰大学毕业生就业概况，表 2－2 对清末民初历年高校毕业生展开更为翔实的统计。

表 2－2　　　　　　　清末民初历年高校毕业生人数统计　　　　（单位：人）

年度	大学	学院	专科	合计	年度	大学	学院	专科	合计
1912 年以前	2180	910	94	3184	1924	1482	470	445	2397
1912	251	195	44	490	1925	1466	450	356	2272
1913	759	73	144	976	1926	1696	679	466	2841
1914	641	228	179	1048	1927	2523	779	412	2714
1915	1006	280	78	1364	1928	2022	824	407	3253
1916	758	331	381	1470	1929	2620	1083	461	4164
1917	623	268	264	1155	1930	2918	1021	644	4583
1918	673	108	119	900	1931	4708	1684	642	7034
1919	791	233	113	1137	1932	4533	2082	696	7311
1920	879	248	219	1446	1933	5469	2309	887	8665
1921	921	258	249	1428	1934	6435	2352	835	9622
1922	1072	367	303	1742	1935	5679	2301	692	8672
1923	1247	418	340	2005	总计	52202	19931	9470	81613

资料来源：《全国高等教育趋势及历年毕业生人数》，《申报》1936 年 8 月 23 日第 16 版。

与表 2－1 相比较而言，此表统计至 1935 年，而表 2－1 仅统计至 1931 年。该表的统计数据更加全面地反映出高校毕业生的数量变化。从大学、学院与专科三个层面，对 1912 年以前、1912—1935 年的毕业生进行了统计。1912—1931 年的统计数据与表 2－2 相同。1932—1935 年毕业生人数为：7311 人、8665 人、9622 人、8672 人。从上不难看出，时至 1935 年高校毕业生已增至 8672 人，彰显出高等教育的快速发展。从总体上来看，清末民初大学、学院与专科等各类毕业生总数分别为 52202 人、19931 人、9470 人。大学毕业生数量多于学院与专科，是高校毕业生的主体力量。

这一时期，南京国民政府逐步稳固，民国报刊有关公立私立大学毕业生的统计数据不断刊出，有利于更加深入地了解这一时期高校毕业生的总体走势。

如表 2 - 3 所示，中华民国成立后，高校专科以上毕业生数量逐年增长，由最初的 490 人增至 1935 年的 8672 人，可见短短二十余年发展之迅速，大批毕业生步入社会，这些具备高等学历的就业人员势必会带动相关领域的发展与进步。通过以上几个表格的统计，可以获知这一时期大学毕业生呈不断增长的走势。

表 2 - 3 1912—1935 年中国专科以上毕业生统计 （单位：人）

年份	毕业人数	年份	毕业人数	年份	毕业人数	年份	毕业人数
1912	490	1918	900	1924	2397	1930	4582
1913	976	1919	1137	1925	2272	1931	7014
1914	1048	1920	1446	1926	2841	1932	7311
1915	1364	1921	1428	1927	2714	1933	8655
1916	1470	1922	1742	1928	3253	1934	9622
1917	1155	1923	2005	1929	4164	1935	8672
共计	78658						

资料来源：《专科以上学校毕业生统计》，《图书展望》1936 年第 12 期，第 84 页。

表 2 - 4 再度证明 20 世纪 30 年代中国高校毕业生已经形成了日益增长的态势，按照大学、学院与专科等三个层次，对毕业生人数进行统计，三年共计：大学毕业生 22801 人、专科毕业生 3357 人。其中，大学毕业生人数由 1933 年的 5053 人升至 1934 年的 6099 人，1935 年又回落至 5488 人，总体仍维持在 5000 人左右。学院毕业生数量则一直保持增长的势头，分别为 1697 人、2226 人、2238 人。专科毕业生人数大体维持在 1000 人左右。

表 2 - 4　　　　　　1933—1935 年全国大学及专科学校毕业生统计　　　（单位：人）

毕业生类别 ＼ 年份	1933	1934	1935	合计
大学毕业生	5053	6099	5488	16640
学院毕业生	1697	2226	2238	6161
以上大学合计	6750	8325	7726	22801
大学中之专科	416	336	191	943
专科学校	887	835	692	2414
以上专科合计	1303	1171	883	3357
总计	8053	9496	8609	26158

资料来源：《最近三年度全国专科以上校毕业生人数及科别》，《蜀铎》第 2 卷第 2 期，1936 年，第 53 页。

　　由表 2 - 5 可知，专科以上学校历年度毕业生人数，当随入学年度人数之多寡而增减，1912 年以前专科以上学校毕业生人数已达 3184 人，1912 年毕业生人数 490 人，至 1917 年增至 1155 人，1918 年则减为 900 人，究其原因在于 1913—1914 年入学的大学生人数较多，故 1915—1916 年毕业生亦较多。1915 年以后入学的人数较少，因此 1917 年以后毕业生人数亦略减。1919 年至 1924 年由 1137 人增至 2397 人，1925 年复减为 2272 人，1926 年增至 2841 人，1927 年又减至 2714 人，1928 年度起复由 3253 人逐年上升，至 1934 年增至 9622 人。这期间，毕业生由减少演变增多的动因在于，1928 年以后学生逐年增加，故至毕业时毕业生人数亦随之增加，譬如 1931 年大学毕业生 6392 人，相比 1930 年的 3939 人增加 2453 人。众所周知，1927 年以后，南京国民政府建立，高等教育事业遂步入正轨，大学随之逐年增加，一部分专门学校毕业学生复转入大学继续肄业，故而 1927—1934 年，中国大学毕业生年有增加。1931 年全国专科以上学校学生数为历年度之最高，因此，1934 年中国高校毕业生人数亦激增，为民国以来毕业生最多的一年。这皆源于 1932 年起教育部提倡实用科学，限制文法科学校之设置，1933 年复限制招收文法科学生，入学学生人数年有减少，故 1935 年毕业生人数亦随之减为 8672 人，较 1934 年减少 950 人，1936 年毕业生人数为 8601 人，较 1934 年减少 1021 人。然而，"文、法、教、商等科毕业生虽有逐年减少之趋势，而理农工医等科毕业生人数则逐年增加矣"。① 1937 年正值抗战时期，全国专科以上学校毕业生人数约有 5329 人，较 1934 年减少 4293 人，较 1936 年的 8601 人减少 3272 人。1937 年毕业生人数骤减的原因，显然是受到战争的影响，一部分学生由战区迁避内地，或因经济困难而暂休学，或因迁徙而延误入学期间，或因一部分学校停顿，学生四处流散。

表 2 - 5　　　　清末民初全国专科以上学校历年度毕业生人数　　（单位：人）

年份	大学	专科	共计	年份	大学	专科	共计
1912 年以前	3090	94	3184	1925	1916	356	2272
1912	446	44	490	1926	2375	466	2841
1913	832	144	976	1927	2302	412	2714
1914	869	179	1048	1928	2846	407	3253
1915	1286	78	1364	1929	3703	461	4164
1916	1089	381	1470	1930	3939	644	4583
1917	891	264	1155	1931	6392	642	7034
1918	781	119	900	1932	6615	696	7311
1919	1024	113	1137	1933	7778	887	8665
1920	1227	219	1446	1934	8787	835	9622
1921	1179	249	1428	1935	7980	692	8672
1922	1439	303	1742	1936	7586	1015	8601
1923	1665	340	2005	1937	5046	283	5329
1924	1952	445	2397	总计	95803		

资料来源：《全国高等教育概况》，教育部高等教育司 1939 年版，第 47 页。

第二节　毕业生学科构成

这一时期，中国高等教育为顺应社会经济发展的潮流，于全国各地高

---

① 《全国高等教育概况》，教育部高等教育司 1939 年版，第 46 页。

校中开设文、法、理、农、工、商、医等学科，培养各类实用型人才。"南京1931年2月1日合众社电，根据教部最近发表之教育统计，中国现时只有大学34所，专门学校16所，中等学校1339所，大学学生有17285人，专门学生2168人，除大学预科学生外，大学生以研究法律者最多，法政学院学生有3507人，占大学生全数18.3%，人文科者居次有2271人，占11.68%。商科居第三，有2135人，占10.98%，以入医科者为最少，有205人，研究院学生有487人，中学生计234811人。据估计，30万人中有中学一所，其中1700人中只有中学生一人，中学生中，女生只占37604人，等于16.25%。大学教职员计4620人，以在文科者为最多，中学教师约2万余人，中学教师与学生为1与11之比，每年大学与专门学校经费为11756175元，中学经费为24602366元。"① 从上可知，文法科大学生多于理工农医等实用学科的大学生，学科比例存在一定程度的失衡现象，直接影响到诸位大学生日后就业的格局。

另据教育部统计，"1933年度全国专科以上学校，在校生人数统计如下：实类理农工医合计14133人，文类文法教育合计28783人，总数为42916人"②。文类毕业生是实类毕业生的两倍。

1927—1937年，南京国民政府初建，百废待兴，急需各类人才，高等教育亦应势而兴。然而，受清末民初高等学府学科设置分配构成的掣肘，文科多于实科的比例不平衡现象一直延续至国民政府建立初期，文多实少的畸形学科配置，亦左右着诸种毕业生的学科构成，详见表2－6。

表2－6　　　　1932—1937年全国专科以上学校学科性质统计　　（单位：所）

年份	文	法	商	教育	理	工	医	农	师范	共计
1932	16	5	7	12	2	5	7	5	—	59
1933	15	5	5	16	1	6	6	5	—	59
1934	15	1	3	12	6	5	7	—		51
1935	15	1	2	14	3	5	8	5	—	53
1936	18	4	11	24	2	23	15	7	—	104

---

① 《教部发表之全国教育统计》，《湖南教育》1931年第24期，第2页。

② 《文科多于实科》，《申报》1936年1月9日第12版。

续表

年份	文	法	商	教育	理	工	医	农	师范	共计
1937	11	—	2	10	—	8	10	10	—	51

资料来源：教育部教育年鉴编纂委员会编：《第二次中国教育年鉴》（第 14 编），商务印书馆 1948 年版，第 13 页。

　　表 2 – 6 是教育部统计处根据历年高等教育司对全国专科以上学校专科及专修科的设置变更及停办情况进行统计。此时以文科与教育类的高校居主导地位，理、工、农、医等高校数量由少变多，文科与法科学校的数量呈递减趋势。这是南京国民政府教育部根据社会各领域对人才的需要以及毕业生就业的状况而调整的结果。

　　这一时期，大学生分为本科与专科，本科由大学与独立学院构成，专科则有附属于大学者、附属于学院者与专校三种类型。表 2 – 7 对 1932 年中国专科以上毕业生的学科所属进行了详细的统计，利于更加全面地了解大学毕业生的学科分配情况。

表 2 – 7　　　　1932 年专科以上学校毕业生科别人数统计　　　　（单位：人）

学校类别		实类					文类					总数
		理科	农林	工程	医药	合计	文艺	法政	教育	商业	合计	
本科	大学	481	160	602	110	1353	1086	1347	241	248	2922	4275
	独立学院	26	21	123	117	287	193	647	26	87	953	1240
	合计	507	181	725	227	1640	1279	1994	267	335	3875	5515
专科	附属于大学中者	5	30	1	—	36	178	2	42	—	222	258
	附属于学院中者	—		22	—	22	106	511	116	87	820	842
	专校者	—	116	127	76	319	196	—	51	130	377	696
	合计	5	146	150	76	377	480	513	209	217	1419	1796
总计		512	327	875	303	2017	1759	2507	476	552	5294	7311
百分比（总计）		7.0	4.5	11.9	4.2	27.6	24.1	34.3	6.5	7.5	72.4	100

资料来源：《二十一年度全国高等教育概况统计》，教育部高等教育司 1934 年版，第 21 页。

如表2-6所示，1932年中国高校毕业生分别为：本科的实类毕业生1640人、文类毕业生3875人，专科的实类毕业生377人、文类毕业生1419人。其中本科的实类毕业生人数与文类毕业生人数比例约为2∶5，专科的实类毕业生与文类毕业生人数比例约为1∶5。文类中尤以文艺、法政两科毕业生为多，教育与商业的毕业生数量相对较少。实类毕业生以理科为最，农林与医药仅占少数。这种学科构成必然会影响不同专业毕业生的学科走向，以至于决定着大学生的就业。

据教育部1936年5月统计，全国专科以上毕业生所属学科概况，见表2-8。

表2-8　　1931—1934年全国专科以上学校毕业生人数与科别统计　（单位：人）

科别	1931年	1932年	1933年	1934年
理科	431	512	734	910
农林	384	327	446	363
工程	842	875	1008	1163
医药	226	303	374	323
以上实类合计	1883	2017	2562	2759
文艺	1502	1759	1771	1841
法政	2619	2507	2949	3221
教育	626	476	780	1086
商业	404	552	602	715
以上文类合计	5151	5294	6103	6863
总计	7034	7311	8665	9622

资料来源：《最近四年度高教毕业生人数与科别》，《申报》1936年6月3日第16版。

1927—1937年，南京国民政府教育部对1933年至1936年中国专科以上毕业生文、法、教育、商、理、农、工、医学科人数的情况进行了统计，详见表2-9。

表 2-9 　　　　　　　1933—1936 全国各科毕业生统计 　　　　　　（单位：人）

年份 科别	1933	1934	1935	合计
文科	1772	1841	1495	5108
法科	2949	3221	2649	8819
教育	780	1068	851	2699
商科	602	715	710	2027
以上文类合计	6103	6845	5705	18653
理科	734	910	848	2492
农科	446	363	502	1311
工科	1008	1163	1179	3350
医科	374	323	438	1135
以上实类合计	2562	2759	2967	8288
总计	8665	9604	8672	26941

资料来源：《最近三年度全国专科以上校毕业生人数及科别》，《蜀铎》第 2 卷第 2 期，1936 年，第 53 页。

由上可知，1933—1935 年中国高校各科毕业生人数基本持平，未有大幅度波动。文科毕业生为：1933 年 1772 人、1934 年 1841 人、1935 年 1495 人，大体维持在 1500 人左右；法科毕业生这三年分别是 2949 人、3221 人、2649 人。文法两科毕业生截至 1935 年，人数皆有所下降。教育毕业生由 1933 年的 780 人增至 1934 年的 1068 人，1935 年又减为 851 人；商科毕业生为 602 人、715 人、710 人等，三年内无明显涨幅。就实类毕业生而言，理、工、农、医等科毕业生则形成递增态势。文实两类毕业生两种截然相反的取向与南京国民政府制定的高等教育政策有关。起初政府注重发展文科，结果是文类毕业生供过于求。因为文类多于实类引发了文类毕业生就业的困难。于是，国民政府开始缩减文类大学生的招生数量，各科毕业生的人数变化恰恰说明了这一点。

这一时期，随着中国高等教育的渐趋成熟，教育部关于大学毕业生的统计数据在不同的报刊中多有发表，见表 2-10。

表 2 – 10   最近五年度全国专科以上学校各科毕业人数比较   （单位：人）

科别	1931 年	1932 年	1933 年	1934 年	1935 年
理专	4	5	48	15	8
理大	427	507	686	895	840
理科合计	431	512	734	910	848
农专	133	146	193	107	152
农大	251	181	253	256	350
农科合计	384	327	446	363	502
工专	63	150	223	208	98
工大	779	725	785	955	1081
工程合计	842	875	1008	1163	1179
医专	76	76	126	107	161
医大	150	227	248	216	277
医药合计	226	303	374	323	438
以上实类合计	1883	2017	2562	2759	2967
文专	245	480	385	298	250
文大	1257	1279	1387	1543	1245
文艺合计	1502	1759	1772	1841	1495
法专	746	513	603	226	72
法大	1873	1994	2346	2995	2577
法政合计	2619	2507	2949	3221	2649
教专	275	209	205	196	126
教大	351	267	575	890	725
教育合计	626	476	780	1086	851
商专	64	217	132	140	79
商大	340	335	470	575	631
商业合计	404	552	602	715	710
以上文类合计	5151	5294	6103	6863	5705
总计	7034	7311	8665	9622	8672

资料来源：《最近五年度全国各高教毕业生之比较》，《教育杂志》第 27 卷第 1 期，1937 年，第 276—277 页。

由上可知，1931—1935 年，实类毕业生分别是 1883 人、2017 人、2562 人、2759 人、2967 人，文类毕业生具体为：5151 人、5294 人、6103 人、6863 人、5705 人。就实类毕业生而言，为满足国家经济发展的需求与高等教育政策的调整，人数逐年递增，约翻一番。实类毕业生人数不断增加，文类毕业生人数有所回落，这是政府调整学科比例设置的结果。但是文类毕业生仍然是实类毕业生的二倍，文多实少已是必然之势，文类毕业生是实类毕业生的二倍有余。这种文多实少的学科配置自然会影响大学生的就业结构。

表 2 - 11　　　　1931—1935 年全国高等教育各科毕业生比较　　　（单位：人）

科别 ＼ 年份	1931	1932	1933	1934	1935
理专	4	5	48	15	8
理大	427	507	686	895	840
理科合计	431	512	734	910	848
农专	133	146	193	107	152
农大	251	181	253	256	350
农科合计	384	327	446	363	502
工专	63	150	223	208	98
工大	779	725	785	955	1081
工程合计	842	875	1008	1163	1179
医专	76	76	126	107	161
医大	150	227	248	216	277
医学合计	226	303	374	323	438
以上实类合计	1883	2017	2562	2759	2967
文专	245	480	385	298	240
文大	1247	1279	1387	1543	1255
文艺总计	1492	1759	1772	1841	1495
法专	746	513	603	226	72
法大	1873	1994	2346	298	2577

续表

年份　科别	1931	1932	1933	1934	1935
法政合计	2619	2507	2949	524	2649
教专	275	209	205	196	126
教大	351	267	575	890	725
教育合计	626	476	780	1086	851
商专	64	217	132	140	79
商大	340	335	470	575	631
商业合计	404	552	602	715	710

资料来源：《调查与统计资料：最近五年度全国高等教育各科毕业生之比较》，《天仙旅社特刊》1937 年特刊，第 78 页。

注：该表与表 2 – 10 有诸多重复，但出处不同，故予以载录。

表 2 – 12　　　　1931—1937 年全国专科以上学校毕业生人数统计　　　（单位：人）

年份	实类					文类					共计
	理	农	工	医	合计	文	法	教	商	合计	
1931	431	384	842	226	1883	1520	2601	626	404	5151	7034
1932	512	327	876	303	2018	1759	2507	476	552	5294	7312
1933	734	446	1008	374	2562	1772	2249	780	602	5403	8605
1934	910	363	1163	323	2759	1841	3231	1985	715	7772	10531
1935	930	488	1015	426	2859	2123	2447	540	704	5814	8673
1936	—	—	—	—	—	—	—	—	—	—	8601
1937	701	270	1048	445	2464	1233	957	309	366	2865	5329

资料来源：《全国高等教育概况》，教育部高等教育司 1939 年版，第 47 页。

　　如表 2 – 11 和表 2 – 12 所示，1931 年实类毕业生 1883 人，文类毕业生 5151 人，1932 年实类毕业生增至 2018 人，比 1931 年增加了 135 人，文类毕业生增至 5294 人，相比 1931 年增加了 143 人。可见，文实两类毕业生的增幅水平大体相当。1933 年至 1937 年，中国实类毕业生大体维持 2500 人，最多的年份 1935 年达到 2859 人。1933 年至 1936 年，中国文类毕业生基本在五六千人。然而，1937 年，文类毕业生竟然低至 2865 人。这与 1933 年南京国民政府教育部采取限制招收文类大学生有关。因此，20 世纪 二三十年代，中国大学毕业生学科结构总体趋势是文多实少，直到 1937 年 文实比例基本持平，实类毕业生 2464 人，文类毕业生 2865 人。此时的大 学毕业生的学科比例基本趋于平衡。虽如此，1927—1937 年，全国各类毕 业生的学科分布总体仍呈现出文多实少的特征，直接决定着毕业生未来的 择业状况。

表 2 - 13　　　　1932—1937 年全国专科以上学校之学生数　　　（单位：人）

年份	类别	文	法	商	教育	理	工	医	农	师范	其他	共计
1932	大学生	7582	11786	2480	2665	4127	4013	1484	1233	—	270	35640
	专科及专修科生	1730	2737	387	703	32	426	368	324	—	363	7070
	合计	9312	14523	2867	3368	4159	4439	1852	1557	—	633	42710
1933	大学生	6832	11877	2745	3289	4687	4875	1879	1400	—	16	37600
	专科及专修科生	1871	1086	422	715	35	388	579	290	—	—	5386
	合计	8703	12963	3167	4004	4722	5263	2458	1690	—	16	42986
1934	大学生	6355	10697	2712	3177	5268	5481	1952	1587	—	28	37257
	专科及专修科生	1566	332	321	882	56	429	681	244	—	—	4511
	合计	7921	11029	3033	4059	5324	5910	2633	1831	—	28	42038
1935	研究生及大学生	8499	8786	2722	1482	6261	5066	2309	1747	—	56	36928
	专科及专修科生	1097	8	179	1259	75	448	668	416	—	—	4150
	合计	9596	8794	2901	2741	6336	5514	2977	2163	—	56	41078
1936	研究生	7	9	18	—	18	23	—	—	—	—	75
	大学生	6594	8236	2747	2910	5455	6162	2652	2188	—	311	37255
	专科及专修科生	1763	8	478	382	12	804	743	402	—	—	4592
	合计	8364	8253	3243	3292	5485	6989	3395	2590	—	311	41922

续表

年份	类别	文	法	商	教育	理	工	医	农	师范	其他	共计
1937	研究生	—	—	—	—	4	12	—	4	—	—	20
	大学生	3339	7125	1500	2092	4284	5220	2839	1507	—	—	27906
	专科及专修科生	801	—	346	359	170	536	557	291	—	212	3272
	合计	4140	7125	1846	2451	4458	5768	3396	1802	—	212	31194

资料来源：教育部教育年鉴编纂委员会：《第二次中国教育年鉴》，商务印书馆1948年版，第16页。

　　如表2-13所示，1932—1937年，中国高校文科毕业生分别为：9312人、8703人、7921人、9596人、8364人、4140人，中国高校法科毕业生分别为：14528人、12963人、11029人、8794人、8253人、7125人，大学商科毕业生分别为：2867人、3167人、3033人、2901人、3243人、1846人，教育毕业生分别为：3368人、4004人、4059人、2741人、3292人、2451人，理科毕业生人数为：1159人、4722人、5324人、6336人、5485人、4458人，工科毕业生人数为：4439人、5263人、5910人、5514人、6989人、5768人，医科毕业生人数分别为：1852人、2458人、2633人、2977人、3395人、3396人，农科毕业生人数分别为：1557人、1690人、1831人、2163人、2590人、1802人。从历年不同学科毕业生的概况，我们可以获知法科毕业生人数最多，其次为文科毕业生，教育、理科、工科毕业生人数大体居中，农科与医科毕业生人数最少。大学毕业生文多实少的失衡学科构成直接影响着其就业的走向，譬如，文科大学生就业难的问题。

第三节　毕业生性别结构

　　受重男轻女思想的影响，中国自古以来便是女子无才便是德，大多数女性很少有受教育的机会。众所周知，中国传统社会家庭无非是"男耕女织""男主外、女主内"的分工模式，女子并无外出就业、谋取经济独立的机会，中国近代社会的转型与变迁为女性接受高等教育与就业创造了便利条件，随着近代中国高等教育的发展，社会上开始出现女性大学生群体。一定的文化水平是知识女性就业的基础，教会女校的兴办，为社会输送了第一批具有一定知识水平的职业妇女，但是人数颇少。"女子高等教育的先驱，高等教育，清末即有举办，迨民国成立，更颁新令，以'教授高深学术，养成硕学宏材，应国家需要为宗旨'，然都不及于女子。虽民国元年（1912 年）订有《女子高等师范章程》，却是虚设了八年之久。所以，五四运动以前，在高等教育方面女子无任何地位。在另一方面，国家虽无女子高等教育机关的设立，而教会女校却成了中国女子高等教育的先驱。岭南大学自 1905 年起兼收女生，这不仅开中国女子享受大学教育的先河，亦为后来男女同校的滥觞。稍后，除岭南大学仍旧积极招收女生外，复有三所专为女子而设的女子大学相继成立。这三所大学都为教会所设：一为北京协和女子大学，创办于宣统元年（1909 年），后归并协和大学实行男女同学制，改称燕京大学；一为南京金陵女子大学，创办于民国四年（1915 年）；一为福州华南女子大学，创办于民国三年（1914 年），为初级大学性质。此外，尚有北京协和女医校及广州夏噶医科大学两所，也是专为女子而设的高等教育场所。"①

中国女子高等教育制度诞生比较晚，应从民国时期的 1919 年《女子高等师范学校规程》颁布之日算起，但实际上，早在中国女性高等教育产生前（以北京女高师的诞生为界），外国教会（主要是基督教与天主教）就创办了 4 所教会女子大学，这些遂成为中国女性高等教育的最早实践者，并且为中国的真正意义上的女性高等教育的诞生在思想、舆论、制度等方面做了铺垫与准备。② 众所周知，1912 年中华民国的建立，开创了中国女子高等教育的新纪元。事实上，中国近代女子高等教育肇始于教会学校。鸦片战争后，外国传教士纷至沓来，各类教会学校如雨后春笋般出现。同时，女子学堂相继在各通商口岸及各地城市创办，出现"教会所至，女塾接轨"③ 的局面。

---

① 庐燕贞：《中国近代女子教育史（1895—1945）》，台北：文史哲出版社 1989 年版，第 169 页。

② 安树芬主编：《中国女性高等教育的历史与现状研究》，高等教育出版社 2002 年版，第 1 页。

③ 梁启超：《饮冰室合集》第 1 卷，中华书局 1989 年版，第 20 页。

20 世纪 20 年代以前，基督教在中国设立的大学有 13 所，分布于华东、华南、华西、华北。除了华南女大与金陵女大为完全女子大学外，尚有燕京大学、齐鲁大学、金陵大学、圣约翰大学、东吴大学、之江大学、福州协和大学、岭南大学、华中大学和华西协和大学。这些教会大学为男女同校，招收女生。据载，当时"十三校共有学生四千人，其中四分之一为女生。女生基督徒之百分率较男生为高，大约四千人中基督徒占半数"①。由上可知，女生约为一千人。然而，杰西·格·卢茨的《中国教会大学史》指出："20 年代初，教会大学女生约占全国大学女生总数的40%。"② 从男女生比例来看，"据 1922 年统计，全国大学生总数为 34880人，女生为 887 人，女生所占比例仅为 2.54%。而教会大学的女生竟占25% 左右。所以，中国教会女子大学在女子教育方面扮演着重要的角色。1920 年以前，尽管中国已有国立、公立的北京大学、山西大学、北洋大学，加之其他 5 所私立大学，却不招收女生。这些教会女子大学在规模上无法与其他的教会大学相媲美，却在女子高等教育上处于领先的地位。而且，它对中国女子高等教育的贡献，也是有目共睹的"③。

五四运动后，知识女性经济独立的呼声越来越高，1920 年北京大学首次招收女大学生，此后其他高校纷纷效仿之，为社会输送一定数量的女性大学生。尤其是 20 世纪二三十年代，中国女性大学生就业已成为社会的普遍现象，不仅就业人数增加并且已涉足社会的多个行业领域。女性知识分子的就业从无到有、人数从少到多，这是一个重大的转变。随着越来越多的女生步入高校，接受高等教育，教育等相关部门对全国大学各学院及专修科女学生数量进行统计，见表 2 - 14。

如表 2 - 14 所示，文学院女学生数最多，1929 年 996 人、1930 年 1267人，理学院、法学院、教育学院等学院的女生数为：1929 年 273 人、319人、374 人，1930 年 341 人、494 人、488 人，这几个学院的女学生人数居

① 美国平信徒调查团：《中国的基督教大学》，《教育季刊》第 9 卷第 1 期，1933 年；转引自安树芬主编《中国女性高等教育的历史与现状研究》，高等教育出版社 2002 年版，第 7 页。
② ［美］杰西·格·卢茨：《中国教会大学史（1850—1950）》，曾钜译，浙江教育出版社1988 年版，第 28 页；转引自安树芬主编《中国女性高等教育的历史与现状研究》，高等教育出版社 2002 年版，第 7 页。
③ 安树芬主编：《中国女性高等教育的历史与现状研究》，高等教育出版社 2002 年版，第7 页。

中，医学院女生数少，1929 年 116 人、1930 年 152 人，专修科女生略多。可见，受文类与实类比例失衡的影响，加之女性自身的特点，选习文类的女生为大多数。

表 2 - 14　　1929—1930 年全国大学各学院及专修科女学生数统计　　（单位：人）

院别 ＼ 年份	1929	1930
文学院	996	1267
理学院	273	341
法学院	319	494
教育学院	374	488
农学院	29	32
工学院	32	45
商学院	94	174
医学院	116	152
专修科	287	317
合计	2520	3310
占同等男生数的百分比	9.88	10.81

资料来源：《高等教育：全国大学各学院及专修科女学生数统计表》，《申报年鉴》，1933 年，第 29 页。

这一时期，中国男子高等教育的状况："所有大学和各省高等学堂为男子所独有。就男子高等师范而论，1915 年已有高等师范学校十所，学生 1917 人，1918 年各省高师虽多停办，而仍有学校 7 所，学生且增至 2403 人，远远超过女子教育。五四运动以后，北京大学首开女禁，继之南京高等师范、北京高等师范、广东高等师范及其他公私立大学都相继兼收女生，男女同校的禁忌已被打破。高等教育方面，女子拥有与男子同等的地位，冲破数千年来中国'男尊女卑'的陈旧观念。1922 年除国立北京女高师及私立金陵女子大学外，兼收女生高校"①，如表 2 - 15 所示。

———————

① 程谪凡：《中国现代女子教育史》，中华书局 1936 年版，第 172—173 页。

表 2 – 15　　　　　　　　　　　1922 年中国兼收女生的高校统计

国立	省立	私立	国立	省立	私立
北京大学	天津河北大学	北京中国大学	上海商科大学		上海中国公学
北京师范大学	武昌外国语专	北京平民大学	武昌高等师范		江西豫章法专
北京法政大学	广东法政专门	北京新华大学	广东高等师范		武昌中华大学
北京农业大学	云南东陆大学	北京新华商专			长沙自修大学
北京工业大学		南京金陵大学			长沙达才法专
北京医科大学		天津南开大学			长沙群治法专
北京美术专门		上海南方大学			广州岭南大学
南京东南大学		上海美术专门			厦门厦门大学

资料来源：程谪凡：《中国现代女子教育史》，中华书局 1936 年版，第 173—174 页。

　　从上可知，20 世纪 20 年代以后，中国大学女禁既开，男女同校已蔚然成风。受国民革命军北伐浪潮的影响，妇女运动此起彼伏，女性求知欲更为强烈。几乎全国各大学、独立学院及专科学校皆是男女兼收。因此，20 世纪 30 年代，中国女子高等教育得以发展，女大学生开始从事于社会的各种活动。不过，在男生居于主导地位的高校体系中，女生人数仍然偏少，形成男多女少的性别比例。

　　20 世纪二三十年代，除了各大学、独立学院、专科学校多兼收女生外，尚有几所专门女性设立的高等教育机关，譬如高等师范院校。1922 年《新学制系统改革案》第 21 条规定得设立单科大学，第 22 条附著："依旧制设立之高等师范学校，应于相当时期内，提高程度，收受高级中学毕业生，修业年限四年，称为师范大学。"此案颁布后，各级高等师范学校次第升格改为大学。"北京女子高等师范因亦于次年改为国立北京女子师范大学，是为中国最早的国立女子大学，其宗旨：（一）养成中等学校师资；（二）养成教育行政人员；（三）研究高深学术；（四）发展女性特长。"[①]1925 年教育部解散国立女子师范大学，同时组织成立国立北京女子大学，1925 年 12 月，又恢复女子师范大学而使两校并存。1926 年，合并国立北京女子师范大学及国立北京女子大学，改组为国立北京女子学院。1927 年北京教育部又合并国立北京大学、北京师范大学、北京女子学院师范大学

---

　　① 程谪凡：《中国现代女子教育史》，中华书局 1936 年版，第 175 页。

及大学部、法政大学、农业大学、医科大学、工业大学及艺术专校等，改组为国立师范大学。1928 年 6 月，国立北平大学成立，1929 年大学区制废，政府准许北京大学恢复独立；并令师范大学与女子师范学院合并，称国立北平师范大学。余各校仍并入北平大学女子文理学院。女子文理学院虽为北平大学的一部，其却是单独存在的专为女子而设的女子学院，故仍可认为是单设的女子高等教育机关。除北平大学女子文理学院外，尚有省立河北女子师范学院（1929 年）、私立金陵女子文理学院（1930 年）及夏噶医学院（1925 年）等校。此外，尚有未经立案之首都女子法政学院、成都女子法政学院及华南女子学院，也都是单设的女子高等教育机关。1919 年，北京女子高等师范学校成立，是为女子有高等教育之始。虽之前有教会设立的大学招收女生，但性质不同，自不能认为是中国的女子高等教育机关。据 1920 年调查全国仅有女子高等师范学校一所学生 236 人。[①] 另据中华教育改进社调查，全国大学女生人数统计如下。

由表 2 - 16 可见，专门的女子高校仅两所而已，即便是男女兼收的高校，女生所占百分比未突破 10%，女性所占比例最高的师范院校仅占到 9.12%。这一时期，大学与高等师范的女生总数超出百人，分别为 431 人、284 人。至于其他院校，则是农科大学未招女生，工科大学招 8 名女生，商科大学仅招女生 3 人，医科大学招女生 17 人，法科大学招女生 13 人。未分类的其他高校合计招女生 131 人，占招生总数的 7.35%。究其原因，无外乎历史上女性缺乏接受高等教育的机会，时至五四运动后，随着妇女解放思潮的风起云涌，政府开始重视女子教育，一部分女性步入知识的殿堂，成为知识女性。但是，历史沉疴已久，男多女少的性别结构已成必然之势，反观高校性别构成更是积重难返，自然会影响大学生就业的性别结构。

表 2 - 16　　　1922—1937 年全国大学男女校数及学生数统计　　（单位：所，人，%）

学校种类	校数			学生数		
	男	女	百分比	男女总数	女生数	女生百分比
大学	34	1	2.94	13123	431	3.28
高等师范	7	1	14.29	3093	284	9.18
农科大学	7	—	—	1271	—	—

---

① 程谪凡：《中国现代女子教育史》，中华书局 1936 年版，第 175—177 页。

续表

学校种类	校数			学生数		
	男	女	百分比	男女总数	女生数	女生百分比
工科大学	13	—	—	2026	8	0.39
商科大学	8	—	—	1890	3	0.16
医科大学	7	—	—	832	17	2.04
法科大学	33	—	—	10864	13	0.12
其他	14	—	—	1781	131	7.35
总计	123	2	1.63	34880	887	2.54

资料来源：程谪凡：《中国现代女子教育史》，中华书局1936年版，第178页。

南京国民政府建立后，各项事业渐趋正轨，高等教育改革的内容之一，就是高校开放女禁，增加招收女性的人数，进而推动高校的发展，以响应妇女解放思潮的推进，详见表2-17。

表2-17　　　　　1928—1929年全国大学女生人数统计　　　（单位：人）

大学女生数	大学生总数	女生百分比
1485	17285	8.59%

资料来源：程谪凡：《中国现代女子教育史》，中华书局1936年版，第179页。

如上所示，100名大学生中，女生不到9人。"就专门学校而言，女生亦仅占男女生总数百分之6.86%。"[1]不过，从女生总数上来看，已达到1485人，远远超出1922年的887人，呈现了女生逐渐增多的发展态势。

随着全国高校陆续开始招收女生，1929—1930年，女生人数不断增多，遍布文、法、理、工、农、医、商等各个学校，具体如下。

表2-18　　　1929—1930年全国大学各学院及专修科女生人数统计　　　（单位：人）

年份＼学院	文学院	理学院	法学院	教育学院	农学院	工学院	商学院	医学院	专修科	合计	占同等男生百分数
1929	996	273	319	374	29	32	94	116	287	2520	9.88
1930	1267	341	494	488	32	45	174	152	317	3310	10.81

资料来源：程谪凡：《中国现代女子教育史》，中华书局1936年版，第179页。

---

[1]　程谪凡：《中国现代女子教育史》，中华书局1936年版，第179页。

观表 2－18，可知各学院女生数，以文学院为最多，两年度均各占总数 1/3 以上；以农学院为最少，1929 年度仅占 1%，1930 年度尚不及 1%。从人数变化而言，此时全国各高校招收女生的数量已远远高出历史水平。1929 年 2520 人，1930 年增至 3310 人。

教育部对 1931—1932 年全国女子高等教育的发展概况进行了统计，见表 2－19。

表 2－19　　　　　　**1931—1932 年全国专科以上学校有女生之校数**　　　（单位：所）

种类＼数量	国立		省立		私立	
	校数	有女生之校数	校数	有女生之校数	校数	有女生之校数
大学	13	13	9	7	19	17
独立学院	5	3	11	6	18	17
专科学院	2	2	13	4	10	9
总计	20	18	33	17	47	43

注：专科学校尚有公立五所未计入，内有女生者一所。

资料来源：程谪凡：《中国现代女子教育史》，中华书局 1936 年版，第 179—180 页。

由上可知，招收女生的高校数量分别为：国立 18 所、省立 17 所、私立 43 所，未招女生的高校国立仅 2 所、省立 16 所、私立 4 所。通过计算，招收女生的国立校占到 90%，私立校约为 91.5%，唯独省立高校仅为 51.5%。在男女同校政策导向的指引下，大多数学校开始招收女生，这使女性能够拥有受教育的机会。

表 2－19 对全国招收女生高校的数量进行了统计。在此基础上，表 2－20 对 1931—1932 年全国专科以上学校女生数量与总人数展开了较为详尽的统计与比较。

如表 2－20 所示，国立大学、私立大学、省立独立学院、国立专科学校、私立专科学校招收女生的比例分别为 13.92%、13.48%、18.63%、19.44%、18.33%，就数量而言，大学学生总数为 27096 人、大学女生人数为 3315 人，独立学院学生总数为 12306 人、女生人数为 1336 人，专科学校学生总数为 4765 人、女生人数为 559 人。这个数字与 20 世纪 20 年代相比，女生数量已增至几倍。然而，1931 年，中国部分院校未招女生，譬如广西大学（梧州）、东北交通大学（锦州）、辅仁大学（北平）、震旦大学（上海）、北洋工学院（天津）、中法国立工学院（上海）。从男女比例而言，男多女少的状况仍在继续。

表2－20   1931—1932年全国专科以上学校女生数与总数比较   （单位：人，%）

种类	数量	男女生总数	女生数	女生百分比
大学	国立	13173	1834	13.92
	省立	4458	205	4.598
	私立	9465	1276	13.48
	合计	27096	3315	12.23
独立学院	国立	691	11	1.59
	省立	1664	310	18.63
	私立	9951	1015	10.2
	合计	12306	1336	10.86
专科学校	国立	72	14	19.44
	省立	1938	40	2.06
	私立	2755	505	18.33
	合计	4765	559	11.73
总数		44167	5210	11.79

注：公立专科学校五所学生数并入省立数计算。

资料来源：程谪凡：《中国现代女子教育史》，中华书局1936年版，第180页。

20世纪30年代中期，随着教育部对全国高校学科设置比例进行了调整，文类与实类毕业生的比例发生了变化。与此同时，男女同校已成为当时中国大学招生的必然，尽管男女比例仍然是男多女少，详见表2－21。

表2－21   1932—1937年度全国专科以上大学生性别统计

年份	性别	文	法	商	教育	理	工	医	农	师范	其他	共计
1932	男	—	—	—	—	—	—	—	—	—	—	37549
	女	—	—	—	—	—	—	—	—	—	—	5161
	共计	9312	14523	2867	3368	4159	4439	1852	1557	—	633	42710

续表

年份	性别	文	法	商	教育	理	工	医	农	师范	其他	共计
1933	男	—	—	—	—	—	—	—	—		—	37037
	女	—	—	—	—	—	—	—	—		—	5899
	共计	8703	12913	3167	4004	4722	5263	2458	1690	—	16	42936
1934	男	5887	10174	2591	2758	4342	5811	2162	1749	—	22	35496
	女	2034	855	442	1301	982	99	471	82	—	6	6272
	共计	7921	11029	3033	4059	5324	5910	2633	1831	—	28	41768
1935	男	7532	8026	2463	1545	5152	5385	2520	2084	—	43	34750
	女	2064	768	488	1196	1120	129	521	79	—	13	6378
	共计	9596	8794	2951	2741	6272	5514	3041	2163	—	56	41128
1936	男	6478	7520	2746	2167	4411	6851	2705	2473	—	191	35542
	女	1886	733	497	1125	1074	138	690	112	—	120	6375
	共计	8364	8253	3243	3292	5485	6989	3395	2585	—	311	41917
1937	男	2912	6312	1484	1617	3423	5630	2627	1660	—	162	25827
	女	1228	813	362	834	1035	138	759	133	—	50	5352
	共计	4140	7125	1846	2451	4458	5768	3386	1793	—	212	31179

资料来源：教育部教育年鉴编纂委员会编：《第二次中国教育年鉴》，商务印书馆 1948 年版，第 17 页。

如表 2 - 21 所示，1932—1937 年，中国高校历年女生总数分别为 5161 人、5899 人、6272 人、6378 人、6375 人、5352 人；1932—1937 年，男生总数分别为：37549 人、37037 人、35496 人、34750 人、35542 人、25827 人；女生人数在 1934—1936 年间人数达到最高峰，1937 年，数量有所回落。男女大学生比例来说，男生比例有所下降，女生比例有所上升。就学科而言，女生多集中于文、法、商、教育、理等学科，工、农、医等学科的女生人数相对较少。这亦决定大学生毕业后的流向与就业的难易度。

综上所述，1927—1937 年，中国高等教育在民初发展的基础上亦有所发展，高校的数量逐渐增多，大学的规模得以拓展，以东南沿海为主要分布区域，其中北京和上海是高校的密集区。受"学而优则仕"的传统择业观念的束缚，大学生选习文法科的居主导地位，理工农医等实用学科招收的学生数量明显少于文法科。结果是形成了大学毕业生文多实少的畸形学科比例，尽管政府采取了限制文科招生数量的举措，但是直到 1937 年，文实的学科比例才趋于平衡。女性的社会地位与受教育的权利，受"男尊女卑""相夫教子""女子无才便是德"等众多因素的掣肘，高等教育的大门迟迟未向女性敞开。时至 20 世纪初，燕京大学、南京金陵女子大学、华南女子大学等教会大学率先招收女生。五四运动后，中国女子高等教育制度逐渐形成，全国高校陆续实现男女同招，女子获得了进入高等学府求学的机会。于是，这一时期，女大学毕业生遂由无到有，不过从数量上来看，男多女少的性别结构已成定势，这对毕业生日后的就业必然产生一定的影响。

第三章

1927—1937 年中国大学生就业概况

1927—1937 年，中国政治、经济、教育与社会等诸方面皆需要建设与发展，中国国民党在巩固政权的同时，为了培养更多的国家建设所需要的各类人才，加大了发展教育的力度。其中，社会发展急需大量高层次人才，中国高等教育在民国初年的基础上，为满足国家建设的需要，不断地加快发展的步伐。十年间，源源不断地向社会的各行各业输送各类人才。这些大学毕业生就业的总体概况如何，不仅直接影响着社会经济的发展，而且关系着当时高校的发展走向。

第一节　民国时期高校毕业生就业概况

中华民国创立后，中国高等教育的发展可谓是起起伏伏，由学校数量的变化可以窥知一斑。"民国元年至二年之高等教育，其演变为上升，学校由 115 增加为 116（大学增三校，专科减两校），经费由 397 万增为 417 万，教员由 2300 余人，增加近 2500 人。民国三年至五年，其演变为下降，学校由 102 减为 86，经费由 572 万余元减为 367 万余元。民国六年至十四年，调查不完全，演变不明，然自毕业生人数观察，则逐年均有增加，故演变似为渐升。1925 年至 1928 年，调查亦不完全，校数由 108 减为 74，毕业生则由 2300 余人，增为 3200 余人，一降，一升，现象异常，考其原因，乃为专门学校渐次办理结束之故也"。[1] 这期间，因政局动荡不安，中

---

① 教育部统计室编：《全国高等教育统计（1934 年）》，1936 年，第 11 页。

国高校经历了初始阶段的快速发展，1914 年至 1916 年，受袁世凯复辟帝制的影响，高校数量骤减，经费亦被大幅度削减。时至 20 世纪 20 年代初，专门学校的陆续停办是学校数量减少的主要原因，然而大学毕业生数量略有增加，在一定程度上满足社会发展的需求。

众所周知，中国高校的前身是清末学堂，"直到 1912 年，中国才将学堂改为学校，并重订学制，分为初小、高小、中学或师范学校；然后，中学升入大学、专门学校或高等师范学校。按照学制规定，各省市相继改学堂为学校或创设新学校。到 1916 年，全国已设立各类学校 121119 所，在校学生人数达 3944540 人"①。其中以小学与初中居多，高等院校数量不多。不过，"到 1921 年前后，北京政府教育部改革学制以后，全国专门学校纷纷升格改大，又值各国庚款退还运动盛行的时期，公私立大学的创设有如雨后春笋"②。特别是 1927—1937 年，中国高等教育渐入正轨，国家陆续颁布了各种教育法规，给高教事业的发展以法律保障，并加大对教育的资金投入，于是，这一时期，中国高等教育得以迅速发展。1912—1935 年，全国高校毕业生人数的增减是其有力的证明。

表 3 - 1　　　　　1912—1935 年全国高校毕业生人数统计　　　　（单位：人）

年份	大学	学院	专科	合计
民元以前	2180	910	94	3184
1912	251	195	44	490
1913	759	73	144	976
1914	641	228	179	1048
1915	1006	280	78	1364
1916	758	331	381	1470
1917	623	268	264	1155
1918	673	108	119	900
1919	791	233	113	1137
1920	879	248	219	1446

① 杨洪：《清末民初的教育体制改革》，《陕西教育》1998 年第 9 期，第 37 页。
② 龚徵桃：《专科以上学校毕业生失业问题》，《教育杂志》第 27 卷第 1 期，1937 年，第86—87 页。

续表

年份	大学	学院	专科	合计
1921	921	258	249	1428
1922	1072	367	303	1742
1923	1247	418	340	2005
1924	1482	470	445	2397
1925	1466	450	356	2272
1926	1696	679	466	2841
1927	1523	779	412	2714
1928	2022	824	407	3253
1929	2620	1083	461	4164
1930	2918	1021	644	4583
1931	4708	1684	642	7034
1932	4533	2082	696	7311
1933	5469	2309	887	8665
1934	6435	2352	835	9622
1935	5679	2301	692	8672
总计	52352	19951	9470	81773

资料来源：《全国高等教育趋势及历年毕业生人数》，《申报》1936 年 8 月 23 日第 16 版。

　　由上可知，1912—1926 年，中国高校毕业生数量的变动形成了先慢后快的递增态势。从 1912 年的 490 人，增至 1926 年的 2841 人。在此基础上，1927—1935 年，各省市高校毕业生人数增长的势头更为迅猛，从 1927 年的 2714 人，增至 1935 年的 8672 人，增长了 3 倍多。然而，相对于 4 亿多人口而言，区区不足万人的高校毕业生应该拥有广阔的就业空间。这一时期，全国各地急需各类人才，国家耗费大量社会资源举办学校教育，培养的人才理应成为社会的精英，为社会做贡献。结果却是不尽如人意，教育生产的"人才产品"多数是所学无用或者所学非所用，难以融入社会，大批毕业生遭到用人单位的排斥，流为"高等游民"，大学生"毕业即失业"的社会现象非常普遍。这与当时"有名无实"的种类繁多的学校有密切关联。

　　1928 年至 1934 年，"正值训政时期，厉行建设，国内高等教育之演变，不独数量有显著增加，譬如：1928 年 74 校，1929 年 76 校，1930 年 86 校，1931 年 103 校，1932 年 104 校，1933 年 108 校，1934 年 110 校，岁出经费 1928 年 1790 万，1929 年 2553 万，1930 年 2986 万，1931 年 3361 万，1932 年 3320 万，1933 年 3356 万，1934 年 3519 万，而质量方面亦有相当之改善，如在校生之科别之比率。实类（理、农、工、医）者，1930 年度 24.9%，1931 年度增为 25.5%，1932 年度增为 28.5%，1933 年度增为 32.93%，本年度增为 37.61%；文类（文、法、教育、商）者，1930 年为 75.1%，1931 年减为 74.5%，1932 年减为 71.5%，1933 年度减为 67.07%，本年度减为 62.39%，故文重实轻之畸形状态亦渐调整，又 1931 年，全国各校新添设备价值估岁出总额之比率为 19.50%，1932 年为 20.6%，1933 年为 20.30%，1934 年为 18.87%，与 15% 之标准比较均已超过。故此数年之演变，为高等教育数量质量之改进时期也。"[①] 从上不难看出，高校发展再度迸发出活力，学校数量在短短的五六年间增至 110 所，大学的学科设置构成亦有所变化，实科学生比例不断提高，文科学生的所占比例逐年递减。这主要是由于南京国民政府教育部根据各类毕业生的就业情况，进行适度调整，例如控制文类学生的招生规模，增加实类学校的招生数量。此项高等教育的改革举措，使文科与实科大学生的畸形比例渐趋正常，初显成效。[②]

1927—1937 年，中国高校数量最高的年份已达 100 余所，据教育部最近调查，最近三年度内，国内专科以上学校毕业生共 26959 人，除 1935 年暑假毕业者，求学情形尚难探悉外，1933 年、1934 年度毕业者之就业与失业状况，经调查结果，约为 13% 之比，失业者约为 2400 人，至留学国外部分，据全国学术咨询处分析，经向该处登记者约 100 人，以留日为多，欧美为少。"查专科以上学校学生失业问题，今年甚嚣尘上，颇引起全国人士之注意，行政院拟设训导班加以训练后派以工作。"[③] 可见，南京国民政府对此采取了切实有效的举措加以应对。1936 年，教育部部长王世杰指出："教育部鉴于过去文法科学生过剩，实科人才缺乏，高等教育之畸形

---

① 教育部统计室编：《全国高等教育统计（1934 年）》，1936 年，第 11 页。

② 第二章使用文类和实类作为大学科的划分。由于文献中文类、文科，实类、实科混用，故该章多用文科和实科的分类法。

③ 《专科以上毕业生就业失业调查》，《河南统计月报》第 2 卷第 7 期，1936 年，第 174 页。

发展，实为毕业生失业之重大原因，特规定裁并文法科，增设实科，分令各大学嗣后对各院系招生比额，应遵照严格执行。经此整理与改进后，所造就之人才，渐能适应国家需要，故毕业生失业并不如外传之甚。"[1] 教育部通过颁布限制招收的政策，调整文实学科比例，进而缓解文科毕业生就业难的问题。同时，此项调整措施亦部分地解决了理工农医等实用人才匮乏的问题。"根据1936年教育部调查，全国公私立专科以上学校共有108校，每年毕业生约8000人，1933年与1934两年度毕业生总额15200余人，经调查已就业者约13000人，占全数87%，未就业者约2400人，约占全数13%，而毕业生因用非所学，中途失业，及已嫁女生因家庭关系不能就业者，亦在其内；就科别言，其中属文法两科者占3/4，属理农工医等科者仅占十分之一二。若再就各科失业数与其毕业生数比较，文科约占22%，法科约占17%，工科约占3%，医科约占1%。在全国公私立专科以上学校中，约有1/5学校，据报无失业学生，如同济、交大、沪医学院、沪商学院、北洋工学院、协和医院等校皆是。就此种情形观察，专科以上学校毕业生之失业情形，尚不比他国更为严重，倘国家建设事业，从此更加发展，则吾国高等教育之设施与国家之需要，定能完全密接云。"[2] 据教育部统计，"1934年中国专科以上学校毕业生总计9600余人，内大学生8320余人，专科生1290余人，实科毕业生共计2750余人，占28.67%；文科毕业生共计6860余人，占71.33%。故全国本年度毕业生，以法政、文艺为最多，工程、教育次之，理商又次之，而以农林医药为最少。"[3] 总之，1934—1935年，中国大学生就业率达到87%，就学科而言，文科毕业生就业率约为78%，实科毕业生就业率约为98%，个别院校就业率竟高达100%。大学毕业生总体的就业态势良好，有利于社会、经济、文化教育等方面的进步。反之，社会环境如何亦决定着高校毕业生的就业走势。

另据报道，教育部对1933—1935年全国专科以上学校毕业生人数进行

① 《专科以上毕业生就业失业调查》，《河南统计月报》第2卷第7期，1936年，第174—175页。

② 《专科以上毕业生就业失业调查》，《河南统计月报》第2卷第7期，1936年，第174—175页。

③ 教育部统计室编：《全国高等教育统计（1934年）》，1936年，第10页。

统计，共为 26959 人，1933 年、1934 年两年度材料，系根据各校填报及该部案卷。1935 年度材料，系根据该部案卷应毕业人数，分别为：文科 5108人，法科 8819 人，商科 2027 人，教育 2717 人，文类毕业生总计 18671人。理科 2492 人，农科 1311 人，工科 3350 人，医科 1115 人，实类毕业生总计 8828 人。[①] 透过以上统计数字，不难获知文类毕业生比实类毕业生多一倍以上，这势必增加了文科毕业生的就业难度。

这一时期，中国专科学校种类分为甲、乙、丙、丁四类，见表 3 - 2。

表 3 - 2　　　　　　　　　1933 年全国专科学校分类

甲类	矿冶	机械工程	重机工程	化学工程	土木工程	河海工程	建筑	测量
	纺织	染色	造纸	制革	陶业	造船	飞机制造	—
乙类	农业	森林	兽医	园艺	蚕桑	畜牧	水产	其他
丙类	银行	保险	会计	统计	交通管理	国际贸易	税务	监务
丁类	医学	药学	艺术	音乐	体育	图书馆	市政	商船

资料来源：教育部中国教育年鉴编审委员会编：《第一次中国教育年鉴》，开明书店 1934 年版，第 9 页。

此表，对于当时全国专科院校的学科设置进行了详尽的统计，划分详细，涵盖专业广泛，专业种类繁多，亦满足社会经济发展的实际所需。1930 年，教育部对中国公私立专科学校学生人数，进行了统计，详见表 3 - 3。

表 3 - 3　　　　　1930 年中国公私立专科学校学生人数统计　　　　（单位：人）

所在地	杭州	上海	太原	南京	张家口	广州	南昌	曲阳	福州
学生数	271	292	788	169	47	756	621	184	475
所在地	昆明	天津	无锡	武昌	哈尔滨				
学生数	78	94	165	122	51				

资料来源：《十九年度专科以上学校学生数》，《教育周刊》1931 年第 87 期，第 30—32 页。

由上可知，1930 年中国主要地区专科学校学生人数呈现如下特点：广

[①] 《教部统计近三年度大学毕业生 26959 人》，《进修半月刊》第 5 卷第 19 期，1936 年，第 67 页。

州、太原、南昌、福州等地人数较多，而张家口、哈尔滨、昆明等地的学生数则相对较少。这一年的专科生总数为 4113 人。而 1935 年教育部统计则从学校数量方面而言，"专科学校 31 校，内国立 10，省市立 12，私立 9"。① 专科院校的学生数量虽不多，却亦有存在的价值，吸纳了部分中学毕业生，着重造就实用型人才，为当时的社会发展助力。

民国时人汪忠天对 1929—1933 年全国 75 所高校毕业生就业情况进行统计，"仅有 19 所学校有所反馈。各校毕业人数为 3821，就业人数为 3400，就业率约为 88%，就各校言，交通毕业人数 634 人全部就业，就业率约为 100%，其次为河北女子师范及北平大学，前者毕业人数为 23，就业人数为 22，后者毕业人数为 341，就业人数为 325，就业率约为 95%；再次为同济大学，毕业人数为 120，就业人数为 112，就业率约为 93%；之江文理学院、燕京大学、北洋大学的就业率逐渐降低，最低则为河南大学，毕业人数得 78，就业人数为 54，就业率约为 69%"。② 至于大学毕业生的职业流向为："教育界最多，计 1239 人，占 33.7%；次为交通界，计 667 人，占 18.1%；再次为工界，计 467 人，占 12.6%；再次为政界，计 319 人，占 8.5%；再次为法界，再次为宗教界等，最少则为党界及编译界，各皆 11 人，占 0.3%。就各校言，交通大学毕业生 634 人全入交通界，自河北女子师范以至武汉大学，毕业生皆分入于各界。教育界人数，竟至占全体人数之 1/3 以上，而且就各个学校而言，除交通大学及江西医专两校外，是皆无不入教育界之人数，记得在十年前有人批评中国教育，只能造就教书匠，是'轮回'式的教育。"③ 可见，从宏观层面来看，交通大学等实用型毕业生全部就业，其他高校就业率维持在 90% 左右，就业趋势较为稳定。就职业流向而言，大学毕业生多涌向教育领域，满足各类教育对师资的需求，却使中国教育形成了中学生教小学生、大学生教中学生的往复循环的现象。

总之，这一时期，中国各高校毕业生就业总体态势良好，供需基本平

---

① 《十九年度专科以上学校学生数》，《教育周刊》1931 年第 87 期，第 30—32 页。

② 汪忠天：《国内大学及专门学校毕业生就业情况的一个调查》，《中华教育界》第 22 卷第 6 期，1934 年，第 51 页。

③ 汪忠天：《国内大学及专门学校毕业生就业情况的一个调查》，《中华教育界》第 22 卷第 6 期，1934 年，第 54 页。

衡，满足了当时国家建设对各类人才的需求。然而，受学科不平衡的影响，文多实少成为高等教育中的顽疾，造就如此多的文科毕业生，必然会增加文科大学生的就业难度，一度形成"毕业即失业"的不良现象。

第二节　民国时期文科大学生就业难

民国时期，中国大学教育日臻完善，尤其是 1927—1937 年高等教育有了质的提升，不仅学校的数量增加，学校的种类与性质亦更为全面，而且向社会输送着各类人才，使大学生就业市场异常繁盛。其中，受学科比例失衡的影响，文多实少的格局已然形成，这期间高校培养的文科毕业生源源不断地进入社会，超出了社会所能吸纳的程度，于是便有部分文科大学生陷入失业。大学生失业问题引起政府与社会的高度关注，1935 年，"南京教部为筹备救济失业大学生，曾通令调查最近两年失业大学生人数……1933、1934 两年度，全国专科以上失业毕业生总数为9623 人"①。

一　文科毕业生概况

中国国内学术界一般把文科分为人文科学与社会科学。人文科学主要有文学、历史学、哲学；社会科学则为法学、教育学、经济学、管理学等。以大学为例，学科设置有政治学、经济学、法学、哲学、历史学、文学、艺术学、外国语言与文学、新闻传播学、人类学、社会学、民族学、管理学与教育学等。民国时期，国内高校关于文科的界定尚未有统一的标准，与现代大学里的"文科"存在差异。近代，中国高校文法科是与实科一词相对应的。事实上，清末，废除科举制度后，高等学府面临着一系列改革。受西学东渐潮流的影响，中国引进日本和美国高校的文科、法科、实科等学科体系。1902 年清政府颁布《钦定京师大学堂章程》，章程规定：大学分科仿效日本，政治科第一，文学科第二，格致科第三，农业科第四，工艺科第五，商务科第六，医术科第七，而文学科又分为七目，分别

---

①　《大学毕业生失业人数》，《新新月报》1936 年第 6—7 期，第 19 页。

是：经学、史学、理学、诸子学、掌故学、词章学和外国语言文字学。
1912 年，教育部公布大学令，第二条规定："大学分为文科、理科、法科、
商科、医科、农科、工科。"① 可见，1902 年的文学科已调整为文科，重
点强调以文理二科为主。1913 年 1 月 12 日，南京临时政府颁发《教育部
公布大学规程令》，其中第一章《通则》第二条中规定："大学之文科分为
哲学、文学、历史学、地理学。"② 此时，文科已包含四类，但未有明确的
分科。1917 年 9 月，《教育部修正大学令》明确规定大学分为文科、理科、
法科、商科、医科、农科、工科。1927 年，国民政府成立于南京，教育部
仿效法国高等教育的模式，实行大学区制失败后，教育部于 1927 年 7 月公
布大学章程，大学分为国立、省立、市立、私立。规定大学各科改称学
院，有文、理、法、农、工、商、医、教育八科，相应地成立八个学院，
其中"大学文学院或独立学院的文科分为中国文学、外国文学、哲学、史
学、语言学、社会学、音乐学及其他学系"。③ 与其相对的是大学理学院或
独立学院理科。国民政府时期，高等教育的学科设置日趋完备，对学科体
系进行详细的划分，有利于培养社会所需的各式人才。虽如此，当时的中
国高等教育处于肇始阶段，文科与实科的招生比例构成失衡，结果是高校
每年向社会输送的文科学生的数量呈递增态势，详见表 3 - 4。

表 3 - 4   1931—1935 年全国专科以上学校各科毕业生比较   （单位：人）

科别	1931 年	1932 年	1933 年	1934 年	1935 年
理专	4	5	48	15	8
理大	427	507	686	895	840
理科合计	431	512	734	910	848
农专	133	146	193	107	152
农大	251	181	253	256	350
农科合计	384	327	446	363	502
工专	63	150	223	208	98

---

① 中国第二历史档案馆编：《中华民国史档案资料汇编》（第三辑），江苏古籍出版社 1991
年版，第 108 页。

② 中国第二历史档案馆编：《中华民国史档案资料汇编》（第三辑），江苏古籍出版社 1991
年版，第 114 页。

③ 周予同：《中国现代教育史》，上海书店出版社 1989 年版，第 209 页。

科别	1931 年	1932 年	1933 年	1934 年	1935 年
工大	779	725	785	955	1081
工程合计	842	875	1008	1163	1179
医专	76	76	126	107	161
医大	150	227	248	216	277
医药合计	226	303	374	323	438
以上实类合计	1883	2017	2562	2759	2967
文专	245	480	385	298	250
文大	1257	1279	1387	1543	1245
文艺合计	1502	1759	1772	1841	1495
法专	746	513	603	226	72
法大	1873	1994	2346	2995	2577
法政合计	2619	2507	2949	3221	2649
教专	275	209	205	196	126
教大	351	267	575	890	725
教育合计	626	476	780	1086	851
商专	64	217	132	140	79
商大	340	335	470	575	631
商业合计	404	552	602	715	710
以上文类合计	5151	5294	6103	6863	5705
总计	7034	7311	8665	9622	8672

资料来源：《最近五年度全国各高教毕业生之比较》，《教育杂志》第 27 卷第 1 期，1937 年，第 276—277 页。

注：该表与表 2 – 10 同，由于论述内容有差异，为阅读方便起见，此处再次载录。

表 3 – 4 是 1931—1935 年全国专科以上学校各科毕业生人数比较表。由表 3 –4 可知，1931—1935 年，无论是实科毕业生还是文科毕业生，皆呈递增趋势。但文科毕业生每年都多于实科毕业生，1931—1934 年，文科学生分别是实科的 2.7 倍、2.6 倍、2.3 倍、2.5 倍，直到 1935 年文科毕业生人数所占比例才有所下降，但仍为实科的 1.9 倍。不仅国内学生多入文科，而且留学生也多选择文科。据教育部调查，1932 年，"全国出国留

学生为 576 人，学习实科 213 人，文科 342 人，其中专习法政 179 人，21 人未详"①。其中，习文科者占总数的 3/5 强，而专攻法政者占总数约 1/3。这种"文多实少"的失衡学科比例，致使文科毕业生供过于求，常常无业可就。

1927—1937 年，"中国大学分文、理、法、教育、农、工、商、医各学院；凡具备三院以上的方可称为大学，且须包含理学院或农、工、医各学院之一，否则只能是独立学院，得分两科；大学修业年限除医学院为五年外，其余为四年。"② "专科学校修业年限二年至三年，医科另加实习一年。"③ 以上学科设置可谓全面，但是，当时，"我国一般人均认为入学校为作官之门径，无论其专修何种学科，毕业之后，必须作官，始能光宗耀祖，受社会之重视……加以政府对于实业之经营，又不加奖励"④，又因文科比实科容易掌握，于是多数人会选择文科，再加上南京国民政府初期并未严格限制各学科的招生比例。因此，这一时期，中国高校的学科比例是文科多于实科。

当时，社会上需要大批专修实科的应用型人才，于是实科毕业生极为畅销，文科毕业生供过于求。众多的文科毕业生在拥挤不堪的劳动力市场中难以找到职位。即便有幸获得工作者也往往"所用非所学"。20 世纪 30 年代，大学毕业生失业问题开始凸显出来。其中，文科毕业生失业问题最为严重，其失业人数与失业率均高于实科毕业生。据调查，"1933—1934 年，全国高校毕业生总数为 15200 余人，已就业人数约 13000 人，占 87%，未就业者约占 13%，其中文法两科失业者占 3/4，理工农医四科失业者只有 1/10 或 1/5；若就各科失业人数与其毕业生人数比较，文科约占 22%，法科约占 17%，工科约占 3%"⑤。可见，文法科毕业生失业率最高，工科毕业生失业率最低。又据全国学术工作咨询处⑥调查，"自 1934

① 宸：《文科多于实科》，《申报·本埠增刊》1934 年 3 月 30 日第 2 版。
② 教育部中国教育年鉴编审委员会编：《第一次中国教育年鉴》，开明书店 1934 年版，第 60—61 页。
③ 伍振鷟：《中国大学教育发展史》，台北：三民书局 1982 年版，第 225 页。
④ 李子明：《大学毕业生失业的原因》，天津《大公报》1931 年 6 月 28 日第 11 版。
⑤ 《大学毕业生失业问题之救济》，《教育杂志》第 26 卷第 9 期，1937 年，第 140 页。
⑥ 全国学术工作咨询处，由教育部与全国经济委员会合股，成立于 1934 年 10 月。其主要使命，在于使全国学术人才供需方面得有适当的联络，介绍专科以上学校毕业生就业，为其工作之一。参见龚徵桃《专科以上学校毕业生失业问题》，《教育杂志》第 27 卷第 1 期，1937 年，第 87 页。

年10月起至1936年4月止，咨询处共登记欲求业者2021人（军事4人未列入），文科1220人，占总数60.2%，实科801人，占总数39.8%"①。求业者的学科比率是文科多于实科。另据调查，1936年8月，"全国专科以上毕业生有26959人，文法教育商等文科毕业生18671人，理农工医等实科毕业生8288人，其中失业者约占全数的13%，失业者多为文法两科毕业生，教育、商业失业的毕业生极少，理农工医者多有所就业"②。从对以上几则调查数据的分析，可以进一步断定，高等教育的畸形发展，即学科设置比例失衡实为毕业生失业的重要原因。

青年学生失业现象的发生除与不规格的学校及失衡的学科比例有关外，还受到全国高校区域分布的影响，失业学生多聚集于大城市。1927—1937年，中国高校可分为"北部、中部、东部、南部及西北部五区。北部平、津、冀、晋、鲁各省市共计30校，中部川、鄂、豫、湘各省共计17校，东部京、沪、江、浙、皖、赣各省市共计45校，南部两广、闽、滇各省共计13校，西北部陕、甘、新各省共计3校。东部居第一位，北部居第二位，中部居第三位，南部居第四位，西北部比较最少。各区之中，上海有25校，北平有14校，广州有7校，南京有6校"③。从上不难看出，这一时期高等学校多集中于上海、北平等少数大城市及沿海诸省，内地则为数较少。这种不平衡的高校分布格局，致使高校密集的城市毕业生失业问题较为严重。

总之，1927—1937年，中国教育体制存在的弊端，导致许多毕业生所学无用武之地，他们的知识结构体系不适应社会的需要。再加上"全国兵连祸结，群盗如毛，水旱天灾，疫疠饥馑，几乎遍地皆是，工商事业听任帝国主义宰割。在这种情形之下，各级毕业生的出路，自然是不易解决的问题"④。于是城市中的工厂、商业、企业、机关与事业单位所能容纳的青年学生及知识分子的数量减少，他们无法摆脱失业的厄运。

与昔日相较，1927—1937年，中国各级学校的数量与质量都有所改

---

① 龚徽桃：《专科以上学校毕业生失业问题》，《教育杂志》第27卷第1期，1937年，第87页。

② 《全国高等教育趋势及历年毕业生人数》，《申报》1936年8月23日第16版。

③ 杜元载主编：《革命文献》（第56辑），台北：中央文物供应社1971年版，第44页。

④ 《毕业生出路问题》，《申报·本埠增刊》1930年6月25日第3版。

善，中国教育获得了较快的发展。不过，在众多的学校当中，滥竽充数者也为数不少。这些学校教育设施不完善，缺乏高水平的师资力量，而且运转资金有限。如此不规范的学校不是在为社会培养人才，而是在误人子弟，其毕业生在社会上很难获得就业机会。下面，以 1927—1937 年中国高等院校的数量与质量为例，来分析学校与高校毕业生失业之间的关系。

当时，中国高等教育的实施结构为大学、独立学院、专科学校。根据创办主体的不同，高校可分为国立、省市立、私立三种。中央办理的为国立，地方政府办理的为省市立，私人办理的为私立。这三种性质不同的高校，均以西方学制为标榜，来推进教育事业的发展。不过，"我国大学只重形式，从不注意学生毕业后能否实用。盖以教育经费往往挪充军费，国立学校常有停课之虞，私立学校因社会经济破产，缺少学生，亦难发达……焉有余力顾及学校之发展、学生学识之培养与实用之锻炼，是以徒养成一般学而不能用之大学生，此乃就较优良之学校而言也；其以办教育为谋生活之工具或活动之机关者，既无培养人才之心，复怀谋利之念，则学校之办理，自难期其完善"[1]。可见，民国时期高校是鱼龙混杂，各自的初衷不一，致使许多学生"毕业即失业"。如，许多军阀官僚为积累升迁的政治资本，抬高自己的社会地位，兼任某中学校长或某大学董事的。更有甚者不惜用金钱等卑劣手段，拉拢一部分流氓文丐创办学院，自己担任校长，进而赢得社会中坚分子的信任与拥护。亦有人利用官僚军阀沽名钓誉的心理，"凭三寸不烂之舌，向着官僚军阀沿门求乞，讨得一点剥削民众血汗而来的余润，也租一所洋式楼房挂起某某学院的招牌"[2]。诸如此类的学校是由完全不懂教育的人来掌管，学校的前途可想而知。此外，学校的教职员工多数是教育当局或校长的食客，其心不在教育。这类学校成了国家与社会的装饰品，根本没有朝着"教育职业化，学生社会化"的方向努力，更不会对学生与社会负责，只求应付了事。此类学校毕业生无法获得就业所需的实用知识，等待他们的只有失业。可见，官僚化的学校与教师培养出来的是既乏知识又无能力的学生，不为社会所认同，失业是在所

---

[1] 李子明：《大学毕业生失业的原因》，天津《大公报》1931 年 6 月 28 日第 11 版。
[2] 伊卡：《中等学校毕业以后》，《学生杂志》第 17 卷第 12 号，1930 年，第 3 页。

难免的。

中国高校教育除了存在以上的弊端外，学校教育设备不完善、师资力量薄弱，也是比较普遍的现象。如 20 世纪 30 年代，中国学校"缺乏专门之教授人才，即使有少数之专门人才，而各教育机关之科学设备，又非常窘陋"①。为此，学校教育不能引起青年研究科学的兴趣，走出校门的毕业生大多成绩平平，毫无专长。

此外，需指明的是，能接受高等教育的学生多属于富裕家庭，普通家庭的学生交不起昂贵的学费。这些富家子弟部分是游手好闲，只求在校混个学位，无心获得真正的才能。而穷家子弟能读完初中已是万幸，根本不敢奢求升入大学。两类学子毕业后，都不具备谋生的技能，自然不被社会所接纳。

1927—1937 年，就中国大学生就业地域而言，主要集中于东南部的大中城市以及江浙地区经济较为发达的地域。1927 年 4 月国民政府名义上统一全国，但国民政府内部各派系战争不断，再加之西南、西北的割据势力存在，也给南京国民政府的统治埋下隐患，经济发展带来不稳定因素。西部军阀混战的局面使大学教育的发展在此地区处于滞后状态，地域发展的差异性使文科毕业生就业多数则避开此地区，流向经济相对发达、社会安稳的东南部及江浙沿海地区。

自南京国民政府成立后，1927 年、1928 年度经过改组后的国立大学以及独立学院重新进行改组后，"全国大学及学院之分布，计上海市 18 校，北平市 12 校，河北省 8 校，广东省 6 校，南京市及福建、四川、山西等三省各三校，江苏、浙江、山东、湖北、湖南、河南、辽宁等 7 省各 2 校，安徽、广西、云南、新疆、吉林、甘肃等 6 省各 1 校"。② 上述是 1927 年、1928 年中国大学及独立学院的分布概况，主要在上海、北平、河北、广东等地区聚集着中国的大多数高校，南京、福建、四川、武汉、山西、河南等地大学的数量则相对较少。而东三省的吉林和辽宁则更少，正如1930 年调查显示"大学及专门学校毕业生就业的地域是几完全在都

① 戴抒：《中国青年失业问题之分析及解决》，天津《大公报·读者论坛》1931 年 4 月 7 日第 11 版。

② 教育部中国教育年鉴编审委员会编：《第一次中国教育年鉴》，开明书店 1934 年版，第19 页。

市……尚见有若干人数入辽、吉、黑等省市"。① 可见，多数大学毕业生
选择就业于繁华的城市，黑龙江、吉林、辽宁东三省亦有部分大学毕业
生赴此择业。云南、新疆、甘肃等省西南部和西北地区，偏于一隅，加
之军阀混战等诸多不稳定因素，导致此区域贫瘠，经济不甚发达，大学
数量仅为一所。

20 世纪二三十年代，中国高校的地域分布在很大程度上影响着大学生
毕业后就业地域的选择，教育部对 1934 年中国公私立专科以上学校进行了
调查统计，见表 3 – 5。

表 3 – 5　　　　　　　　1934 年省立各专科以上学校一览

校名	安徽大学	广西大学	湖南大学	东陵大学	东北大学	吉林大学	河南大学	山西大学
校址	安庆	梧州	长沙	昆明	沈阳	吉林	开封	太原
校名	江苏教育学院	湖北教育学院	河北工业学院	河北女子师范学院	河北法商学院	河北农学院	河北医学院	山西法学院
校址	无锡	武昌	天津	天津	天津	保定	保定	太原
校名	山西教育学校	甘肃学院	新疆俄文法政学院	浙江医业专科学校	江西工业专科学校	江西农艺专科学校	江西医学专科学校	—
校址	太原	兰州	迪化	杭州	南昌	南昌	南昌	广州
校名	广东工业专科学校	河北水产专科学校	河南水利工程专科学校	山东医学专科学校	山西工业专科学校	山西商业专科学校	山西农业专科学校	察哈尔农业专科学校
校址	天津	开封	济南	太原	阳曲	太原	张家口	—

资料来源：申报年鉴社编辑：《申报年鉴》，申报馆特种发行部，1934 年，第 1059 页。

由上可见，1934 年全国省立专科以上学校，共计 36 所，河北、河南、
山西、江西等地最多，安徽、浙江两省次之，东三省仅有吉林大学和东北
大学两所。天津、广州、浙江等地处沿海地区，经济发达，具有聚集效
应，相对优越的社会环境与人文环境具备创办与发展高校的有利条件，势

① 汪忠天：《国内大学及专门学校毕业生就业情况的一个调查》，《中华教育界》第 22 卷
第 6 期，1934 年，第 9 页。

必是高校的集中之地。而西部及西南部仅有新疆和甘肃各占一校，学校性质为学院。在这种情况之下，文科大学毕业生就业趋向于以上设置大学的城市。譬如：1937 年，文类私立学校以法政为主的学校有"大厦大学法学院（上海），东吴大学法学院（上海），持志学院（上海），福建学院，上海法政学院，上海法学院，复旦大学法学院，燕京大学法学院（北平），中国学院（北平），朝阳学院（北平），广东国民大学法学院，厦门大学法学院，广州大学法学院"。① 这几所专门性质的法政学院集中于北平、上海、广州、福建。此外，综合性大学法政专业的学校亦多坐落于此。就地理位置而言，这些高校位于东南沿海地区，其毕业生就业地域亦偏向于此。此时期，南京国民政府主张大力发展民族资本主义经济，急需各类专业人才，于是全国各大学开设商科专业，并且在特定区域增设商业学校，分别设置高等、中等和初等三个级别，这些高校"集中于华北地区的山东、山西、北京、天津、河南、直隶、北京"。② 此外，广东等沿海城市亦设立商业学校，以上法政学校和商科学校均属文科学校。这些文科生多分布于华北地区与沿海地区。事实上，民国时期综合大学均设置文科专业，其中，教育专业多聚集于交通较为发达的东部及东南沿海地区。于是，文、法、商、教育等为主的文科大学毕业生的就业地域，仍以富庶的东部沿海以及华北为主。

不难看出，1927—1937 年，中国高校文多实少的学科构成，相对于理科大学毕业生而言，"文科"毕业生人数较多。高校的文科毕业生就业地域主要以大学所在城市为中心向四周地域扩散与分流，不仅使毕业生就业空间局限于就读大学所在的区域，而且多涌向少数几个经济发达且社会环境较稳定的城市。

二　文科毕业生就业状况

1927—1937 年，中国高校文多实少的学科设置，使文科毕业生呈现人数多与分布广的特点，教育部等有关部门对此进行了统计，见表 3－6。

---

① 《司法院特许私立法政学院设立一览表》，《司法公报》1937 年第 177 期，第 58 页。
② 马修进：《民国时期华北地区商业教育研究（1912—1937）》，硕士学位论文，山东师范大学，2015 年，第 123—128 页。

表 3-6　　　　　　　1927—1937 年专科以上学校文科毕业生统计　　　　（单位：人）

年份	文　类				
	文	法	商	教育	小计
1927	571	1010	155	222	1958
1928	477	1420	219	398	2514
1929	827	1681	276	446	3230
1930	883	1898	234	581	3596
1931	1541	2560	427	468	4996
1932	1404	2713	445	561	5123
1933	1156	3175	561	1090	5982
1934	1267	3478	669	1315	6729
1935	1741	2596	707	701	5745
1936	2014	2667	719	718	6118
1937	797	1059	324	512	2692

资料来源：中国第二历史档案馆编：《中华民国史档案资料汇编》（第五辑·第一编），江苏古籍出版社 1994 年版，第 334 页。

由上可知，1927—1937 年，中国高校文科包括文、法、商、教育四类，文科毕业生人数逐年上升，1934 年文科毕业生总数达到十年最高峰。其中，专攻法政专业的毕业生数量最多，是当时受学生青睐的热门专业。文史哲次之，商科与教育相对较少。就总数而言，这十年间，毕业生累至48683 人，总体基数较大。

同一时期，中国各高校文科毕业生如此之多，而实类毕业生情况如何呢，具体见表 3-7。

表 3-7　　　　　　　1927—1937 年专科以上学校实科毕业生统计　　　　（单位：人）

年份	实类				
	理	工	医	农	小计
1927	166	355	87	148	756
1928	285	302	79	73	739
1929	280	434	122	98	934
1930	305	412	137	153	1007

续表

年份	实类				
	理	工	医	农	小计
1931	435	932	232	388	1987
1932	512	897	259	406	2074
1933	698	1008	383	495	2584
1934	924	1163	309	438	2834
1935	996	1037	388	416	2837
1936	935	1322	418	361	3036
1937	794	969	400	282	2445

资料来源：中国第二历史档案馆编：《中华民国史档案资料汇编》（第五辑·第一编），江苏古籍出版社 1994 年版，第 335 页。

　　如上所示，1927—1937 年，中国大学的实类主要是指理、工、农、医等学科，毕业生总数在不断地递增，只是上升幅度不大。其中，增长最快的为 1936 年的工程类毕业生，1322 人。其次为理科毕业生，医药和农林的毕业生则是少之又少。从毕业生总数来看，工程类毕业生最多，这亦符合当时国家建设需要实用人才的趋势。通过上述两表，不难看出，南京国民政府时期理科与工程类的毕业生远远少于文科大学生，在实类毕业生中较为突出。文类毕业生总数高于实类毕业生的总数，学科比例为 3：1，文史哲属于文科，占总数的 22.6%，实类中的理科占 8.9%。

　　总之，1927—1937 年，随着高校数量的增加，中国文类大学生总数已达 104095 人。1927 年至 1937 年，中国文类毕业生总数逐年增多，呈现成倍增长的趋势。由 1927 年的 1958 人上升到 1936 年的 6118 人。

　　早在 20 世纪二三十年代，经济危机肆虐全球，就业问题是世界各国关注的焦点问题。中国亦未能幸免，在经济恐慌的冲击下，各行各业的发展严重受阻，所能吸纳的实用型劳动力人数有限，基础理论型的文科大学生则无用武之地。这种情况，对于文科毕业生可谓是晴天霹雳。加之，文科毕业生总数逐年增多，投身社会不得其所，于是"毕业即失业"的现象普遍存在，这是客观存在的实情。1927—1937 年，中国各类公立大学、私立大学及独立学院的蓬勃发展，各个省市专科学校亦如雨后春笋般地出现。其中不乏滥设学校的现象，这种鱼龙混杂、参差不齐的创办高校的现象导致了大学生培养质量的下滑，部分大学毕业生无业可就是不争的事实。譬如："生产的工作人员，大半流落为失业的队伍的时候，再生产的工作人员，自然只好为了工作范围的缩小而被抛出机关之外。甚至统治机关之中，也只好裁员减俸。"① 至于教育领域的就业境况，亦是大体相似。"师范生毕业之后，是要到各学校服务去的，但现在有能力进学的学生人数，随着年月，大大地减少了。结果各校的校务，非但无法扩充，且有愈益缩小的倾向。"② 从上不难看出，无论是生产部门、政府机关还是教育领域，皆在裁员和缩减招聘人数。在这种恶劣的就业环境下，毫无工作经验与历练的大学毕业生很难找到工作。至于法政专业的毕业生，他们大多有着从政的梦想，无情的现实使之破灭，即便降低就业预期欲从事体力劳动，这样的机会亦是难以获得，文科大学生供过于求。加之，"所谓学法政的，就是做官发财的代名词"。③ 据统计，法政专业占毕业生总数的 37.2%，如果按照每年 5000 名大学毕业生算，就有 1000 余人要进入政府机关。然而，这一时期，中国各个方面有待恢复常态，无法为初出茅庐的文科毕业生提供足够的职位。"近来各大学毕业生，失业者文法科多，工理科很少，因为文法科毕业人数太多，社会上并不需要这么多文法科人，供过于求，所以常常失业。"④

"教育部最近招考书记，报名者竟有 1208 人之多，内有曾任荐任处之秘书科长者，亦有应文官高等考试落第……且有大学毕业生十数人，足见首都失业文人之众。"⑤

因此，文科毕业生就业竞争激烈，人满为患，处于饱和状态。"毕业即失业"的梦魇困扰着文科毕业生。针对这种情况，时人经常诟病文科毕业生无法就业的原因是其自身能力不足。例如：胡适先生曾经前往南京参

---

① 狄舟：《从"毕业即失业"到"失业即创业"》，《新生周刊》1934 年第 4 期，第 178—197 页。

② 狄舟：《从"毕业即失业"到"失业即创业"》，《新生周刊》1934 年第 4 期，第 178—197 页。

③ 张周勋：《谈大学生的失业与就业》，《文化与教育》1937 年第 131 期，第 5—9 页。

④ 穆一士：《谈青年失业问题》，《青年动力》第 1 卷第 1 期，1937 年，第 116 页。

⑤ 《首都失业文人之众》，天津《大公报》1931 年 11 月 7 日第 4 版。

加会议回答记者提问时说道："自己有能力，又何愁没有饭吃。"① 胡先生的观点遭到当时各界毕业大学生的反对，但亦有肯定的声音。事实上，大学生失业问题的滋生是那个时代多种因素交织的结果，譬如：国内各股政治势力的争斗，世界经济形势的萎靡不振，国内社会经济发展较为滞后，就业机会相对有限，整体就业环境恶劣。民国时期文科毕业生就业，一方面，他们凭借其自身的素质水平与专业能力；另一方面，他们还需要借助一定的社会关系与人脉资源。所以，武断地把文科毕业生的就业失败归咎于其本身的学识与能力问题，有失公正。不过，大学毕业生的队伍里确实有少数滥竽充数与不求进取者。

1927—1937 年，中国文科大学毕业生大多步入政府和教育等机构，担任政府职员与教员，还有少量文科毕业生在银行就职或支援农村建设。高校文科专业主要分为：文、法、教育、商业四大类，即文史哲、法政、教育、商业。据教育部统计，1933 年，"全国文类学校（文法教育商）学生占 74.5%，实类学生（理农工医）占 25.5%，文类之中以学法政者占 37.2% 为最多；文史哲占 22.6% 次之；教育占 9.7%，工程占 9.3%，理科占 8.9%，均又次之；商业占 8.5%，医药占 4.1%，农林占 3.2%，均为较少。"② 可见，文科大学生约占 3/4，其中，法政学生为 37.2%，文史哲为 22.6%。理工农医等实用学科的大学生占 25.5%。当时，恰逢南京国民政府初创阶段，尽管东南沿海等大城市的经济相对发展迅速，急需理工等实用型毕业生，而为文科毕业生提供的就业机会比较有限。于是，所用非所学的现象时有发生。就当时的实际情形而言，文科大学生毕业后所能寻觅到或从事的职业要么是从事教育事业，要么步入仕途，或是充当教官。或被他人雇佣从事商业与担任工程师等。例如：文学、史地等专业大学毕业生主要从事军政、教育或公务员等工作；国文专业的毕业生从事社会调查工作，成为编辑、记者或学校教员等，哲学、心理学与文学等学科的毕业生大多成为省立或公立的国文教员。商科专业毕业生多是进入政府、银行与公司等，成为财会或银行职员。

---

① 孙铭勋：《言论：大学毕业生就业问题》，《生活教育》第 2 卷第 14 期，1935 年，第 1—3 页。

② 教育部中国教育年鉴编审委员会编：《第一次中国教育年鉴》，开明书店 1934 年版，第 4 页。

在众多职业选择中，"一个人应选择的职业，乃是自己具有相似能力、兴趣、志向与性格的，已经获得成功与满意的职业。如承认这种基本原则，他必须明了应有可靠的方法确定有无必须的资格，然后方能解决选择的问题。"[①] 据统计，1936 年，大夏大学"本届毕业同学百余人，分文、理、商、教、高师、预科六科，文科毕业生 23 人，理科 3 人，教育科 10 人，商科 4 人，高师科 44 人，预科 57 人"[②]。1927—1937 年，南京国民政府刚刚建立不久，百废待兴，各类实用型人才供不应求。同时，上海、广州、天津、北平等城市经济尚处良性循环，可以为大学毕业生提供就业机会。而这些就业职位对文科毕业生而言，大多是所用非所学。为了生存，文科毕业生不得不摒弃自身的兴趣与专业特长，生存与生活是 20 世纪二三十年代中国文科大学生的职业选择观，以 1937 年度西北联大历史系毕业生就业调查表为例，可以窥知一斑（见表 3－8）。

表 3－8　　　　　　　　1937 年西北联大毕业同学就业调查

姓名	系别	性别	职业	通讯
孙克刚	历史系	男	盐务总局得私总队官警教练所教官	贵州都匀县
王景佑	历史系	男	盐务总局得私总队官警教练所教官	贵州都匀县
萧远健	历史系	男	四川青神县县立乡村师范教员	四川青神县该校
欧阳明慧	历史系	女	同上	四川青神县该校
逢庆祥	历史系	男	广西行政人员训练班训育员	西安该训练班
安吉人	历史系	男	国立陕西中学教员	陕西安康
史文明	历史系	男	国立陕西中学教员	陕西安康
杨贻	历史系	女	本校校医室服务	本校
赖云	历史系	男	湖南省立高中教员	湖南高中

资料来源：《本校二十六年度毕业同学就业调查》（续），《西北联大校刊》1938 年第 7 期，第 32 页。

从以上历史系毕业生所从职业，可以清晰地获知教员是大多数毕业生的职业归宿，教官亦是其择业对象之一。就业地域以西南、西北的贵州、

---

① 何清儒：《选择一种职业》，《全国学术工作咨询处月刊》第 2 卷第 9 期，1936 年，第 114 页。

② 《本届毕业同学名录：文科毕业生》，《大夏大学周报》1929 年第 56 期，第 2—3 页。

四川、陕西等省为主，个别毕业生进入湖南中学从教。

20 世纪二三十年代，受中国传统"学而优则仕"的观念的深刻影响，中国文科大学毕业生步入仕途，成为其择业的主要目标。自古以来，权力在国人心目中的地位无比重要，亦是"光宗耀祖"的资本。于是，这一时期，"在中国，大多数的大学生心里不断的浮着这甜蜜的梦境：作官、发财是相连的一条路径。以此，集中在大都市，集中在政界，无怪政界人满为患"。① 文科毕业生怀揣如此的人生目标，流向政府机关是其志向所在。文科大学生的另一个职业流向是从事教育事业。透过一位成功进入教育领域的从业者的独白，可以感知在"失业大潮"充斥下的，侥幸成功就业者的内心窃喜。她说："自己觉得很幸运，刚走出了校门，在这个失业呼声高涨的当儿，居然会找到这样一个足够维持苦生活的位置——中学教员，可说是不差了。我自己时时在庆幸着。"② 这是一个教书匠的自述，对其而言，她能够谋得一份职业，解决其最低的生存需求已是万幸。这亦反映部分文科毕业生迫于生计而选择教育领域。"1931 年，国立师范学院毕业生共 119 人，虽以规模初启，造才未备，未应各方之需求……本院设置之目的存造就健全之中等教育师资，故于专业训练向极重视，毕业生 119 人中，计从事于教学者 88%；其余如教育行政文化事业研究工作等不过有11.8%，盖为教员者 54 人（45.4%），学校职员 29 人（24.3%），助教 24人（20%），其余仅 12 人。毕业生纯任教员者 54 人，平均一人兼任二科以上，以目下师资之难求，与待遇之菲薄，学校与教员均有增加教学时数之需要，故担任一科者，即普通校规定为多，有二科者自更繁重，服务同学教学之忙以可凭见……师范学院所造就人才，顾名思义当以教学为本，教学须有专长学科，始不致流于空疏，故本院于专科训练甚为重视，就事实观之，除教育系外，所有职务以用其所学为最主要……今毕业生服务中等学校者，74 人，达 26%，可谓无负此语，在专科以上学校者 31 人，达26，其余不过百分之一二而已，是其服务几完全以学校工作为归处，自是师范生之本色，服务地点计 7 省，共 32 县市，平均每地 4 人强，最多 31人，最少 1 人，偏态趋势不可谓不大……"③

---

① 仪声：《大学生的失业问题》，《民生》1936 年第 30 期，第 10 页。

② 绿芜：《新教书匠的自供》，《读书青年》第 2 卷第 6 期，1937 年，第 46 页。

③ 《毕业生概况》，《国立师范学院旬刊》1931 年第 103 期，第 20 页。

总之，这一时期，文科毕业生的就业领域主要分布于政府机关与教育机关等，真正投身革命与服务农村者人数较少。受中国传统"学而优则仕"的牵制，部分文科大学生的就业倾向于进入政府等部门，希冀官至高位，最终衣锦还乡，光宗耀祖。事实上，大部分文科毕业生还是加入教育领域，成为各类师资队伍的一员。譬如，1931 年清华大学政治学系毕业生的就业分布，详见表 3 – 9。

表 3 – 9　　　　　　清华大学政治学系历年度毕业生职业出路统计

(1931 年 4 月调查)

| 级别 ＼ 类别 | 政界 | 学界 | | 其他（如社会调查所） | 留校转系或特别研究生 | 研究院 | 出国留学 | 赋闲 | 情形不明 | 总数 |
		大学	中学							
第一级（1929 年暑假）	2	5	7	5	—	—	4	1	1	25
第二级（1930 年暑假）	3	6	2	—	2	2	1	3	—	19
总数	5	11	9	5	2	2	5	4	1	44

资料来源：冯友兰：《清华校史概略》，《清华周刊》第 35 卷第 11—12 期，1931 年，第 64 页。

如表 3 – 9 所示，清华大学政治学系毕业生进入学界 20 人，约占总数 50%；政界 5 人；就业总人数为 44 人，这亦反映出文科毕业生多选择教育与政府等领域的职业取向。

1927—1937 年，中国国内战争、政治斗争与自然灾害等因素交织在一起，社会经济虽有向上发展的取向，而整体就业环境令人担忧。南京国民政府建设时期，对各类实用型人才需求度较高，因此理、工、农、医等实用学科毕业生的就业相对顺畅。对于原本人数就多的文科大学生而言，就业状况不甚理想。"毕业即失业"的现象在文科毕业生中较为普遍。

三　文科毕业生就业难的原因

1927—1937 年，中国大学生就业呈现出"所用非所学，所学非所用"的特点，尤其是文科毕业生在面对就业困境时只能先择业，无暇顾及自身专业与工作是否相符，这是对高等教育资源的一种浪费。1937 年，某铁路局局长的就职演说指出求职者用非其长的事实，他强调："本局长认为目下最不好的就是所学非所用。譬如一个学农业的叫他去做卫生局长，一个学医学的，叫他去做公安局长。这样会做的好么？这种错误一天不纠正，中国一天不会好……"① 简单的话语，却针砭时弊地指出了国民政府时期求职者的普遍处境。求职者并非用自己所擅长的去谋取职位，即在其位者不能学以致用，就是所学无用。类似这种用非其长的求职者比比皆是，值得时人关注。

当时，文科大学生所学专业与科目几乎与社会需求存在错位，以学习法政者文类毕业生而言，"在政治学系中，四年所读，为：政治学、政治史、政治思想史、比较政府、比较宪法、国际公法、国际私法、欧洲外交史、市政学、农业政策、工业政策、商业政策、经济学、法学通论、政党论……"② 以上科目大部分是关于国外的历史、社会、政治与国际法律等，而这一时期的社会更多需要的是各种实用型人才，主修以上科目的大学生擅长的是基础理论知识，并不具备任何实用知识。因此，许多文科毕业生面临自己所学非所用的窘境，不得不放弃专业理想，转而从事与自身专业毫无关联的工作。据 1935 年曹金的《毕业、就业、迁业、失业：两年半的生活记录》文章，刊载一位文科大学毕业生求职的艰辛历程。一个刚刚走出校门的毕业生，迈进社会求职，以自己所学憧憬着洋行行员生活的美梦，但已被嘈杂声惊醒，自身还承受着外国资本家的剥削，"他感叹十几年由学校或自修得来的一点东西，完全弃去用不着，白白地让它荒芜着，未免有些得不偿失"。③ 透过其无奈的表述，可以获知他并不满意他的职位，他原本希冀发挥一技之长，运用所学谋求一个洋行行员的工作，残酷的现实是能有业可就，实属不易。他只好为了生计屈服，诸如此类的情形数不胜数。例如："做教员的不必学过教育，学教育的反不能作教员，作官的不必学过法政，学法政者反不能做官。"④ 这一时期，上百个求职者争取一个职位，竞争相当激烈。最终的结果是主攻教育的从政，研习政治的

---

① 长毛：《所学非所用》，《逸经》1936 年第 17 期，第 996 页。
② 陈光虞：《大学生失业问题的检讨》，《民鸣周刊》第 1 卷第 12 期，1934 年，第 8—11 页。
③ 曹金：《毕业，就业，迁业，失业：两年半的生活记录》，《商职月刊》第 1 卷第 4 期，1935 年，第 72—82 页。
④ 郝士英：《大学毕业生失业问题的原因和救济办法》，《文化与教育》1935 年第 59 期，第 17 页。

从教，使求职者用非其长，四处碰壁，就业乱象丛生。事实上，南京国民政府投入大量的教育经费，培养的人才却是不得其所，引发失业问题，这主要是与政治、经济、社会与择业者自身的就业意愿等多种因素有关，所用非所学的现象是极其普遍的。

1927—1937 年，中国经济萎靡不振，即便能步入高校求学的大学生人数有限，而文科毕业生仍深陷失业的泥潭之中存在诸多的原因。

（一）战争不断、政局动荡

1927 年 4 月 18 日，南京国民政府正式建立，形式上统一中国，实则还存在诸多问题有待解决。国际上，日本帝国主义对中国的觊觎与入侵，国内则是军事斗争不断，党内争夺异常激烈，时局动荡不安。这意味国家尚未步入正常健康的发展轨道。1928 年，随着日本帝国主义侵略步伐加快，各地相继涌现出抗日武装组织，形成抗日高潮。日本于 1932 年对华北进行频繁挑衅，"在 8 月 19 日，日军一度占领南岭车站，炸毁南岭铁桥，并不断派飞机到热河上空挑衅"。[①] 与此同时，日军还策动"华北旧军阀将领，使其相机进行反蒋"降日。[②] 日军对中国华北及热河的一系列侵略行径引起热河人民的奋起抵抗。随后，日军侵略者还对华北其他地方发动军事侵略，使华北地区战事不断，民不聊生。在民族生死存亡之际，热河的有识之士和青年学生广泛地展开抗日宣传活动，大学生进行请愿示威游行等。日本的侵略战争给中国民众带来的是极度的恐慌与不安，各种设施遭到摧毁，社会经济发展一度瘫痪，影响了全国各地大学生的就业，尤其是阻碍了华北地区文科毕业生的就业。

1927—1937 年，中国国民党既要应对日本帝国主义的军事侵略，又要平息内部不同派系间的政治斗争，巩固政权，以实现真正的统一全国。"大军阀想要吞小军阀，小军阀又想要做大军阀，不是你打我，就是我打他，只把我总理所苦心创造出来的中华民国打得个一塌糊涂！"[③] 当时，中国国民党欲统一全国，必须平定国内地方军事实力派。1929 年，拥有精兵

① 李新总编，周天度等著：《从淞沪抗战到卢沟桥事变》，《中华民国史》（第 3 编第 2 卷），中华书局 2002 年版，第 161 页。

② 李新总编，周天度等著：《从淞沪抗战到卢沟桥事变》，《中华民国史》（第 3 编第 2 卷），中华书局 2002 年版，第 161 页。

③ 管怀琼：《大学生的失业问题》，《国立劳动大学月刊》第 1 卷第 3 期，1929 年，第 11 页。

十万的冯玉祥先后起兵，最后被驱逐出山东和河南；1930 年，感到极度威胁的阎锡山与冯玉祥共同组成"北方联盟"，进行反蒋。与此同时，桂系李宗仁和白崇禧从中支援形成反蒋的势力。由于双方都认识到奉系军阀张学良可以成为扭转战争局势的关键，"最后，南京政府承诺张学良给 1000 万元，并许以管理黄河以北全境，把他争取过去"。① 此时，南京政府争取到张学良的拥护，并迅速占领华北大部分地区，致使北方联盟失败。上述各省军阀反蒋的斗争导致南京国民政府极为动荡激烈，战火所到之处民不聊生。在军阀斗争战火纷飞时，国民党诸派系的内部斗争也不间断，以陈果夫和陈立夫为主的 CC 系、以黄埔军校的教官为主的黄埔系，以青年军官组成的蓝衣社等几大派系的战争亦极其复杂混乱。作为党内权力斗争工具的各个派系之间的妒忌、分歧、摩擦等从未间断。南京国民政府统治下的政治状态不尽如人意，到处充满着虚伪、欺诈、剥削和国民党内的裙带关系，诸多不稳定因素造成了政局动荡，给文科毕业生就业带来极大的阻碍，引发了大学生的就业难问题。

（二）社会经济环境趋于颓败

这一时期，中国高校文科毕业生就业难，除了政治与战争等因素，还有经济因素。综观近代中国经济条件，南京国民政府自 1927 年执政初期，面临着国际与国内等方面复杂的经济形势，原有的经济体制受到国际资本主义的侵略，新的经济体制尚未健全，城市与农村经济遭遇了巨大冲击，社会经济环境比较恶劣。此时，国内经济上已是千疮百孔，亟待发展。"自 1929 年世界经济恐慌以后，资本帝国主义为挽救自己的经济恐慌，对于殖民地半殖民地格外加紧地去掠夺。"② 此次突发的世界经济恐慌对正处于困境中的中国经济而言是一种灾难，中国原有工业大都收缩或倒闭，新建工业又无法振兴，民众普遍贫困，大学生就业无门。20 世纪 30 年代，南京国民政府面临的是颓败的经济形势，工业、农业、财政、税收、金融等方面，亟须整顿，谋求进一步的发展。

在税收方面，"我国因为没有关税的壁垒，又加国内实业不甚发达，

---

① ［美］费正清、［美］费维恺主编：《剑桥中华民国史 1912—1949 年》（下），刘敬坤等译，中国社会科学出版社 1998 年版，第 145 页。
② 张汉倬：《中国大学毕业生失业之原因及其救济办法协议》，《全国学术工作咨询处月刊》第 2 卷第 8 期，1936 年，第 16—17 页。

所以，外货像潮水般进来，我们无法制止"。① 这种情况愈演愈烈，庞大的
入超货物阻碍着中国经济的发展，形成贸易逆差，国库收入大为减损，致
使财政捉襟见肘，于是造成中国各类社会经济事业无法正常运转。这种社
会经济环境无法容纳更多的文科毕业生，其失业亦是必然的。金融方面，
20 世纪 30 年代中国资本无法与帝国主义雄厚的资本相抗争，实业振兴更
是无从谈起。民国时期银行业往往不作实业投资，专作公债买卖，使金融
事业形成繁盛的假象。不仅如此，"日本则在此时期，积极在华扩展银行
业务，以 1925 年情况而言，外国在华开设银行共有 63 家，其中日本占 42
家，分行 90 处"。② 可见，日本银行在不断地抢占中国银行的市场，此外，
还有英国、美国亦相继涌入，这些外国金融势力不可小觑。时至南京国民
政府时期，外国资本尤其是日本，已经在中国金融业占有很大的份额。在
外国资本的冲击和竞争下，中国金融业举步维艰，发展缓慢。

就工业方面而言，南京国民政府为促进工业大力发展，采取诸多措
施，譬如修建铁路、设立电厂、削减费用、改革税制等，这些均为工业发
展奠定基础，经济有了较大的发展。"1936 年的经济都有一种供不应求的
气象，营业额的增加，大率在 1/3 以上，最多的要达到 1/2。"③ 这一时期，
中国工业得以大幅提升，具体见表 3 - 10。

表 3 - 10 　　　　　1927—1936 年中国机械工业统计 　　　（单位：个）

年份	厂数		资本	
	增加数	指数	增加数	指数
1927	19	100	194160	100
1928	53	279	778180	400
1929	101	532	1626450	837
1930	149	785	4304500	1908
1931	191	1006	4809700	2168
1932	145	1293	5875146	2717

① 日恒：《试释大学毕业生失业的原因》，《众力》第 1 卷第 5 期，1936 年，第 105 页。
② 中国通商银行编：《五十年来之中国经济》，京华书局 1967 年版，第 231 页。
③ 《一年来工业的回顾与展望》，天津《大公报·社评》1937 年 1 月 12 日。

续表

年份	厂数		资本	
	增加数	指数	增加数	指数
1933	195	1556	6701446	3148
1934	228	1730	7433546	3525
1935	275	1976	8028746	3832
1936	377	2513	8681496	4168

资料来源：中国第二历史档案馆编：《中华民国史档案资料汇编》（第五辑·第一编），江苏古籍出版社 1979 年版，第 200 页。

由上可知，1927—1937 年，中国机械工业在厂数方面，由最初每年增加 19 家，到 1936 年增至 377 家，十年间增长了几十倍；在资本方面，随着厂数成倍增多，资本额度亦大幅度提升。当时，中国工业是在积贫积弱的基础上发展起来的，尽管基础较差，却拥有强劲的发展势头。然而，因发展时间尚短，国家缺乏长远规划与具体的方针策略。从纵向发展而言，与日本帝国主义在华资本相比，可谓相形见绌。

众所周知，1931 年"九一八事变"后，在短短的四五年间，日本帝国主义加大对华的投资数额，在华北和华南投资达到 11 万之多，涉及的行业主要有煤矿、铁路、纺织业等，甚至已独占华南纺织业之首。1931—1936年，日本在东北的巨额投资，阻碍了中国民族工业的发展。1936 年，"全国共计纱锭 486 万个，线锭 50 万个，织机 5.1 万台，其中日商纱厂纱锭占34.6%，线锭占 67.4%，织机占 47.7%，可知日方厂数虽少，但机械能力则占优势"。① 从上可见，1931 年至 1937 年是中国民族危机与经济困难时期，日本大肆扩张在华的工业投资规模，采用机械化，加大对中国经济进行侵略。随着日资企业的强势拓展，中国民族工业尽显颓势，一蹶不振。

农业方面，1931 年大水灾后，中国农村经济处于崩溃的边缘，华中地区农田几乎全部被淹，破坏严重。继而 1933 年大旱灾，使江浙一带和川陕等地区的农民损失惨重，大幅减产。据统计，"1926—1933 年全国有耕地141695 万余亩……但人口已由 4.3 亿增加至 5 亿，平均每人仅有 3 亩多一

① 中国通商银行编：《五十年来之中国经济》，京华书局 1967 年版，第 233—234 页。

点，实为全世界人均拥有耕地最少的国家之一。"① 耕地面积大，但人口众多，基数过大，于是人均占有土地面积就相对较少。加之，水旱灾害与落后的传统生产方式，致使农民日益贫困，人地矛盾愈加激烈。为缓解人地矛盾，南京国民政府加强对农产品的统制，制定了相关农业政策，实质上对农民的地租剥削仍未减轻，于是农民从事农业生产的积极性不高，农产品产量较低。中国是农业大国，农业是国之根本，作为农业经济主体的农民却遭受侵略。民国时人日恒指出："农村破产，这和外国的经济侵略是有直接的关系。"② 他在文中道出了农村经济破产的实质因素，即外国的经济侵略。1929 年，世界经济危机爆发后，欧美与日本等国为转嫁经济危机，加快对中国进行经济侵略的步伐，中国农村商品经济受到巨大的冲击。中国的工业原材料被外国企业以低廉的价格收购，加工成商品后，再售往中国国内。然而，中国同类产品受到国内苛捐杂税的盘剥，销售价格高于外国商品。为了生活，芸芸大众热衷于购买物美价廉的外国货，而中国农产品严重滞销，农村经济处于濒临破产的窘境。1927—1937 年，通常被称为南京国民政府的"黄金期"，经济整体水平快速发展。事实上，20 世纪二三十年代中国的工业、农业与商业经历了早期的低谷与瓶颈期，直到 1936 年年底，才进入发展的高峰期。可惜的是，1937 年日本发动侵华战争，中断了中国经济原本良好的发展格局。所以，这种社会经济的整体环境未能给文科毕业生提供充足的就业机会，于是便滋生了失业问题。

（三）社会管理体制不健全

除经济因素之外，南京国民政府的社会管理体制，从中央至地方，在事权与财权等方面的管理尚未健全，这在某种程度上影响着文科毕业生的顺利就业。1840 年，鸦片战争爆发后，中国从拥有国家主权的天朝大国跌落至半殖民地半封建社会。在遭受一系列侵略的同时，中国社会亦发生了巨变，诸如：中外通商、派遣留学生、中国高等教育改革等。南京国民政府时期，各项法令有待完善，为巩固国家政权，遂出台各种法规。其中，民国初期教育立法为高校发展提供条件保障。在此基础上，这一时期，中

---

① 陆仰渊、方庆秋主编：《民国社会经济史》，中国经济出版社 1991 年版，第 399 页。
② 日恒：《试释大学毕业生失业的原因》，《众力》第 1 卷第 5 期，1936 年，第 105 页。

国高等教育法令法规逐步形成法律体系，"这也使得1927年至1937年成为中华民国时期大学教育发展的'黄金十年'"。① 众所周知，近代中国在经历了内忧外患的困境后，在政治、经济等方面处于劣势，法律法规在此过程中历经多重挑战，不断地趋于完善。具体而言，"洋务运动"时期，清政府积极地引进西方法律，以期为我所用。戊戌维新时期，清王朝为维持统治，采取一系列改革举措，制定有关高等教育的法规。时至1927年，尚未形成稳定的法律体系与立法机构。1927—1937年，南京国民政府"吸收西方各国先进的法律理论和制度，同时保留中国传统重要的基本法律，包括民法、刑法、民事诉讼法、刑事诉讼法等"。② 短短的十年期间，南京国民政府构建了社会管理机制，其中存在一定的纰漏，这势必会阻碍文科毕业生就业。中国自古以来，疆域辽阔，相关法律法规的出台、制定、实施有一个自上而下的过程，其间难免出现中央与地方的龃龉之处，导致文科大学生就业的难度加大。

（四）学科设置比例严重失衡

南京国民政府创办初期，政治上跌宕起伏，不稳定因素始终存在，高等教育体制不够完善，表现在：教育体制不适合社会发展的需要；文实科设置不合理，文实科的大学生比例严重失调；教育与社会相脱离等。

1927年至1937年，中国教育体制主要仿效西方国家的教育体系。这种教育体制是欧美国家工商业发展的产物，将其全盘运用于中国，未必完全适合。不过，随着中国近代通商口岸的设立与发展，广州、厦门、福州、宁波、上海等口岸城市迅速崛起，尤其是涉外的行业急需各类英语人才，于是外语被正式纳入学校教学体系，同时也吸引许多青年学子选习英语专业，尤其在20世纪二三十年代，几乎所有的大学科目包括工科、理科、商科等书目普遍均采用英语教学材料和英语参考书目，进而促使大学生要熟练地掌握英语。结果是全国各大高校的教师、学生对英语皆高度重视，培养造就了一批外语专业人才。这些毕业生分赴东南沿海等经济繁庶之区，为中国近代工商业的振兴注入新鲜活力。下面，以20世纪30年代的沪江大学为例，"沪江大学共有550名左右的本科生……商学院的学生

① 章羡：《民国时期的教育立法与大学科系》，《中国产经新闻》2014年10月11日第2版。
② 厉广雷：《论中国民国时期法律体系的建构》，硕士学位论文，吉林大学，2011年，第22页。

比例维持在 36%，理科增长到 31%，英语系的学生则大幅增长，占到全体的 1/3。与此同时，中文系的主修学生则降到零"。① 这一时期，私立大学与公立大学相比，大多数主修政治学、商学、社会学、教育学、新闻学等热门专业的学生，选修外语的更是比比皆是，于是英语逐渐成为主流趋势。为满足社会经济发展的需求，高校对英语较为重视，实际上是中国近代教育体制急功近利的表征，"外语和西学一直掌握在那些能利用英语的人手中，尤其是那些在大城市和通商口岸的人"。② 对于偏远的西部和西北部地区的文科毕业生，只能是无用武之地。

就毕业生人数而言，据《革命文献》记载："1935 年度总计 8600 余人……实科毕业生计 2960 余人，文科计 5700 余人。"③ 可见，1935 年文实两科毕业生人数严重不平衡，文科毕业生人数是实科的 3 倍左右。南京国民政府创建初期，文实比例如此失调，文史哲则为理科的 4 倍左右，造成此种现象的原因在于学科设置不合理。学科建设的失衡在国民政府前期尤为明显，受到中国传统文化理念的影响，许多学生持有"学而优则仕"的观念，为更好地实现自身价值，大多数学生选择学习文法政等文类学科。学校设置文法科过多，所习专业与现实社会脱离。学校、社会与个体的主观意愿三方面的交互作用，最终导致文科毕业生供过于求的超饱和现象。"社会自社会，学校自学校，结果，学校不顾现实社会的情况，亦只有闭关造车，各干各的，其所造的车的适用与否，则时在所不计。"④ 这一时期，中国高等教育体制不适合社会发展的需要，高校与社会皆不能相互合作，毫无实用技能的文科生毕业的前途极为渺茫。尤为突出的是，自中华民国创办以来，高校文科与实科比例失调，造成文法科学生过剩且不为社会所需要，学不能致用。正如 1935 年克己的《文化评论》中写道："学生也一样，处现今不是以才用人，即是以公济私的时代……对所学毫无研

① ［美］叶文心：《民国时期大学校园文化（1919—1937）》，冯夏根等译，中国人民大学出版社 2012 年版，第 6—7 页。

② ［美］叶文心：《民国时期大学校园文化（1919—1937）》，冯夏根等译，中国人民大学出版社 2012 年版，第 11 页。

③ 《抗战前教育政策与改革》，黄季陆主编：《革命文献》（第 55 辑），台北：中央文物供应社 1971 年版，第 156 页。

④ 郝士英：《大学毕业生失业问题的原因和救济办法》，《文化与教育》1935 年第 59 期，第 14—18 页。

究，亦不容研究。尤其是文法科的学生在学生时代所受的学问，尽是些概论式的学问——即所谓高等学识。"① 上述切中时弊地指出文法科学生所学不切实用，过多的文科生无用武之地。国民政府创办初期，高校的学科弊端是文科过剩，培养了超量的文科毕业生。而陈果夫先生在 1932 年提案中有所谓"彻底改造教育之新动议"。蒋廷黻在《独立评论》中阐述如下："陈先生的提议就是中国的教育应于十年之内专重农工医各项专门人才的造就。他的办法不外停办高等学校的文法，及艺术各科，而移其经费作为扩充农工医科目之用。"② 民国时期高校文科过剩皆是文实学科比例失衡的结果，文科停废是高校为了应对此痼疾而采取的措施。同时，高校各类科目的设置是要满足社会和学生的实际需求，并非空穴来风。事实上，文科益于中华传统文化的传承，积淀文明，构筑文化底蕴，深度地阐释中国政治经济制度等诸多维度的嬗变。从长远目标而言，通过政策法令停办文法科，不利于中华民族文化与文明的承继与发展。就近期目标而言，裁撤文科不仅有利于缓解当时文科毕业生的就业困境，而且为社会培养更多的实用型人才，可谓一举两得，以期化解国家的燃眉之急。

总之，文实科设置比例的不合理，导致南京国民政府前期文科生总数过多，超出了社会所能接纳的程度，文科毕业生失业在所难免。为解决失业问题，文法科被废止或限招是较为有效的举措。

（五）文科大学生缺乏择业能动

1927—1937 年，中国文科大学生就业难的原因在于滋生已久的社会问题、高等教育体制自身的弊端与文科大学生择业能动性不足。何为择业能动性？主要指文科大学生具有积极主动地的择业意愿与行为。这一时期，文科大学毕业生却缺乏择业的能动性。

首先，求学方法不善，知识经验不足。民国时期文科大学生研究学问既不能太单一，又不能太广博。事实上，民国时期，部分文科大学生对其他与之有关的学科，则一概忽视，如社会学、政治学、法律学等，他们对于这些学科毫无涉猎，导致其知识面窄，就业时遭遇阻碍。与此相反，另一类文科大学生，对于本专业或是与其相关的各科专业认真专研，希冀

① 克己：《大学无用与废止文法科问题》，《文化评论》1935 年复刊号，第 22 页。
② 蒋廷黻：《陈果夫先生的教育政策》，《独立评论》1932 年第 4 期，第 6 页。

成为博学之人，短短的两至三年的时间无法完成如此广博的宏愿，最终学习效果颇弱。无论是专一还是广博的研究，均与当时社会所需存有差距，结果是文科毕业生求业时常处于被动，无法积极应对。南京国民政府时期，社会环境复杂，初入社会的文科毕业生学识匮乏，社会经验严重不足，在激烈的就业竞争中处于劣势，被动地周旋于复杂的社会环境之中。其次，文科生择业的心理障碍。文科生在择业方面除知识经验欠缺外，意志上的不坚定和人格上的不健全，亦导致其在寻求职业过程中缺乏主动性。"所以有许多初出茅庐的大学生，起初都抱了一种很大的意志，很高尚而严密的理想和计划……可是一旦果真要实行的时候，真是不幸，处处都碰着钉子。"① 此番言论描绘出文科大学生择业前后心理的变化。他们从起初的充满自信与希望地规划人生，而择业过程中的屡次挫败使其灰心与绝望，进而磨灭了他们择业的积极性与主动性。民国部分大学生人格不健全，利己欲极强，傲娇心理作祟严重，厌弃乡村。文科毕业生以为自己是博学以及社会的稀缺人才，妄自尊大的心态影响其择业态度。南京国民政府时期，"世人往往以为，'余之乡土无职业，若在乡则不能立身以成功'，于是昧然赶往都会，尤恋恋于南京、上海等处，此实非正当之行为。"② 这表明民国时期人口从乡村迁入城市，南京与上海成为吸纳各类人才聚集的荟萃之地。这一时期，中国农村经济濒于破产，社会生活环境艰苦，对于大学毕业生毫无吸引力。反之，繁华富庶的上海对文科毕业生极具诱惑力，正所谓"孔雀东南飞"，文科毕业生纷纷涌向南京与上海等大城市，结果是城市文科生人满为患，工作岗位不足，失业是常有之事。然而，乡村建设缺乏人才，各项建设事业，皆不能举办，这是对教育资源的巨大浪费。譬如：张周勋在《文化与教育》中，把学生毕业看成"出嫁了"，他指出毕业生不愿"嫁"到农村的原因："第一，农村的享受不如都市；第二，农村的交通不如都市的便利；第三，农村的知识与文化的吸收不如都市的高与便利；第四，农村服务工作比较的苦，报酬比较的低。"③ 上述四点，正是文科毕业生不愿意去农村的原因。

总之，南京国民政府十年期间，文科大学生的心理特质即人格上的不

---

①　管怀琮：《大学生的失业问题》，《国立劳动大学月刊》第 1 卷第 3 期，1929 年，第 8 页。

②　教育部编：《青年择业问题》，商务印书馆 1936 年版，第 20 页。

③　张周勋：《谈大学生的失业与就业》，《文化与教育》1937 年第 131 期，第 5—9 页。

健全与意志上的不坚定，知识经验不足以应付南京国民政府时期复杂的社会经济环境，以及文科毕业生择业缺乏能动性是影响其自身就业的因素，威胁着国家利益与乡村建设。

四　文科毕业生就业难的影响

南京国民政府时期，文科大学生就业难是较为突出的社会问题。毕业生能否成功就业关系到个体的生存和生计，牵动着各自的家庭，乃至社会的稳定与社会经济的发展。同时，毕业生无法成功就业更是对教育资源的一种巨大浪费。

（一）阻碍社会经济的发展

就业难是一种重大的社会问题和经济问题。文科大学生毕业闲置在家，无事可做，缺乏经济来源。从社会生产的角度而言，意味着生产受损或处于停滞状态。南京国民政府政权初建，百废待兴，各项建设事业需要各类人才。专攻实科的毕业生供不应求，不存在就业难问题。然而，文科毕业生受专业限制，不掌握实用技能，无法满足社会的需求，导致供过于求。因此，南京国民政府时期，急需就业的大量文科毕业生，与极为紧俏的实科毕业生，形成鲜明的对比，结果是高校培养的大量文科毕业生无法服务于社会生产，长此以往会阻碍经济发展，亦给国家与社会施加较大的压力。民国时人鲁竹书指出："社会上失业的人过多，国家的生产力一定很小……倘国家的生产力太弱，货物的供给不敷人民的需要，畅销舶来品，利权外滥，国家收入大减，财用不足。"[1] 可见，失业问题使本已萎靡不振的社会经济陷入恶性循环。尤其是文科毕业生无法得到妥善的安置，滋生失业问题，使原本就举步维艰的社会经济更是雪上加霜。1929 年，全球爆发世界性经济危机，中国经济衰败不堪，百业萧条，城市闲散人员过多。加之，农村经济破产增大了经济发展的阻力。事实上，经济与社会、教育等层面是相互交织，并不是超然独立的。南京国民政府时期，高等教育培养人才的专业素养与社会需求相脱节，导致诸多文科生无法就业，失去了赖以维持生计的物质基础，自然不能进行正常的消费，商品流通势必受阻，社会经济发展必定受到影响，造成社会秩序紊乱。

---

① 鲁竹书：《失业问题研究》，中央图书局 1927 年版，第 26 页。

（二）威胁着社会秩序的稳定

1927—1937 年，中国文科毕业生就业难问题不仅困扰着社会经济的发展，而且对社会秩序的稳定带来威胁。当失业的毕业生无法忍受经济与精神的双重痛苦时，必然使他们的社会行为发生变化，譬如：职业运动大同盟的发生、偷窃、反革命、自杀等社会问题影响着社会秩序的正常运转。"近来各大学毕业生，失业者文法科多，工理科很少。"① "就笔者所知，有位王姓同乡，大学毕业后，在家赋闲，因为是大家庭，人口多，家属多表示不满意，亲朋又多出怨言，受各种刺激，起初精神失常，结果竟至投井自杀！有位刘姓同学，毕业后赋闲在家，他父亲时常对他表示不好；他自己也畏惧乡里的讥笑言论，终日不敢出门。偶然到街上去，一见两人一起说话，就以为是谈论自己，马上就走开，现时精神失常，病象一天一天加重了。"② 通过以上两则凄惨的例子，可以看出文科生失业后的处境极为可怜，意志薄弱者自身颓废消极，精神不振甚至异常，遂而引发自杀等极端行为，是社会风气不良的表征。

"'社会问题，就是任何社会情况，引起社会上许多人的注意，并需要社会集体的行动，以求调整与补救的问题。' 这是美国恺史华勒教授主张存于主观元素的社会问题。"③ 与之密切联系的则有主观与客观两方面的因素，这种情况必定关涉许多人。1934 年北平职业运动大同盟事件的发生就是典型的主客观并存的双重社会问题，此类社会问题的发生引起了社会各界人士的关注，并导致大学生群体为职业问题采取集体行动。随着文科毕业生就业问题的日益严峻，"北平各校，特发起职业运动，作者深信，这运动也许会波及沪、汉、杭、粤各大都市，而成为政府社会一致焦虑的大问题"。④ 1934 年，北平大学学生首先发起求业运动。以谭庶潜为代表的数十人以北平为主要根据地，向各大学的毕业生组织了职业运动大同盟。盟员人数达到 400 多人进行宣言，向社会各界作诚恳迫切的呼吁。他在告毕业同学书中强调："既毕业离校，总不免要想为国家略效微劳，可是无论怎样的报国有心，事实的答复是无门投效……给予工作，要求毕业文凭

---

① 穆一士：《谈青年失业问题》，《青年动力》第 1 卷第 1 期，1937 年，第 116 页。
② 穆一士：《谈青年失业问题》，《青年动力》第 1 卷第 1 期，1937 年，第 117 页。
③ 孙本文：《现代中国社会问题》（第 1 册），商务印书馆 1947 年版，第 2 页。
④ 正之：《大学生的职业运动》，《新人周刊》第 2 卷第 39 期，1936 年，第 771 页。

兑现，这不是个人简单饭碗问题，而是为社会国家的前途着想。运动的动机，是纯洁的，目的也是简单的，就是促起当局的对于大学毕业生服务机会有适当的解决办法，以达分发任用之目的。"① 从这份宣言中，职业同盟开展运动的目的在于借此呼吁政府当局与社会的重视，使包括文科大学生在内的毕业生就业问题获得妥善解决。其中，中国高校文科和法科学生的日益增多，其就业难问题愈发严重。无业可就的北平各大学毕业生为生存与发展，派代表前往南京向行政院请愿，他们提出："（一）对于本年度毕业之大学生请函咨行政院直接录用。（二）对于未来之大学生其办法如下：（甲）请积极改进考试制度。1. 重新确定考试意义。2. 改定考试科目。3. 扩大考试规模。（乙）请令铨叙部严铨叙全国各机关工作人员资格，俾后进青年得有工作机会。"② 可见，声势浩大的职业运动大同盟的产生，是应时势之需要，能够切中时弊地提出问题，并提出解决办法："一、设立咨询处。二、调查人才供求的情况。三、举行考试。"③ 此次请愿收到了成效，亦影响着其他地区大学生职业运动的再度发起。职业运动同盟对于大学毕业生而言是有益的，而对于当局政府，实为威胁社会安定的隐患因素。事实上，大学生职业运动同盟的请愿之所以得到政府的重视与回应，主要在于政府当局深知运动波及范围广，人数甚多，影响深远，对现存的社会秩序构成一定的威胁。

胡绳指出，"20 世纪 30 年代中国大学生存在的孤独感和无助感，此观点得到朱光潜教授的赞成。'朱教授认为，在 20 世纪 30 年代，大部分学生心理单纯，对于复杂的社会不能了解。''同时这些男女青年缺乏坚定的信念'和'冷静的自信'，好言是非而却不真能辨别是非。"④ 究其原因在于：心理素质差，在求业过程中，遭遇各种挫折就会迷失自我，一蹶不振，更何况是多次求业无果。叶文心在《民国时期大学校园文化（1919—1937）》一书中叙述了大夏大学四年级学生高列澎内心的彷徨与迷茫，"我

---

① 《北平各大学本届毕业生职业运动宣言》，《全国学术工作咨询处月刊》第 2 卷第 5 期，1936 年，第 31 页。

② 卤厂：《对于大学毕业生职业运动的感言》，《新社会半月刊》第 7 卷第 6 期，1934 年，第 155 页。

③ 华年：《大学生职业运动的一幕》第 3 卷第 31 期，1934 年，第 603 页。

④ ［美］叶文心：《民国时期大学校园文化（1919—1937）》，冯夏根等译，中国人民大学出版社 2012 年版，第 167 页。

不知道应该怎样做才是对的，这世界变得太快，太复杂，太古怪，太矛盾，我真的迷失在里面了。""生活展示给我们的就像一个漆黑一团的人生的哑谜。"① 由上不难看出，20 世纪二三十年代中国大学生对于当时混乱多变的环境是极其恐惧的，也因此陷入迷茫，引发较为严重的社会后果。

　　1932 年《大公报》登载一位文科大学生毕业后的困顿与无奈。"自入了大学……只是觉得在城市里好玩……四年来未曾见的父母，当然应该回去看一趟，但是一想家里花了多少钱，而竟空着双手回去，多少总有点不好意思。虽想去找一份事情做做，却又不知道应当去找谁？同时毕业的同学们，大都是闲着，虽有一两位得了很好的差事，那都是为特别的门子；而自己呢，除了几个境况相同的同学外，便没有其他的相识。这样过一个礼拜……我决定了非找件事情干干，带几个钱回家去不可的决心——这样的决定，虽驱除了我许多犹豫的痛苦；然而却也给了我不少的困难：起初我想干一种和自己的学识相符合的事情，因为我在大学学习的是法科，所以想到法院做个练习推事，或者与此相近的事情。于是我便到几个熟悉的教授那里去，请他介绍我到法院去；他们没有一个严厉地拒绝过我，但是谈话的终结却相同的是，这种差事非和法院院长有关系的人，不能得到！我知道这件事没有实现的可能，就不能不舍弃这个目标，转向别一方面去。其次，我便决定到教育界去，那里和自己所学的虽略有出入，但除开理化一方面，总可以勉强担任，因此我想起家乡的中学校来……那个中学因军队提用款项的缘故，两月前已经停办，校址直到现在还是给军队占据着。这件事又立刻使我陷入更深的犹豫中；每天除了吃饭以外，便想到街上跑一下，表面上虽然似乎是散心，而实际却想遇见些什么可以干的事情。这样走来走去三天工夫，所得的影响不但不曾遇到什么事情，并且把剩余的四五元钱，也不知不觉花穷了。为着穷困给予我的影响，使我在公寓里好几天没有出门。忽然我想到小学时一个同学，他现在是在附近一个机关做事情……于是便当了些衣服，买

---

　　① ［美］叶文心：《民国时期大学校园文化（1919—1937）》，冯夏根等译，中国人民大学出版社 2012 年版，第 173 页。

了点礼物亲自送到他那里……"① 从其内心的独白与挣扎，可知他已竭尽所能地去觅业，仍是一无所获的焦虑、无奈与懊恼。

1934 年，《申报》刊载，"一豫籍青年吕文清行窃。吕君今年二十二岁，且曾在大学毕业。失业以来，因受经济压迫，始出此不得已之下流策"。② 一个大学毕业生毕业后竟然因无法就业沦落至此，这是对社会安全与稳定的极大威胁。此时期，中国经济凋敝，为了维持生计，芸芸众生的确不易。因无法就业，而去行窃，作为大学生而言是对自我价值的否定，放弃自身为社会服务的价值，亦扰乱了社会秩序的稳定。

总之，这一时期，中国高校文科毕业生无业或失业是社会的病态呈现。其择业问题无法获得妥善安置，其自杀、偷窃、流为匪患等不良社会习气的形成，既会威胁到社会群体的安全，亦会使社会秩序陷入混乱之中。

（三）导致教育资源的浪费

1927—1937 年，中国高校及其学生数量均有大幅提升。其中，私立大学更是风起云涌。各种类型的公私立大学投入人力、物力与财力去培养人才，结果是毕业生不能为社会所用，无法人尽其才，这对于正处于建设期的南京国民政府而言是一种莫大的损失，造成了大学教育资源的浪费。

南京国民政府成立初期，就已经制定和颁布关于高等教育的方针与政策。然而，受时局动荡的影响，创办高校者的初衷存有差异，于是中国大学教育在散漫松懈的氛围之中，相继涌现，表面上是高校建筑的纷纷拔地而起，大学生与教师的数量亦随之增加。实际上，中国高校的教学质量和学生的整体素质未得到应有提升，进而导致文科毕业生就业难，甚至失业的尴尬境地。"以政治学校为例来说。在政治学系中，四年所读，为：政治学、政治史、政治思想史、比较政府、比较宪法、国际公法、国际私法……而且大部分叙述的是外国历史，所分析的是外国的社会，试问这种学科拿到社会上来有什么用处？"③ 政治学属于文史哲，为文科学生，学政

---

① 《毕业后》，天津《大公报》1932 年 7 月 14 日第 9 版。
② 光：《失业大学生行窃》，《民鸣周刊》第 1 卷第 26 期，1934 年，第 4 页。
③ 陈光虞：《大学生失业问题的检讨》，《民鸣周刊》第 1 卷第 12 期，1934 年，第 9 页。

治的文科大学生几乎无用武之地。大量文科生迫切需要工作岗位，却无工
可做，与社会上"有事无人做"形成强烈反差，这无疑是对教育资源的浪
费，且成为一种普遍的社会现象。南京国民政府时期，全国各省市高等教
育经费的支出占各项教育经费的支出比例较大，"在民国二十三年度
（1936 年），各省市高等教育经费总支出为 7159072，在初等教育、中等教
育、高等教育、社会教育、各项事业费及补助费、教育行政等几方面中，
高等教育经费支出所占比例为 19.36％。"① 以上所述是全国高等教育经费
的支出，主要包括以江苏、广西等为主的 15 省，再加之南京、北平、青
岛、威海卫四个市区，19 个省市的高等教育经费支出在 700 万以上。高校
教育经费的支出额度非常高，其培养的人才却是就业无门。而且教育资源
的浪费还表现在教育内容的照搬他国与杂乱无章。南京国民政府时期，高
等教育大多数是仿照西洋的教育，"各校课程，五花八门，名极甚妙，不
计社会上的实际需要，也无计划预备造就怎样的人才，只知照抄外国大学
课程"。② 大学教授或者留学归国的教师把其在国外见闻，运用于国内大
学，开设外国式课程，政府投入百万千万的教育经费，却造就出不适合国
情需要的无业游民，这是教育资源的巨大浪费。沈鹏飞指出："现在各大
学课程，对于社会上切实之需要，多不适合。推厥原因：非在其名，乃在
其实。良以课程内容，率多非欧即美，鲜有吾国材料。彼此国情不同，经
济有别。自不能削足就履。"③ 大学生所学知识与社会需求不匹配，这是社
会问题的最大症结所在。最后，教学设备存在浪费。南京国民政府时期，
大学校舍、馆舍的教室未能运用得法，白天可以供给学生使用，晚上可充
当民教馆使用，让更多社会群众充分利用它。实际情形则是毕业生不能满
足社会所用，是高等教育资源的一种浪费。

　　综上所述，南京国民政府时期，高校教学内容不符合社会实际需求，
教学场地不能得到有效的利用，均是教育资源的损失。国家与社会投入大
量的经费，培养出来的文科毕业生，却一无所用，这是对国家社会所投入
费用的虚掷。文科毕业生就业难问题已不仅仅是经济问题，更是严重的社
会问题。受主客观因素的交互制约，文科毕业生无法充分就业，给南京国

---

① 教育部统计室编：《全国教育经费统计（一册）》，教育部统计室，1937 年，第 8—9 页。
② 吴季玄：《浪费的大学教育》，《正论》1935 年第 45 期，第 9 页。
③ 沈鹏飞：《大学生失业原因》，《中国社会》第 1 卷第 2 期，1934 年，第 33 页。

民政府经济、社会、学校和个人均产生一定的负面影响。

第三节　理工农医等实科毕业生就业易

抗战以前"中国大学在地理上之分布，杂乱无章，在同一区域内，常有多数大学，其所进行之工作，几全相同，诸大学间亦无合理之分工"。国际教育考察团诸君固已为吾人反复言之矣，其所据之事实，为"1930 年中国大学生 33874 人中，有 20463 人（即 60%）分布于两个城市中，即北平与上海市。六个城市共有大学生 27506 人，盖已占总数 4/5 以上矣"。[①]可见，一南一北两座城市高校云集，该地域毕业生就业状况具有一定的典型性与代表性。事实上，民国大学"毕业生无出路，为近年一大严重问题，而今岁尤甚。盖由内战频发，赤焰高涨，生产破坏，公私竭蹶。政局不定，则政府不能事实设建；人心不安，则社会不能发展企业，凡百停滞，机能失效，旧人无淘汰之方，新人无登进之路，长此壅塞，将使才智之士，益入歧途，此真国家社会之大忧也"[②]。其中，大学毕业生以政治、经济、文法等科最多。譬如：1934 年，"上海市教育局，前奉军事委员会委员长南昌行营函托办理之大中学毕业生失业登记……前往办理登记手续者共计 120 余人，其中大学方面，以中公、复旦、大夏、法政、法学院居最多数。沪江、光华、正风、持志、江南、美专等校次之，国立大学，仅中央、暨南各一人，登记之大学生，其所习科目以政治、经济、文学、法律四科最多……"[③] 南京国民政府初创时期，社会各项事业有待恢复正轨，政治、经济、教育、社会等层面，亟须各类实用型人才，诸如理科、工科、农科与医科等专业的毕业生。据教育部调查的统计，1934 年全国各大学毕业生之失业者共二千多人，约占毕业人数 10%。但若加以无可调查的私立大学毕业生，及未受调查的人数，其数当可惊人，失业者起码占毕业的人数十分之五罢？当今天下，大学学士先生们也不能讨生活了，危乎殆

---

① 罗廷光：《中国大学之展望》，《读书通讯》1947 年第 146 期，第 4 页。
② 《毕业生出路问题》，天津《大公报·社评》1932 年 6 月 29 日第 2 版。
③ 《本市大学毕业生昨日开始失业登记》，《申报》1934 年 10 月 30 日第 14 版。

哉!① 可见,这一时期,中国大学生就业难问题已经较为普遍。如前所述,在如此众多的大学毕业生之中,文科毕业生陷入毕业难的尴尬境地,而理工农医等实科毕业生的就业情况如何,值得进一步探究。

1927—1937 年,中国理工农医等实科毕业生数量的增减,随着教育部对文实科比例进行调整而有所变化,实类毕业生人数呈现快速增长,详见表 3 - 11。

表 3 - 11　　　　1931—1935 年全国专科以上学校各科毕业生统计　　　（单位：人）

科别	1931 年	1932 年	1933 年	1934 年	1935 年
理专	4	5	48	15	8
理大	427	507	686	895	840
理科合计	431	512	734	910	848
农专	133	146	193	107	152
农大	251	181	253	256	350
农科合计	384	327	446	363	502
工专	63	150	223	208	98
工大	779	725	785	955	1081
工程合计	842	875	1008	1163	1179
医专	76	76	126	107	161
医大	150	227	248	216	277
医药合计	226	303	374	323	438
以上实类合计	1883	2017	2562	2759	2967

资料来源:《全国高教毕业生比较》,《月报》第 1 卷第 1 期,1937 年,第 128 页。

从表 3 - 11 可知,1931—1935 年,中国理工农医等实科毕业生总体呈增长趋势,譬如:理科毕业生分别为 431 人、512 人、734 人、910 人、848 人等,由最初的 400 余人增至八九百人。农科毕业生具体为 384 人、327 人、446 人、363 人、502 人,总数基本维持在 300 余人,直到 1935 年高至 502 人。工程毕业生的人数则是 842 人、875 人、1008 人、1163 人、1179 人,由 842 人递增至 1179 人。医药毕业生的数量分布是 226 人、303

① 《中国大学毕业生的失业恐慌》,《国际教育》第 1 卷第 3 期,1936 年,第 35 页。

人、374 人、323 人、438 人，从 1931 年的 226 人骤增至 1935 年 438 人，增加为两倍。总体上而言，这五年间，中国实科大学毕业生总数为 1883 人、2017 人、2562 人、2759 人、2967 人，这期间增加了 1000 余人。

中国自科举废止后，一时学校林立，风起云涌，就数量而言，是教育维新的结果。从高等教育质量来看，却令人担忧。民国时人王龙章指出："中国高等教育最大的弊端有二：一是不谙国情，只凭盲目地去信仰欧美，因而造出许多只会'尚理论无实际'的人才；一是学棍借学敛钱，开办商业式的私校，因而造出许多只会'穿西装谈恋爱'的人才。大学毕业生失业，实在是无人才而不能用，可以说是中国特殊的失业情状。此等恶劣的状况，现已普遍全国。"[1] 他以上海一隅为例，"1930 年，上海所有的官立私立以及教会的大学（包括专科及中央商学院），医科（中央医学院），沪江、约翰、东吴、震旦、光华、复旦、大同、中公、大夏、法科、法政、群治、持志、文化、正风、新华、中法（药科），南洋、东南、国医、中国（以上 4 校均医学院），音专（国立）、工专（中法国内）、昌明（艺专）、美专、艺专等 30 余校，而一校兼办数科者尤多；本届暑期的毕业生，每校平均以 200 人计算，则 30 余校，当有 6000 余人；就是再打一个对折，至少亦应有 3000 人。若以百分率来平均比较一下，则现在已就事的人数约占全上海公私各校之毕业总人数的 30% 强（即约 1000 人），其余 70% 弱的约 2000 人，均尚在未定之局。况且已有业的人们——真正能够学成致用者固有——而所用非所学者实居多数，如学法科的做商业，学理科的当书记，甚有在大学教育科毕业的教育学士，欲厕身小学校亦不可得；再进一步言，假使我所调查得结果大概尚不致讹误的话，试问此二千失业的社会寄生虫，将来究竟到何处去归宿？所谓'高不成低不就'，'进不能而退不可'，积极者势必'铤而走险'，消极者势必'坐吃山空'；欲求其不做'反动份子'和'高等游民'岂可得乎？"[2] 透过此篇时评，可以窥知 1930 年富庶的上海仍然存在大学生就业困难的问题，作为高校云集之地，大学生数量相对较多，涌现出的问题亦较为突出。无法就业的大学生已占到近 70%，如此多的大学生面临失业，尤其是文科毕业生大多是"毕

---

① 王龙章：《大学毕业生的出路问题》，《民国日报》1930 年 8 月 5 日第 11 版。
② 王龙章：《大学毕业生的出路问题》，《民国日报》1930 年 8 月 5 日第 11 版。

业即失业"，这对于政府与社会是一个严重的隐患与威胁。20 世纪二三十年代的中国是号称四亿人口的五千年文化的传统古国，即便无英、美、日、俄等国家的鲸吞蚕食，每年由大学制造的失业毕业生最终可能会酿成的政治和经济危险。

这一时期，实科毕业生奔赴各处，施展自身的一技之长。国立同济大学刊物于 1935 年记载："本校医学院毕业同学赴赣从事救护工作。"[1] 江西省匪区收复后，由于人民颠沛流离，中央及后方积极整理善后，在征求校方及本人同意后，分批前往工作，他们同样视之为伟大的职业。这当然是少之又少的情况，下乡服务虽寥寥无几，但总还是有的。高农毕业生郑梅馨在向其老师报告工作状况时已经写到，"李先生待人接物诚恳和气，来乡工作勤苦耐劳，此诚生等之幸也。生等薪金，不分等级，一律 50 元"。[2] 作为农业专业的学生能觅得职业实属不易，尽管他们的工作地点在乡下，但是薪金 50 元能够解决其生计问题。毋庸置疑的是她学以致用，深入农村，发挥专长为农村建设服务。当时，如此的就业机会可遇而不可求，相比赋闲家中的毕业生而言，能够得到如此合宜之职位，她已相当满足。

全国各专科以上学校历年之医科毕业生，在 1912 年度 25 人，1913 年度 14 人，1914 年度 24 人，1915 年度 70 人，1916 年度 115 人，1917 年度 101 人，1918 年度 87 人，1919 年度 127 人，1920 年度 163 人，1921 年度 121 人，1922 年度 190 人，1923 年度 175 人，1924 年度 208 人，1925 年度 180 人，1926 年度 225 人，1927 年度 171 人，1928 年度 202 人，1929 年度 177 人，1930 年度 250 人，1931 年度 431 人，1932 年度 326 人，1933 年度 374 人，1934 年度 323 人，1935 年度 438 人，以上各年度合计约 4500 人。医学之分布地点，为上海、北平、广州、开封、杭州、南昌、保定、成都、济南、南通、长沙、太原等地，在 1912 年仅有同济大学医科毕业 3 人，广东光华医学院 22 人，1914 年齐鲁大学医科亦有 4 人，1915 年以后浙江医药专科年有数十毕业生，1916 年以后北平大学医科毕业生年有二三十人至五六十人不等，1917 年震旦大学医科亦有 2 人，南通医学院亦有 25

---

[1] 《本校医学院毕业同学赴赣从事救护工作》，《国立同济大学旬刊》1935 年第 46 期，第 9 页。

[2] 《高农毕业生郑梅馨报告从事工作状况》，《国立浙江大学校刊》1934 年第 192 期，第 2148 页。

人，1921 年湘雅医学院亦有 10 人，中山大学医科自 1927 年度起始有毕业生 12 人，上海医学院自 1930 年度起有毕业生 12 人，中法大学医科 1931 年度有 72 人，河北医学院自 1920 年度起有 30 人，江西医学专科自 1925 年度起有 15 人，夏葛医学院 1932 年度始有 8 人，又上海女子医学院亦有 15 人，自 1912 年至 1935 年度总计如北平大学、浙江医学专科，都有毕业生五六百人以上，广东光华医学院、南通学院、齐鲁大学、河北医学院、同济大学毕业生均有二三百人以上，山西川至医学专科、协和医学院，江西医学专科，均有一二百人以上，其余各校均在一百以内或仅十余人不等。[①] 可见，民国时期，医学专业的大学毕业生逐年增多，服务于全国的医疗事业。极为紧缺的医学人才，就业相对容易，大多能学有所用，见表 3 – 12。

表 3 – 12　　　　　　　　1937 年西北联大医学院毕业生就业概况

姓名	系别	在何机关就业	职别	待遇	通讯处	备考
张英麟	医学院	广西浔州卫生区卫生事务所	医师	桂币 164 元	广西桂平浔州卫生区卫生事务所	由广西百色卫生区省立医院调桂平
朱彭寿	医学院	广西鹿州卫生区卫生事务所	医师	桂币 164 元	广西鹿州卫生区卫生事务所	由广西百色卫生区省立医院调桂平
宁世祥	医学院	广西桂林卫生区卫生事务所	医师	桂币 188 元	广西桂林卫生区卫生事务所	
徐其杰	医学院	广西桂林卫生区卫生事务所	医师	桂币 188 元	广西桂林卫生事务所	

　　资料来源：《二十六年度医学院毕业同学就业概况》，《西北联大校刊》1939 年第 14 期，第 14 页。

　　从上可见，几位医学院的毕业生大多留在广西桂林就业，工资在 160 元至 180 元（桂币），担任医师一职，负责救死扶伤。无论是政局动荡抑或是和平年代，医学专业的毕业生觅业相对容易，不存在棘手的就业问题。

　　从大学毕业生的整体就业态势，不容乐观。据大学职业介绍咨询处统计，"1936 年全国各公私大学毕业生约一万余人。这真是一个可观的数目！

---

　　① 《全国历年之医科毕业生》，《申报》1936 年 11 月 26 日第 5 版。

由这个数目也可看出现在的一般大学的确在那里培养大批的人才！只是我们很忧虑：这些人才都往哪里去？或者说：'自然到社会去服务'，因为现在社会各方面都需要人才，并且很紧迫的需要各种专门人才。但是社会需要人才是有标准和条件的。就是用一个人要有一个人的特殊用处——这是标准；用一个人必须要他能吃苦耐劳——这是条件。现在的一般大学毕业生能否合乎这个标准和条件的确不无疑问。所以我们一方面预祝今年行将毕业的大学生一帆风顺，在职业的选择上毫无困难，另方面也希望各学校当局今后训练学生要顾到社会取用人才的标准和条件。"① 从中，可以察知民国高校培养的毕业生数量符合要求，质量却存在与社会需求相脱节的情况。希冀大学要结合社会的实际需求，注重提升毕业生的专业素养与吃苦耐劳的工作精神。实际的情形是"毕业即失业"的现象较为普遍，迫于生活的无奈，争取自身的生存空间，以北平为首的大学生们曾在 20 世纪 30 年代多次发起"职业大同盟运动"。由于大学生就业的困顿，社会各界人士给予关注，亦在各类报刊之上发表着各自的见解。民国时人以"家为"的笔名指出："在上二届的暑假时期，北平的各大学毕业生，在'毕业即失业'的情状之下，曾发起'职业大同盟'的组织……虽然，大家明知道我们的社会已经充塞了'过剩'的就业者，无处可给他们容身。'毕业即失业'已经是成了时代所必然的趋势！但是，在校的学生们终不能从此不毕业，不出校吧？……又是一个'服务大同盟'依旧在北平。"据报载："本届北平各大学毕业生服务运动同盟，定于 26 在朝阳大学成立。并发有宣言，大意谓：'此次服务运动，不仅为职业，当继续要求青年出路问题之适当解决，并声明运动之动机纯洁……'据教育部筹备救济失业的大学生，通令调查所得来的统计，1933 年与 1934 年两年度全国专科以上失业的毕业生，总数有达 9622 人之多。这是近万啦，还只是前二年的人数！再加上今昨二届的……是个惊人的数字啊！在这里，或许我们的'学者们又将归咎于一般青年学子的不成器'了，但是，在今日这个'毕业即失业'的情势之下，谁有获得了什么保障呢？终于，北平各大学的学生们，已经自觉地组织起'服务运动同盟'来了。果然，在今日这个情况之下，我们不能过于希望同盟运动能有什么良好的结果，但是，我们却不能否认了同

---

① 卒：《一万大学毕业生》，《民间半月刊》第 2 卷第 4 期，1936 年，第 23 页。

盟运动的‘时代的意义’。同盟那‘纯洁的动机’，‘不仅为职业，当继续要求青年出路的之适当解决’呢!"[①] 可见，大学毕业生为了共同的生存利益，暂时结盟，利用社会舆论，向政府施压，以期就业问题获得解决。事实上，这些职业同盟运动确实起到了些许的作用，政府当局与有关部门采取措施，对文科与理科毕业生进行安置。

清华学校正式成立于 1911 年，1931 年适为二十周年。"自前清以美国退还庚子赔款民国纪元前四年十月致美使馆派送留美学生章程，组织游美学务处。先后招生三批，至 1925 年大学部成立，并附设研究院。大学部之目的，在由国内造就今日需要之人材，不为出洋留学之预备。大学部成立时，留美预备部尚余四班，毕业后次第送美，至 1929 年为止。1928 年，本校正名为国立清华大学。本科四年毕业。本校自创办至今，学制组织，凡经几度更张，而最大转变，厥为旧制留美预备部与旧制大学之交替。历年毕业生共 1482 人。除十八批留美预备部 968 人，两级大学本科 151 人及国学研究院 62 人外，其最初直接送美学生 180 人，及历届考送留美专科生及女生共 121 人，虽未留校肄业，然皆属在同根，自应计入毕业生之列。据第一表统计，毕业生之地域分配，江苏居第一位，广东、浙江次之，福建又次之，而河北、华中及西北边远之声，依次递减。此盖因本校最初为留美预备而设，取士着重外国语文。滨海之区，开通较早，外国语文优胜，每届招考，中选者多。近年虽已入大学时期，而此风犹未衰歇。且在昔旧制时代，中等科学生名额由各省摊派。富庶之区，担负赔款份额较重，故派送学生名额亦较多，此或又其一因。再就毕业生之择业统计。留美生专修之科，以工程为第一。其两班大学本科毕业生，以习经济政治者为最多。前者盖为民十以前教育方针所决定，（如前几批留美专科生皆指定专修工程各科）后者则皆由个人选择之趋向。而最近在校同学习工程者骤增，此固由一时风尚，而社会需要，实有以致之也。"[②] 可见，清华学校创办伊始，受政治形势的影响，青年学子多选择政治、经济等专业，时至20 世纪 30 年代初期，清华大学学子多倾向于选习工科，想必是适应社会需要的明智之举。就毕业生区域分布而言，他们多集中于江浙、广州、福

---

① 家为：《北平大学生的服务运动》，《申报·本埠增刊》1936 年 5 月 28 日第 1 版。
② 章寅：《清华学制沿革述略及历年毕业生统计》，《国立清华大学廿周年纪念刊》，1931年，第 1—2 页。

建等沿海沿江经济发达的地区，继而河北等中原一带，最后仅有零星的学子选自偏僻的内陆地区。自清华学校创立大学部以后，清华大学历年毕业生的情况，见表 3 – 13。

表 3 – 13　　　　　　　1925—1931 年清华大学学生人数统计　　　　（单位：人）

年份	类别				毕业
	在校	休学	退学	病故	
1925—1926	93	3	35	1	—
学额总数	132				
1926—1927	186	19	27	—	—
学额总数	232				
1927—1928	260	37	40	3	—
学额总数	340				
1928—1929	401	29	46	2	82
学额总数	478				
1929—1930	488	32	65	4	69
学额总数	589				
1930—1931	599	35	97	1	—
学额总数	732				

资料来源：《国立清华大学廿周年纪念刊》，1931 年，第 3 页。

从表 3 – 13 可见，1925 年至 1931 年，清华大学在校生由最初的 132 人增至 732 人，增长近 6 倍。这期间，迎来了两届毕业生，其数量分别为 82 人与 69 人。这些毕业生涵盖了文科与理工科大学生。清华学校于 1925 年开办大学，系采学系制度，以系为单位；初无院或科之名，迨 1929 年始依教育部新章分设各院；理学院遂于是时成立，然其中多数学系之有基础实远在 1925 年以前也。现本院所属凡七学系：即算学系、物理系、化学系、生物学系、心理学系、地理学系、土木工程学系。复为适应社会需要及利用物理化学生物各系已有之设备起见，自 1930 年秋季起，更填办医学预科，直属于理学院。[①] 此时，清华大学的理工各科已相继创办，向社会输

————————

① 冯友兰：《清华校史概略》，《清华周刊》第 35 卷第 11—12 期，1931 年，第 68 页。

送各类实用人才。

清华学校创建初期在校学生人数一般约 500 人。清华学堂创办时有 460 人，到 1918 年学生达到 665 人，为这一时期学生最多的一年。1924 年因停招高、中等科学生，只剩下二百多人，是人数最少的一年，而这一年教职工却比学生多一百多人。自 1911 年清华学堂开办，到 1929 年留美预备部结束，共计派送留美生 1729 人。[①] 20 世纪二三十年代，中国高校快速发展，清华学校亦有质的改善与提升。其在校学生与毕业生人数呈现递增的趋势。据统计，这一时期，全校学生人数大为增多，由 1928 年度的 400 人，增至 1936 年度的 1223 人（研究生除外）。1928 年秋天开始招收女生，第一批只有 15 人。到 1935 年度，女生人数最多，达到 110 人。各学院比较，到后期学生人数最多的是工学院，最多的一年（1936 年度）达到 393 人，其中女生 9 人。在各系中，以经济系学生最多，1936 年度达到 148 人。此外，先后还有美、英、德、日等国留学生 20 余人。这一时期，清华大学本科有九届毕业生，共 1312 人，其中女生 86 人，工学院毕业生 261 人。另外，研究院共有五届毕业生计 27 人。[②] 这一时期，中国政局跌宕起伏，受世界经济危机的影响，大学生就业的渠道较为有限，即便是清华大学毕业生的就业范围亦是狭窄。1930 级一位毕业生曾以"方帽易戴，饭碗难找"为题，写了一首诗："碗铸黄金何处求，似从海市望蜃楼，书生只道谋生易，毕业方知失业愁。抢饭偏偏逢捷足，求人处处触霉头，四年吃罢平安饭，怕听双亲问报酬。"这首诗反映了当时学生对"毕业即失业"状况的不满。不过，由于清华毕业生服务较好，外文水平较高，通过各种途径，特别是经过当时清华各地校友的大力协助，一般尚能找到"栖身之所"。当时清华毕业生大致有四种出路：（1）立即留洋或当助教作留洋的准备；（2）到政府机关或私人企业，做本行的实际工作或研究工作；（3）当中学教师；（4）改行。留洋需要具备一定的条件，当时国内科学研究事业又非常狭小和薄弱，能留洋或投身研究事业的毕竟只是少数。而多数毕业生中，当教职员的占 34%，是各种出路中人数较多的。[③] 从以上阐述可以看出，清华大学除了文科毕业生以外，理工科毕业生就业主要流向教

① 清华大学校史编写组编著：《清华大学校史稿》，中华书局 1981 年版，第 66、68 页。
② 清华大学校史编写组编著：《清华大学校史稿》，中华书局 1981 年版，第 147、148 页。
③ 清华大学校史编写组编著：《清华大学校史稿》，中华书局 1981 年版，第 148、149 页。

育、政府与商业等领域，相对其他普通高校，清华学子具有较高的就业率，尤其是理工科毕业生就业更加容易。譬如：西沽国立北洋工学院 1936年班各系毕业同学共 83 人，计土木工程学系普通土木工程组 24 人，水利卫生工程组 15 人，矿冶工程学系 17 人，机械工程学系 27 人，分由学校介绍，并考取井陉矿务局及建设委员会等机关，大体均有相当出路。[①]

除了清华大学，国立武汉大学的理工科毕业生人数亦逐渐递增。1928年 7 月前大学院命令改建国立武汉大学……设社会科学院、理工学院及文学院三院，并设预科，分文理两组，此乃本校成立前之史实也。学生共计1785 人（内有附设机械专修科 13 人，附设先修班 97 人，研究所 1 人及附设小学学生 180 人）。历届毕业人数，第一届 46 人，第二届 116 人，第三届 171 人，第四届 161 人，第五届 108 人，第六届 92 人，第七届 119 人又借读生 67 人，第八届 167 人，第九届 145 人，第十届 218 人，第十一届237 人，第十二届 331 人，第十三届 348 人，第十四届 271 人，第十五届251 人，第十六届（本届）282 人。[②] 从中可见，毕业生逐年增多，累计至1785 人。这是一所综合性大学，培养各类理工科大学毕业生，其理工科毕业生符合当时社会建设事业的需要，择业率较高。

综之，1927—1937 年，中国大学毕业生因所属学科不同，其就业呈现诸多差异。受文多实少的高校学科设置结构、"学而优则仕"的传统人生诉求以及社会对各类实用型人才的需求等多重因素的交互作用，结果是文科毕业生数量远高于实科毕业生人数，文科大学生就业难问题成为凸显的社会问题。与之相反，理工农医等实科毕业生就业率较高，满足了社会发展对人才的需求。这种失衡的就业状态促进政府与高等教育机构采取措施，调整文科与实科的比例分配问题，以缓解文科大学生就业难的窘境，使高等教育资源得到合理有效的配置，为大学毕业生择业创造条件。

---

① 《本院二十五年班各系毕业生之出路》，《北洋周刊》1936 年第 118 期，第 4 页。
② 《国立武汉大学毕业纪念册》，国立武汉大学 1947 年版，第 3 页。

第四章

1927—1937 年中国不同类型大学毕业生就业问题

1927—1937 年，中国高等教育呈现向上发展的态势，各种不同类型的大学相继创办。其中，教会大学与师范院校相比具有典型性。教会大学是由西方传教士组建的高等教育机构，在中国高等教育发展过程中，扮演了一个不可或缺的角色。这一时期，师范院校得以快速发展，为全国中小学教育输送师资，直接关乎着中国社会发展所需人才的培养与素质。此外，女大学生群体分布专门学校与综合性大学之中，其就业如何，备受时人关注。鉴于此，本书对两类学校所培养毕业生以及女大学生就业情况进行深入的梳理与探研。

第一节 教会大学毕业生就业问题及其对策

教会大学发轫于 19 世纪晚期，最初仅是传教士用以传教的规模较小的会馆或者书院，随着外来力量的介入，西学东渐的大潮席卷着整个中国，西式教育的地位逐渐上升。其中，最初以传教为目的的教会学校，逐渐演变为传播西方新式教育为主的教育机构，传教色彩日益弱化，规模不断扩大。为数不少的教会中学或者书院、会馆升级为大学。譬如北京的燕京大学、上海的圣约翰大学和沪江大学、江苏的东吴大学和金陵大学等。

教会大学在中国存续时间非常短，仅半个多世纪，且发展过程十分曲折。中国教会大学是与西方殖民主义相伴而来的，自身浓厚的文化侵略色彩，加上中国人"夷夏之辨"思想的根深蒂固，当时的中国社会对于西方文化产生排斥心理，亦不足为奇。最初，教会学校属于慈善性质的传教机构，西方殖民主义的侵略性质决定它只能以慈善这种易被大众接受的形式，来吸引弱势群体，增强社会认同感。科举制的废除与小农经济的解体，士大夫的传统的向上流动的渠道不复存在，加之四民社会的衰退，这给教会学校提供了发展的契机。教会学校通过开展新式教育，逐渐打造为培养高级人才的大学，增强其在近代中国社会的话语权。它为巩固自身优势不断地进行自我调适，开始以社会服务为导向，着重满足社会对人才的需求。同时，教会大学亦曾迫于社会压力而进行改组调整，使其更好地与中国社会相契合。这一时期，教会大学毕业生进入社会后，利用其所学的专业知识，结合具体实际，为近代中国社会的发展作出一定的贡献。教会大学实质上是中国传统文化与西方资产阶级文化的互相竞争，到最后互相融合的产物，其中杂糅着国家的政治导向、传教士身份认同的预设立场、政治文化权力下移和社会现实需要等诸多因素。集主观目的上的侵略性和客观效果上的促进性于一体，是教会大学区别于一般公立大学的特别之处，因此不能以普通大学标准去解析教会大学，"还原历史的真相"才是史学研究的宗旨，尤其是东南沿海地区教会大学相对集中，具有一定的典型性与代表性。

一 东南沿海地区教会大学毕业生就业概况

清末民初，教会大学经历了从无到有，从小到大，从繁盛到衰落的不同阶段，每一阶段皆有其特定的历史背景，进而采取存有差异的发展措施。在中国近代教育史上，"教会教育"是一个绕不开的话题，它的到来伴随着西方殖民主义的入侵和中国传统教育的日渐式微，它的存续代表以新式教育为先驱的西方文化在中国内陆的逐渐介入，它的衰落与消失则预示着带有西方宗教色彩的西式教育在中国的落幕。

（一）教会大学产生的历史背景

教会大学的产生有其特定的历史环境，"教会大学的创办和发展过程，与外国资本主义对中国的政治、经济侵略过程相适应"。① 不仅如此，近代

---

① 滕亚屏：《旧中国的教会大学》，《吉林大学社会科学学报》1980 年第 2 期。

中国社会的转型和西学在中国的日益传播是促使教会大学产生的重要因素。

首先，传统士、农、工、商四民社会的解体。中国传统社会中处于社会结构中心地位的是士大夫阶层，他们上承天命，下领四民，是联结皇权所代表的上层社会与平民阶层的纽带。士大夫阶层的形成主要源于从汉唐延续下来的科举制度。1901—1911年，清末"新政"十年期间，政府推行了一系列关乎政治、经济、教育等方面的改革举措，力图挽救风雨飘摇中的皇权。其中，一个重大变革即是废除了科举制，而"中国科举制在中国的政治理论和实际社会结构中都居于核心地位"①。结果可想而知，科举制度的废除所产生的双重社会影响是不言而喻的。1906年废除科举制，知识分子通过科举考试进入官僚阶层的"学而优则仕"的人生理想化为泡影。"士"的常规社会来源被迫中断，"士大夫"阶层便成为历史，取而代之的是以新式教育培养出来的现代知识分子。"士"不再负有兼济天下的重任，亦不再对普通民众起到指引作用，由"士、农、工、商"阶层组成的传统四民社会面临解体。清末民初，中华民族处于内忧外患的窘境，国家亟须强大，势必不可再沿用昔日"无为而治"的"小政府"模式，与之配套的教育体制亦急需调整，更加强调教育的实用性。1901年，清政府下令颁布《兴学诏书》，规定在各省府州县设置不同等级的学堂。新式学堂如雨后春笋般迅速发展，新式学堂主张培养新式人才，引进西方近代自然科学知识，改变传统的教学模式。新式学堂的发展是中国教育史上的一次重大革新，同时新式学堂亦存在许多不足，地区发展不均衡，在经济发达地区，新式学堂开设数量多且师资来源广，办学经费充足。而偏远地区或者农村，新式学堂的数量和质量相对落后，这导致教育资源处于一种不均衡的分布格局。同时，新式学堂的"新"并不能被完全贯彻，这体现在教学内容上依然以传统的四书五经为主。个别地区地理位置偏远，政令有所不达，高等教育发展滞后，但更为重要的是缺乏传授新知识的新式人才，这是因为在新式教育模式推广之前，并未有相应的培养新式人才师资的教育机构。政府对教育经费投入不足使得新式学堂的兴办面临诸多困难。在这

---

① ［美］费正清编：《中国的思想与制度》，郭晓兵等译，世界知识出版社2008年版，第270页。

种情况下，政府征收学捐以维持新式学堂的运转就激起普遍民愤。自庚子赔款以后，广大民众处于水深火热之中，学捐的出现更增加其负担，他们对新式学堂更为排斥，进而导致新式学堂的入学率极低。与之相反，教会学校反而呈现快速发展的态势，与新式学堂相比，传教士开办的教会学校更加西化，教师的外语水平远远超过中国新式学堂师资，教授内容以西方自然科学知识为主，在当时小农经济解体，资本主义不断发展的情况下，"懂英文，也是在外交、电报、铁路、海关等部门寻找职业的本钱"。[1] 学校分布广泛，"无论其为各教堂适中地点，或为城市中心，或于乡村僻处，均有男女学校之分布"。[2] 同时亦得到了政府的支持，1906 年，清政府学部咨告各省督抚，"外人在内地开设之学校，均无庸立案"。[3]

　　其次，西方政治势力的入侵。19 世纪末，西方国家对中国的侵略不再满足于把中国当作商品倾销地，获取巨额利润，而是变商品输出为资本输出，甚至在中国争相划分势力范围，参与内政，掌控海关，成为中国政治权力结构的组成部分。为适应这种政治经济侵略的需要，列强加紧对中国进行"精神输出"。西方诸国通过对中国文化控制权的争夺，以建立文化权势。利用传教士以及其开办的各种初等、中等、高等教育机构来弘扬西方文明则是这种手段之一。作为传教士来说，他们最初来到中国并不只是单纯为政治服务，他们中的大多数是为传播福音而来，而且"最初之教会学校实为辅助传教而设"[4]，传教士们历经艰辛，不远万里来到中国，他们忍受遥远的路程与恶劣的天气，正如傅兰雅在其日记中所记："不知道还要多久才能结束我们的航行，我已几乎失去信心了。三个月过去了。还没能到达圣保罗岛或阿姆斯特丹岛，没能进入印度洋。你们也知道，一切看上去是杳无希望的。"[5] 虽然情况恶劣，但依然有很多传教士源源不断地进入中国。"从 1886 年到 1918 年，美国派往海外的传教士共达八千多名，其中有两千五百多名是派到中国来的，占总数的 1/3，与此同时，美国各基

① ［美］杰西·格·卢茨：《中国教会大学史（1850—1950）》，曾钜译，浙江教育出版社 1987 年版，第 163 页。

② 李楚材编：《帝国主义侵华教育史资料·教会教育》，教育科学出版社 1987 年版，第 8 页。

③ 舒新城编：《中国近代教育史资料（下册）》，人民教育出版社 1981 年版，第 1065 页。

④ 中国基督教教育调查会编：《中国基督教教育事业》，商务印书馆 1922 年版，第 29 页。

⑤ 《傅兰雅日记：驶向中国（二）》，《档案与史学》1997 年第 4 期。

督教教会也还是陆续派遣传教士来华。"① 他们名义上是为传教而来，从实际目的而言并不能摆脱殖民侵略的色彩。宗教信仰本身是一种广泛存在的社会文化现象，在不侵犯国家利益和个人利益的前提下，传、受双方处于平等的地位时，宗教信仰的传播亦不会构成文化侵略的性质。然而，西方列强用坚船利炮打开中国国门，凭借不平等条约取得了传教的自由，导致政治上双方并不对等，继而利用天主教和基督教向普通民众灌输西方思想与理念，从精神层面驾驭民众。就客观层面而言，传教士确实带来了西方先进的科学技术和教育思想理念，而其文化侵略的实质却不可否认。

最后，西学东渐的影响。西学东渐以 1811 年伦敦会传教士马礼逊在广州出版第一本中文西书而揭开序幕，此后，传教士们便在南洋地区开印刷厂，出版书籍报刊，传播西学。由于是在中国以外的地区活动，西学的传播并没有深入内地，未产生深刻影响。直到 1842 年中英《南京条约》的签订，西学传播以通商口岸为传播基地，逐渐辐射到东南沿海地区。在这一时期，大量西方科学巨著被翻译成中文，如李善兰和伟烈亚力合译的《代微积拾级》、蒙克利的《算法全书》、艾约瑟和李善兰合译的《植物学》等。最重要的是，中国传统士大夫阶层开始意识到"开眼看世界"的重要性，并着手编纂介绍西方的书籍，如魏源的《海国图志》、徐继畬的《瀛寰志略》等，介绍西方的地理环境、风土人情，使国人初步了解西方国家，但是对西方政治制度却无涉及。这一时期，部分中国知识分子积极地翻译西方书籍，较为知名的有李善兰、王涛等。他们不仅翻译宗教方面的书籍，而且更注重科学书籍的译介。1860 年以后，第二次鸦片战争后所签订的《天津条约》中，规定外国人可以在天津、南京等 11 个新开放的通商口岸居住、买屋甚至建造医院和教堂，并且保护传教自由，此举助推西方列强对中国的经济掠夺和文化渗透。此后，洋务运动的开展使西学在中国的影响更为深远，此种影响逐渐波及社会底层。结果是很多普通民众由最初对西学的质疑到最后信服不已。政府创办的各种译书机构亦为西学在全国的推广起到重要作用。截至 1900 年，八国联军侵华而签订丧权辱国的《辛丑条约》。加之，日本"明治维新"的成功刺激了广大国民的民族主义情绪，使得"1900 年以后，从日本转口输入的西学数量急剧增长，成

---

① 顾长声编：《传教士与近代中国》，上海人民出版社 1981 年版，第 258 页。

为输入西学的主要部分"。① 翻译书籍的种类亦有所变化，由以前主要介绍西方自然科学和应用科学转而重点介绍西方的人文科学，如政治制度、思想文化等方面。在国家政治不复清明，主权被列强肆意践踏的情况下，人们将"中学"在物质层面的"无用"上升为中国"无学"，转而求助于西学，企图通过西学来寻找振兴国家的道路。于是"西学"便超越"中学"，成为区分先进与落后的"新学"，"西学"上升为"显学"，"中学"完全丧失话语权，至清末民初竟演变成反传统的趋向。如此社会环境下，教会大学应运而生且呈现快速发展的态势，充当了传播西方文明的载体。

（二）教会大学的发展历程

教会大学的发展历程一波三折，其作为舶来品，起初西方科学与传统的儒家文化格格不入，学生数量较少，师资大部分是来华传教人员，对于中国风土人情了解尚浅，办学场所狭小，初创时期未受到国人的关注。直到"西学"在中国的广泛传播，教会大学毕业生遍布政府和学校等机构，拥有一定的社会知名度后，教会大学便成为显贵家庭送子女读书的首选。随着民族意识的觉醒，收回教育权运动开展得如火如荼，教会大学不得不调整学校的行政机构，不断世俗化、本土化，响应国民政府有关教会大学应到教育部进行立案的规定。中华人民共和国成立后，直到 1952 年，急需大量专业技术人员，于是专业训练取代了知识面较宽的普通教育。院系调整使得各教会大学皆被拆分并入国立院校，至此教会大学在中国大陆就此销声匿迹。

初创时期，教会大学是由各教会中小学、书院、学堂合并而成的。上海圣约翰大学就是由学堂以及书院合并而成，办学初期，学校各项设施简陋。"第一次校舍为四方形，楼下为课舍、膳堂、图书馆及礼拜堂，楼上则为宿舍，可容学生八十。"② 招生人数较少，第一学期仅 49 人，第二学期人数稍有增多，为 71 人。于 1913 年开设研究生院，1920 年设立商业经济部，增设历史、新闻、政治、生物等系。沪江大学创立于 1906 年，地址在黄浦江畔，由魏馥兰担任校长，于 1915 年改名为"沪江大学"。1920 年

---

① 熊月之：《晚清西学东渐史概论》，《上海社会科学院学术季刊》1995 年第 1 期。
② 《圣约翰大学自编校史稿》，《档案与史学》1997 年第 1 期。

招收 4 名女生，开男女同校的先河。沪江大学的办学模式直接沿用美国本土的教派学府模式，学校由董事会管理，董事会听命于美国差会本部。学校开设文、理、商三个学院，"文学院下设国学系、外国语言文学系等，理学院下设物理学系、化学系等，商学院下设管理学系、会计学系等"。[①]

之江大学前身是宁波的崇信义塾，1911 年改名为之江大学。1917 年，之江大学学制改为 5 年，包括教育、哲学、物理等课程。设立学生自助部，培养学生的自助能力，相对于中国传统教育以培养"以天下为己任"的士大夫阶层而言，西方教育更重视学生本体的实践能力。东吴大学是于 1900 年合并上海中西书院、苏州博习书院和中西书院三院而成的。林乐知为校董事会长，孙乐文为校长，东吴大学的宗旨为注重学业，培养品格，树立优良学风，提倡服务精神。1907 年，新式宿舍大楼完工，解决学生住宿地方狭小的问题，能容纳 218 人入住。

1909 年，汇文书院和宏育书院重组为"金陵大学"，开始仅设文科，后增设师范科和国语科。1910 年得到美国纽约省立大学的承认，同年，"裴宜理教授举办北方垦殖事宜，承国父及伍廷芳、唐绍仪、蔡元培诸先生赞助，鉴于农林人才之缺乏，先行创设农科，次年添设林科"。[②] 当时，国内大学未设置农林科的学校，因而求学人数众多，培养了大批农林学专家。民国以来，江浙地区的女子教育逐步发展壮大，但仅限于中小学程度，缺少专为女学生而设的高等教育机构，且各教会学校亦缺少受过高等教育的女教员。各中学校长提议开办女子大学，规定学校名为"金陵女子大学"。1915 年正式开学，金陵女子大学在开办第二年就收到了来自美国史密斯学院的捐助。除此之外，还有中国女青年会。1919 年，通过金陵大学托事部，金陵女子大学在美国纽约州立大学进行注册，并获得办学执照。

1915 年，为顺应世界潮流，响应社会需求，以及"学者既省远渡重洋之苦，国家亦免外材难适之忧"，[③] 高约翰博士和福建当地的基督教六公会

---

① 沪江大学编：《私立沪江大学一览》（1936 年），私立沪江大学 1936 年版，第 15—16 页。
② 金陵大学总务处编：《私立金陵大学要览》，私立金陵大学 1947 年版，第 1 页。
③ 张研、孙燕京主编：《民国史料丛刊·文教·高等教育》，大象出版社 2009 年版，第 195 页。

筹备组织福建协和大学。从 1913 年福建协和大学的早期倡导者苑礼文先生写给董事会的信中，亦可看出在福建地区设置高等学校对于基督教会而言是多么急切且重要的事。信中写道："考虑到高等教育作为传教手段的重要性，应在新学校中占据大的份额，目的有两个，一是从普遍意义上教育中国青年，一是防止基督教青年进入带有无神论倾向的公立大学。"[①] 1888 年，美国传教士哈巴博士在广州开办岭南大学。"直到 1918 年，学校颁发学士学位证书给第一届完成大学课程的 3 名毕业生，学校才算初步完成了整套大学课程的设置。"[②] 不同于一般教会大学，岭南大学聘任教职工或者招收学生不注重宗教背景，学校日常生活中不注重仪式、教条、宗派或者迷信，但注重基督精神，特别强调爱人与服务之至德。

立案时期，主要是指 20 世纪 20 年代中后期，因为民族主义浪潮的高涨和"收回教育权"运动的兴起，各教会学校不得不作出各种反应，包括向南京政府立案等一系列举措。反教运动是与传教士的传教活动相克而生，西方文化原本就与中国传统文化存在差异，辜鸿铭先生在《春秋大义》指出中西教育的不同之处，"西洋人入学所读的是知识，中国人入学所读的是君子之道。一般而言，中国人的教育偏向在情志的一边，例如孝悌之教；西洋人的教育偏向于知的一边，例如自然科学之教"。[③] 中学是贯穿于人一生乃至细枝末节的准则和指导社会发展的道之所在，而西学则更像是人进行社会生活的工具。除中西方文化本身存在差异外，西方文化是伴随着野蛮的夺取，这更是反教运动兴起的关键因素。而这股反教浪潮在 1919 年席卷全国，巴黎和会上的外交失败，"外争主权，内惩国贼"的口号响彻中国。反教浪潮不仅仅是局限于社会，对学校亦产生影响，掀起学生罢课的学潮，时人对学潮曾这样描述："近两年来，钱塘江的潮，潮水很小，我想恐怕钱塘江的潮神都跑到学校里去了，所以学校的风潮，续续而来。"[④] 教会学校在这场学潮中也未能幸免，1920 年 4 月 21 日圣约翰大学校长卜舫济致美国耶鲁大学米切尔的信件中，卜舫济提及学生运动的浪

　　① ［美］罗德里克·斯科特：《福建协和大学》，陈建明、姜源译，珠海出版社 1998 年版，第 9 页。

　　② 陈国钦、袁征：《瞬逝的辉煌：岭南大学六十四年》，广东人民出版社 2008 年版，第 18 页。

　　③ 梁漱溟：《东西人的教育之不同》，《教育杂志》第 14 卷第 3 期，1922 年，第 1 页。

　　④ 知微：《学潮》，《浙江教育杂志》1922 年第 1 期，第 89 页。

潮，他说："目前我们正经历又一令人不安的阶段，即学生罢课。在圣约翰，只有七名学生住校和进行正常学业，余者全部出去罢课了。"① 民众的强烈反应使得教会学校不得不调整学校的组织结构，并且服从南京政府进行立案。1925 年 11 月 16 日教育部布告第十六号将之前颁布的有关教会学校办学条例全部取消，重新规定外人设立学校认可办法，此条法令的严苛程度使得之前还心存观望的教会大学不得不重视立案问题，因为"在这些条文背后的大语境是五卅运动引发的全国性反帝民族主义高潮，对教会学校在华的合法性构成巨大威胁"。②

1928 年后，立案问题被反复讨论，各教会学校所采取的应对措施包括改组董事会、聘请中国人担任校长、改革课程设置、增加中籍教师等。在1928 年 6 月 6 日刘鸿生致卜舫济函中，刘鸿生表明："圣约翰大学董事会董事是一个我乐于接受的职位，我将出席 6 月 14 日的董事会第一次会议。"③ 聘请华人担任副校长和文理学院主任等职。虽然圣约翰大学在某些方面有所让步，但依然坚持学校管理权归教会所有，国人的加入只是应付政府的措施。在所有教会学校中，圣约翰大学是最晚立案的学校。沪江大学的立案问题则比圣约翰大学要简单得多。"民国十六年（1927 年）本校校董会依据政府公布私立学校校董规程，正式改组。于十七年（1928 年）推举刘湛恩博士为校长。"④ 将必修的宗教科改为选修，聘请多名国内专家学者，又于第二年在城中区设立商学院，"以满足城中区职业青年就近进修的需要"⑤。

之江大学任命朱经农为校长，学校行政由中国人主持，但"大事"还得请示美国长老会差会。按照教育部不得传教的要求，将宗教课改成哲学课，并增加党义和军训课，次年就被核准立案。1927 年东吴大学校董会推举早期东吴大学毕业生杨永清担任校长一职，是当时教会学校中的首位华人校长。1929 年，改组的校董会成员中，"监理公会西教士占了 3 名，本

① 《卜舫济往来函电选（1919—1920）》，《档案与历史》1999 年第 2 期。
② 蒋宝麟：《20 世纪 20 年代金陵大学的立案与改组》，《近代史研究》2016 年第 4 期。
③ 《卜舫济与中国友人来往书信选译（二）》，《档案与史学》1999 年第 5 期。
④ 沪江大学编：《私立沪江大学一览》（1936 年），私立沪江大学 1936 年版，第 6 页。
⑤ 朱博泉：《沪江大学校史述略》，《上海文史资料选辑（第 47 辑）》，上海人民出版社 1984 年版，第 209—210 页。

校同学占了 6 名，其他人员占了 6 名，合计美籍人员 5 名，中国籍人员 10 名"①，占了总数的 2/3。同年，"苏州私立东吴大学立案问题，教育部曾派员赴苏调查，认为办理尚善，闻已准予立案云"。②

金陵大学在 1925 年就推举陈裕光、郭探先分别担任文理科和农林科科长。1927 改组校董会，中国人占了校董会的多数，并推举陈裕光为校长，同年呈请立案。9 月，教育部核准立案，"自国民政府定都后，其呈准立案之外资私立学校亦以本校为最先"③。立案之后，文理科被分为文学院和理学院，将农林科改为农学院，人数亦有所增加。1930 年，将美国霍尔式捐助的 30 万美金用来设立中国文化研究所，"以期培植研究本国文化之专门人才"。④

金陵女子大学在向政府立案之前就已经改组了校董会，中国人员所占比例超过了一半，并推举吴贻芳女士担任校长。在师资方面，"华人十六，美人十一"⑤。福建协和大学在 1926 年推举本校 1919 年毕业生林景润担任校长，"综理一切校务"⑥，并改组董事会，将宗教课改为选修，请求立案。立案之后的协大，发展蒸蒸日上，"本系课外组织，又有各种研究会，如读书会文艺会国语练习会等"⑦，注重专业与社会的互动，强调专业的适用性，"狭窄的专门研究，不能视为完妥的职业训练，欲求职业的成功，须能了解本业与社会全部生活的关系"。⑧ 岭南大学在 1926 年组织校董会接管大学管理一切事宜，钟荣光担任校长。在岭南大学由国人接办后，其原本不太浓厚的宗教色彩更为淡薄，1928 年增设商学院，"十八年承铁道部

① 《校董会》，《东吴年刊》1929 年第 1 期，第 16 页。

② 《学校新闻：东吴大学立案已准》，《中华基督教教育季刊》第 5 卷第 3 期，1929 年，第 107 页。

③ 《南大百年实录》编辑组编：《中央大学史料选（中卷）》，南京大学出版社 2002 年版，第 38 页。

④ 《南大百年实录》编辑组编：《中央大学史料选（中卷）》，南京大学出版社 2002 年版，第 38 页。

⑤ 华教授：《金女大之概况》，《金陵女子大学校刊》1928 年第 10 期，第 8 页。

⑥ 私立福建协和大学编：《私立福建协和大学总则》，私立福建协和大学 1931 年版，第 4 页。

⑦ 私立福建协和大学编：《私立福建协和大学十五周年纪念册》，私立福建协和大学 1931 年版，第 20 页。

⑧ 陈锡恩：《私立福建协和学院学制》，《协大半月刊》第 2 卷第 8 期，1932 年，第 10 页。

委托成立工学院"①。在立案时期，各教会大学皆获得相应的发展，政府提供各种资助，教会学校的行政建制与国立大学接轨，规模不断扩大。

院系调整时期，1952 年的院系调整不仅针对全国各大公立学校，而且包括各种私立学校，教会大学更是被调整的重点。"本次高等学校院系调整以全面模仿苏联高等教育体系为主要目标，试图在中国建立一个具有严格专业技术特征，且结构严密的教育体系"②，院系调整是为了完全收回教育权，驱赶帝国主义残留在中国的教育势力，教会大学一直被认为是"美帝国主义的工具，还原封不动保持着封建的资产阶级的思想"③。因此，为避免资源浪费，高校数量大幅度减少，不少被拆分合并到其他院校，以文科教育见长的教会大学亦未能幸免。

1952 年 9 月，圣约翰大学被正式宣布裁撤，各个院系按其性质分别合并于上海各类学校。沪江大学被分别并入复旦大学、华东师范大学等高校。金陵大学的文、理学院和农学院并入南京大学。1951 年，金陵女子大学与金陵大学合并称为"公立金陵大学"。"校内设文、理、农三学院，理、农学院设在金陵大学原址，文学院设在金陵女子大学原址"④。全国高校院系调整的完成，标志着教会大学退出了历史舞台。其存续期间培养了为数不少的毕业生，流向中国社会的各个领域，毕业生的数量与分布情况如何，值得深入探研。

（三）教会大学毕业生概况

20 世纪二三十年代的中国社会变化异常剧烈，导致教会大学历年毕业生的数量与专业分布等方面存在较大差异。

从毕业生数量变化来看，"评价教会大学的影响的一个具体办法就是通过对教会大学毕业生的了解"⑤，毕业生数量的变化能直观地反映出教会

---

① 《私立岭南大学一览》，张研、孙燕京主编：《民国史料丛刊·文教·高等教育》，大象出版社 2009 年版，第 26 页。

② 张烨：《重读五十年代的院系调整——基于教育政策借鉴理论的视角》，《华东师范大学学报（教育科学版）》2007 年第 2 期。

③ ［美］杰西·格·卢茨：《中国教会大学史（1850—1950）》，曾钜译，浙江教育出版社 1987 年版，第 449 页。

④ 南京师范大学校史编写组编：《南京师范大学大事记（1902—1990）》，南京大学出版社 1992 年版，第 102 页。

⑤ ［美］杰西·格·卢茨：《中国教会大学史（1850—1950）》，曾钜译，浙江教育出版社 1987 年版，第 468 页。

学校的办学规模及成果。早期的教会大学办学规模较小，认知度低，每年毕业生不超过 10 人，随着中国近代化进程的加快，教会学校培养的人才日益增多。东南沿海地区因交通便利和经济发展水平较高，吸引了众多学子前来求学求业。其中，教会大学具有明显西式教育的趋向，恰好满足不断发展的社会对大量新式人才的需要，于是教会大学招生人数逐年递增，自然毕业人数亦逐渐增多。民国伊始，政府对教会大学并未限制其发展，甚至许多名流政要毕业于教会大学，他们进入社会后，反哺母校，比如捐助奖学金以及调停学校与政府的矛盾等。东南沿海地区教会大学历年毕业生人数的统计，主要集中于 20 世纪二三十年代，详见表 4 - 1。

表 4 - 1　　　1920—1939 年中国东南沿海地区教会大学毕业生统计　（单位：人）

年份＼学校　人数	沪江大学	之江大学	东吴大学	金陵大学	金陵女子大学	福建协和大学	岭南大学
1920	8	4	22	38	8	11	4
1921	16	4	32	16	10	4	4
1922	25	3	20	25	10	11	10
1923	27	5	23	31	10	8	14
1924	18	16	35	53	10	17	16
1925	30	13	58	38	15	14	26
1926	40	15	55	45	20	16	29
1927	49	22	66	55	18	21	28
1928	67	9	40	59	21	18	38
1929	74	5	75	64	26	14	32
1930	73	1	71	82	19	12	39
1931	51	—	129	94	17	12	68
1932	83		152	104	26	18	41
1933	54	28	115	77	35	28	34
1934	52	37	124	63	31	29	33
1935	99	48	—	92	35	32	57
1936	—	60	—	115	33	32	84

续表

人数 / 学校 / 年份	沪江大学	之江大学	东吴大学	金陵大学	金陵女子大学	福建协和大学	岭南大学
1937	—	80	—	120	42	25	74
1938	—	—	—	75	35	25	80
1939	—	—	—	70	37	19	57
总计	766	350	1017	1316	458	366	768

资料来源：张研、孙燕京主编：《民国史料丛刊·文教·高等教育》，大象出版社 2009 年版，第 333 页。

　　从表 4－1 可知，首先，东南沿海地区各教会学校毕业生数量总体呈增长趋势，只是增长速度有所不同，而且各校的毕业生数量快速增长时间段亦有差异。民国前期是各教会大学发展的黄金时期，既有美国长老会的支持，又受到各界人士的捐助，政治上的混乱导致政府无暇顾及对教育的监管，百废待兴的局面使得政府无力对外国在华教育机构进行完全掌控，使之符合中国教育系统。这一时期，教会大学扩大办学规模，加强与校友的联络，创建校友会，学校的社会地位不断提升，受到时人重视，在"1913年 2 月 1 日，孙中山就到圣约翰大学进行参观，并在冬季休业式上对师生发表演说，强调科学教育的重要性"①。在中国由传统向现代社会不断转型的过程中，东南沿海地区作为最早的通商口岸，西化程度较高，英语是求职者成功应聘的筹码，而教会大学毕业生在英语方面具有绝对的优势，这种情况吸引越来越多的学生选择教会学校读书，自然毕业生数量亦相应增加。

　　其次，江浙沪地区的教会大学毕业生的数量总体上远多于其他地方。江浙沪地区作为全国的经济中心，经济发达，人口数量多。② 教育资源丰富，思想观念开放，大城市的繁华自然吸引着来自全国各地的学生。不仅如此，在聘请师资问题上，地区优势亦相当明显。除此之外，上海地区的

---

　　① 徐以骅、韩信昌编：《海上梵王渡：圣约翰大学》，河北教育出版社 2003 年版，第 20 页。
　　② 据《海关十年报告》记载，"从 1911 年至 1930 年，在上海的中国人口数从 65 万增加到 309 万"，这还不算在华外籍人员。徐雪筠等译编：《上海近代社会经济发展概况（1882—1931）》，上海社会科学院出版社 1985 年版，第 317 页。

外籍企业数远高于其他地区，"1911 年在上海的外籍企业还只有 643 所，到了 1921 年就增加到了 1741 所"①，增长将近两倍，为毕业生提供不少就业岗位。江苏地区教会学校主要是在南京等城市，南京虽然比不上上海的经济发达，但是其作为第一批开放的对外通商口岸，传教士最早在此进行传教，南京国民政府成立后更是定都于此，政治地位突出。东吴大学1935—1937 年的毕业生数量缺乏记载，而圣约翰大学、沪江大学、东吴大学、金陵大学和金陵女子大学等高校毕业生人数竟占学生总数的 76%，虽然同属于东南沿海地区，但是地区差异仍然不可忽视。

最后，值得注意的是 1926—1930 年，虽然毕业生总数在增长，但增长速度缓慢，有的学校甚至呈现出负增长的趋势，如圣约翰大学、之江大学等。1926 年，正值国民党北伐，时局混乱，不只是学生，教会大学的许多外籍教师皆纷纷回国避难，学生成了动荡时局的牺牲品。"五卅事件"的发生更是激起民众的民族主义情绪，学潮时有发生，许多学生从教会大学退学，以圣约翰大学为例，1925 年，"凡大学暨附属中学学生 553 人全体宣誓，声明永久脱离圣约翰关系。凡国籍教员 19 人，亦即日声明辞职"。②收回教育权运动的兴起使得学生持续向教会大学董事会施压，要求教育权必须由中国人来接管，但是董事会坚持对教育权的拥有，并未重视学生的这一要求，学生便参加游行示威，甚至"愤然转入公立学校，从而使 1925 年秋许多教会学校人数大减"③。教会大学的命运与中国近代社会互相交织，教会大学性质对于饱受欺凌的近代中国来说是异常敏感的，社会矛盾激化下的教会大学成为众矢之的。在这种情况下，为能继续生存，教会大学本身不得不顺应潮流而改革，向政府注册立案，调整课程结构，重组董事会。但并非所有的教会大学在政府要求注册立案时即刻执行，而是尽量与政府周旋，拖延时间，以保证教会对学校控制权的最大化，此举激化了拥有爱国情愫的学生与学校之间的矛盾，得不偿失。

就毕业生专业分布而言，毕业生专业与就业紧密相连，大多数学生在

① 徐雪筠等译编：《上海近代社会经济发展概况（1882—1931）》，上海社会科学院出版社1985 年版，第 317 页。

② 光华大学编：《光华大学十周年纪念册》，光华大学 1935 年版，第 4 页。

③ ［美］杰西·格·卢茨：《中国教会大学史（1850—1950）》，曾钜译，浙江教育出版社1987 年版，第 232 页。

毕业之后皆从事与自己专业相关的职业。专业分布表明社会发展对不同人才的需求，同时亦体现学校的办学特色。教会大学创办伊始，其专业设置初步划分文理，并不精细，未有具体的标准。对毕业生专业的记载缺乏详细的记录，例如沪江大学，"只记载每年的毕业生人数及姓名，对专业及性别亦无记载"[1]。随着教会学校立案的完成，各学校专业划分亦越来越细致且各不相同，将大学专业分成文、理、法、农、医科。文科专业包括教育、政治、经济、历史、哲学、英文，理科专业包括物理、化学、生物、数理、土木工程等。1920 年至 1939 年，东南沿海教会大学毕业生专业分布情况如表 4-2。

表 4-2　　1920—1939 年中国东南沿海地区教会大学毕业生专业分布 （单位：人）

人数＼学校　　专业	圣约翰大学	之江大学	东吴大学	金陵大学	金陵女子大学	福建协和大学	岭南大学
文科	760	238	256	528	225	185	301
理科	326	108	283	241	155	153	79
法科	0	0	619	0	0	0	0
农科	0	0	0	529	0	3	114
医科	153	0	0	0	27	16	24
商科	0	0	0	0	0	0	186
工科	0	0	0	0	0	0	61

资料来源：张研、孙燕京编：《民国史料丛刊·文教·高等教育》，大象出版社 2009 年版，第 281 页。

从横向角度来看，首先，各校文科的毕业生最多。这与教会大学的教育理念有关，这种教育理念一般是把文学、法学、神学等归为旧专业，将理、农、工等纳入新专业，认为"旧专业以严格遵从人文研究，以各种人文研究的中心课题与人自身的关系程度为标志。而新的专业所研究的是事物，所提出的问题与人的最终角色和最终责任并无多大关系，因为它所涉

———————————

[1]　沪江大学编：《私立沪江大学一览》（1936 年），私立沪江大学 1936 年版，第 221 页。

及的是以这种或那种方式来达到某个直接而有限的目的"①，因而理科等专业并不受重视。圣约翰大学的文、理科和医科人数都要多于其他学校，主要是圣约翰大学办学早且规模大，学生人数的数量多于其他大学。但是圣约翰大学的法科、农科和商科、工科并无毕业生记录，这是因为圣约翰大学并未开设这些科系，但不代表没有相关专业，只是未有同一级别的建制，直到 1944 年才成立农学院。1918 年圣约翰大学仅开设了文科、理科和医学科，虽然如此，三个科系下辖的学科却达到了 25 个之多，以满足学生的不同需求。就法科来看，东吴大学独占鳌头，东吴大学的法科创办于1915 年，是当时各教会大学的首创，创办法科是因为当时社会缺少通晓国际法律的人才，法科的教学要求和方法不同于东吴大学的文理科，"该学院在下午晚些时候和晚上上课，所有教师都是法官"②，老师属于兼职，招收的学生要求具有一定的法律基础，又因学程较短，且学校还配备了"模拟法庭"以供学生实习，所以每届毕业生数量多且质量高，使得法科成为东吴大学的特色专业。金陵大学在农科方面较突出，近代中国是一个农业大国，农学院在创立之初，因其与农业息息相关而得到各界人士的支持，特别是政界人士。农学院下设 8 个学系和 1 个推广部，包括农艺学系、森林学系、蚕桑学系等，门类齐全，"为造就高级农业人才，还设立了研究部，如农业经济学部、农艺学部和园艺学部"③。金陵大学农科的成功离不开它的管理，在教学与研究之外，还对农业进行推广，使得知识与实践相结合，"推广为本院主要事业，自创办之时即着重于此，教员每督率学生田间实习，协助农民从事树艺。嗣后推广事业随院务之发展与时俱进，而推广人员之足迹，几遍大江南北十余省，对于我国农业改进之影响殊大"④。商科方面，岭南大学毕业生较多，这是因为岭南地区的特殊地理位置，"同学们大多数来自省港澳或外洋华侨经营工商实业的家庭与环境"⑤，

① 王立诚编：《美国文化渗透与近代中国教育：沪江大学的历史》，复旦大学出版社 2001 年版，第 52 页。

② 高时良编：《中国近代学制史料（第四辑）》，华东师范大学出版社 1993 年版，第 621 页。

③ 《南大百年实录》编辑组编：《南大百年实录·中央大学史料选（中卷）》，南京大学出版社 2002 年版，第 256 页。

④ 《南大百年实录》编辑组编：《南大百年实录·中央大学史料选（中卷）》，南京大学出版社 2002 年版，第 257 页。

⑤ 高时良编：《中国近代学制史料（第四辑）》，华东师范大学出版社 1993 年版，第 555 页。

这些学生更倾向于选择商科，以便未来能更好地接手自家事业。

从纵向角度看，教会大学各有侧重，以此形成自身的优势专业。圣约翰大学偏重文科，这与卜舫济的办学理念是分不开的。卜舫济认为："教育的重大使命在于丰富生命和培养性格，教育应当以道德上之价值为其总枢。熟习历史、地理、文学及种种科学，则其心目中之宇宙愈广，而其生命亦愈大。"① "文学院下设的政治系和经济系毕业人数有 225 人，占了文学院毕业生总数的 30%"②，培养了众多知名校友，如外交界的施肇基、顾维钧等；实业界的刘鸿生、刘吉生、荣毅仁等人。除此之外，文学院毕业的陶行知、林语堂、张爱玲、邹韬奋等在中国近代历史上占据重要地位，进而见证圣约翰文科专业办学的成功。之江大学则是竭力发展文理两科，虽然在立案时因不符合大学应有三个或三个以上学院的规定，只能改名为"之江文理学院"，但文理学院下设的学系较完备，包括国文、英文、教育、政治、经济、生物、化学、数理、工程等系。东吴大学法科毕业生在全校毕业生中所占比重较大，达到 67%，不光毕业人数众多，还培养了不少现代法律人才，可见法科在东吴大学的重要地位。金陵女子大学文科毕业生人数较多，特别是文科中的社会学专业，有毕业生 74 人，占文科毕业生的 33%。"社会学是研究社会的互动关系及人性的交感作用之一种基本学科"③，金陵女大是最早创办社会学系的教会学校，"注重课堂教学和社会实践的结合，经常就某些专题进行社会调查，进行分析研究"④，且师资力量强大，社会学成为金陵女大的特色专业。岭南大学各专业毕业生分布相对而言较平均，除了未有法科毕业生之外，其他专业都有，虽然在人数上存在差距。岭南大学的农科虽然毕业生不算太多，但是为华南地区农业发展提供了不少高等农业技术人才。工科亦是在缺乏土木工程专业人才的情况下开设的。

综上所述，民国时期，东南地区教会大学历年毕业生数量是不断变化的，因教会大学的特殊性质导致历年毕业生数量受政治和社会环境的影响

① 卜舫济、郑学海：《本大学现行之教育宗旨》，《约翰声》第 29 卷第 6 期，1918 年，第 2 页。

② 熊月之、周武主编：《圣约翰大学史》，上海人民出版社 2007 年版，第 465 页。

③ 林仲达：《教育问题之社会学的探讨》，《中华教育界》第 24 卷第 7 期，1937 年，第 79 页。

④ 张连红主编：《金陵女子大学校史》，江苏人民出版社 2005 年版，第 67 页。

较大，而且地区差异巨大。各校之间的建制亦各不相同，对专业设置的倾向性不同，各校均有自身的特色专业。教会学校为适应近代中国社会的发展，不断调适自我，渐趋世俗化、本土化。同时，其先进的办学理念与科学的教学方法为中国培养了为数不少的知名专业人才。

二　毕业生就业结构

毕业生就业结构主要是教会大学毕业生的性别比例、职业构成、家境等方面，毕业生自身的结构特征、职业流向以及家境会影响毕业生的择业。

首先，男多女少失衡的性别结构。不论是上海地区，还是东南沿海其他地区，毕业生男女人数相差极大，女性在数量上不占优势。就之江大学来说，1920 年至 1937 年共有毕业生 370 名，男生有 330 名，而女生只有 40 名，仅占总人数的 11%；福建协和大学从 1934 年至 1939 年，共有毕业生 162 名，男生 130 名，女生 32 名，女生占总人数的 20%；1920 年至 1939 年，岭南大学共有毕业生 768 名，男生 583 名，女生 185 名，女生占总人数的 24%。从上可看出女生数量远少于男生，这是因为在"重男轻女"传统思想根深蒂固的中国，提倡"女子无才便是德"，让女子接受中小学教育已属不易，更遑论大学教育。另以燕京大学历年毕业男女人数统计为例，见表 4 – 3。

表 4 – 3　　　　　　　**燕京大学历年毕业男女生人数统计**　　　　　（单位：人）

年份	男	女	共计
1917	41	—	41
1918	34	—	34
1919	6	—	6
1920	22	—	22
1921	25	—	25
1922	14	1	15
1923	49	8	57
1924	43	5	48
1925	41	16	57
1926	52	18	70

续表

年份	男	女	共计
1927	58	15	73
1928	115	21	136
1929	83	21	104
1930	104	26	130
1931	97	35	132
1932	167	50	217
1933	104	37	141
1934	107	55	162
1935	110	35	145
1936	118	50	168
总计	1390	393	1783

资料来源：《燕京大学一览》（1936 年至 1937 年度），燕京大学 1937 年版，第 183 页。

从上可知，1917—1921 年，燕京大学无女性毕业生，1922—1936 年，燕京大学女性毕业生人数为：1、8、5、16、18、15、21、21、26、35、50、37、55、35、50；1917—1936 年男性毕业生人数为：41、34、6、22、25、14、49、43、41、52、58、115、83、104、97、167、104、107、110、118。从总数上来看，女性毕业生 393 人，男性毕业生 1390 人。总之，女大学毕业生逐渐增加，男大学毕业生亦渐次增加，而男生仍是女生的三倍多，形成了男多女少的性别结构。

即便是专为女性而设的金陵女子大学，每年女生招生人数不多，一是为延续欧美教育所推崇的少而精的精英教育模式，二是金陵女大入学条件亦使许多人望而却步，它要求学生在入学之前必须完成高中语文、数学、英文、科学、历史和宗教课程。女生入学人数少，就算入学，有的中途退学嫁人，有的因学业跟不上而被迫延迟毕业，这些皆导致女性在毕业生中人数稀少。在毕业生中，大多数女生选择的是文科，极少数会选择理科或者工科。如之江大学 1933 年至 1937 年仅有的 40 名女性毕业生中，选择理科的只有 7 名。女性相对于男性来说，更倾向于文科。民国时期，女性承担的生活压力往往小于男性，所以对女性的工作要求并不严苛，而文科毕业后从事的工作大多数是教育类的，轻松且稳定，因而备受女性青睐。

其中，男生占总人数的绝大部分，在重男轻女思想的影响下，男性优势使得他们受教育机会优于女生，人数亦远多于女生。在传统重男轻女思想的影响下，男性被视为家庭的"顶梁柱"，背负着振兴家族的使命，女性则被限定在"相夫教子"的窠臼内，社会属性被人为地忽略。对于家境优渥的学生而言，读书只是他们的众多选择之一，而对于不少寒门学子而言，读书是他们的唯一出路。不管文科、理科还是工科、农学等，男生总是占大多数。尽管他们出现肄业、中途出国留学和延迟毕业的情况，但是并不妨碍其性别优势。在专业分布上，男生比女生的专业跨度广，选择性更多，以至于在就业时比女生拥有更多的工作机会。女性在就业过程中更易遭受歧视，这种现象一直持续到当今社会。事实上，不管男性还是女性，皆有自己擅长或者不擅长的领域，若仅凭性别来断定工作能力，未免有失偏颇。上述三所教会大学毕业生的男女比例问题，具有一定的代表性。不过，专为培养女性人才而开设的金陵女子大学不在此列。其他教会大学的情况不论是上海地区，还是东南沿海其他地区，亦大致相同，男生享受了更多的教育资源和社会资源。

其次，所用为所学的职业结构。就业是实现人生价值的重要途径之一，职业选择更关乎个人的未来。"基督教教育的最终目的一是寓传教于教育，一是介绍西方文化，一是制造中国人材"[1]，学生从事的职业是检验基督教教育成功与否的标准之一。社会上可供选择的职业很多，但对于教会大学毕业生来说，他们的职业选择更为集中，且较多地带有母校特色。教会学校既然是为培养传教人才设立的，自然就有不少毕业生从事宣教和社会宗教事业。然而，教会大学的传教使命不断让位于世俗性的教学工作和学生的民族主义意识的觉醒，信奉基督教的学生越来越少，从事的人就更少了。"根据基督教大学最近统计，教会大学毕业生中从事传道事业的人数 1911 年至 1920 年为 66 人，1921 年至 1924 年就下降至 21 人"[2]。但是从事社会宗教事业者比传道的人要多，1911 年至 1920 年从事社会宗教事业的毕业生就有 165 人，虽然到 1924 年锐减至 50 人。进入政府部门工作是大多数人的梦想，"学而优则仕"的传统使得"父母促使子女读书的

---

① 陈筠：《基督教教育之最后目的》，《中华基督教教育季刊》第 5 卷第 2 期，1929 年，第 23 页。

② 《基督教大学最近统计》，《中华基督教教育季刊》第 1 卷第 2 期，1925 年，第 49 页。

动机是希望子女将来能谋得一官半职"①。虽然如此，政府部门每年的招聘岗位十分有限，且对能力要求较高，不少学生只能"望洋兴叹"，但就上海圣约翰大学来说，"毕业生的出路，以海关、邮政两处为多。因为庚子年后，海关、邮政实权都操于帝国主义手中，文件十九为英文，不通英文，不能入两处工作，而圣约翰学生的英文程度较高，故多被录用"。② 圣约翰大学的英文水平在当时是居于领先地位，因而毕业生倾向于选择与英语相关的工作，以此确保成功就业。另外，步入工商界亦是不少学生的选择之一，很多教会学校皆开设商科。就商业性质来说，侧重理论的经济专业并不能满足其与实际结合的需求，而沪江大学开设的商业管理与实际联系更为紧密，遂成为其优势学科，毕业人数众多。教育类行业吸引着众多毕业生，教育是国之根本，近代中国最缺的就是新式教育人才。教会学校毕业生在充满西式氛围的环境里学习和生活，接受先进的西方科学文化，培养独立的精神与人格，从事教育类行业使他们能够学以致用。以金陵女子大学为例，1931 年从事教育类行业的毕业生占 58%，超过总数的一半，大多数毕业生进入本校附属中小学任教。毕业生选择法律行业亦不在少数，这些毕业生主要来源于东吴大学。东吴大学法科每年毕业人数众多，造就大批律师和法官，为民国时期法律界输送大量人才。"由于特别注重教育水准、职业道德和比较法教学，东吴大学院对民国法律制度建设作出了重大的贡献。"③ 也有学生选择留学，在"之江大学 1933 年至 1936 年毕业生职业统计中，共有 6 人选择留学，占总人数的 5%"④。1920 年至 1927 年金陵女子大学毕业生职业调查表中，"有 17 人留学外洋，占了总人数的 16%"⑤。教会学校毕业生热衷于留学，原因有三：一是教会学校毕业生大多英文程度较高，长期对西方文化耳濡目染，赴国外留学更容易融入当地文化；二是教会大学学生大多家境富裕，为获得更多的知识和取得更高的

---

① 郝士英：《大学毕业生失业问题的原因和救济办法》，《文化与教育》1935 年第 59 期，第 15 页。

② 葛祖兰：《记上海三所教会大学》，《上海地方史资料（四）》，上海人民出版社 1986 年版，第 156 页。

③ 顾念祖编：《东吴春秋：东吴大学建校百十周年纪念》，苏州大学出版社 2010 年版，第 9 页。

④ 《复校后七年来概况统计》，《之江校刊》1936 年第 85—87 期，第 28 页。

⑤ 华教授：《金女大之概况》，《金陵女子大学校刊》1928 年第 10 期，第 9 页。

学历，他们多数选择出国深造；三是大多数教会学校在美国大学注册过，与美国大学联系密切，且课程学制方面并无太大区别，这亦推动教会学校学生出国留学。毕业生从医者为数不多，除攻读医科学生不多之外，医学院教师较为匮乏，特殊的职业性质对医科学生要求颇为严格，淘汰率较高，因此选修医科的学生颇少。农林专业毕业生大多数进入农业合作社，农场或者农业工作站，从事工程工作的大部分是土木工程专业的毕业生。

教会大学毕业生职业分布范围较广，以上只是从事人数相对较多的职业，除此之外，毕业生还步入工程、交通等领域。教会大学毕业生大多数是从自身所学专业出发，注重职业是否能发挥专业优势，从事的职业亦具有较高的社会地位。

再次，教会大学毕业生家庭出身较好。家庭出身是教育过程中非常重要的因素，特别是教会大学，它是一种以学生学费来维持运转的私立学校，学生家境显得尤为重要。在资源分配方面，家庭优渥的学子能获得更高层次的教育资源，虽然有失公平，却已然形成一种社会现象，于是教会大学毕业生的家庭出身对于研究其就业问题是非常有必要的。下面以之江文理学院和私立金陵大学学生家长职业的统计为例，进而了解毕业生的家庭出身情况。

表 4 - 4　　　　　1935 年之江文理学院学生家长职业统计　　（单位：人,%）

职业类别	文学院	理学院	合计	百分数
农	12	6	18	4.1
工	2	3	5	1.1
商	98	81	179	40.7
学	42	35	77	17.5
政	39	27	66	15
军	4	2	6	1.4
医	3	7	10	2.3
牧师	9	3	12	2.7
律师	2	1	3	0.7
工程	4	4	8	1.8
司法	4	2	6	1.4

续表

职业类别	文学院	理学院	合计	百分数
交通	9	7	16	3.6
其他	20	14	34	7.8
总计	248	192	440	100

资料来源：《学生家长职业统计表（1935年度第1学期)》,《之江校刊》1936年第81期，第13页。

表4-5　　　　1932—1933年私立金陵大学学生家长职业分配　　（单位：人,%）

职业类别	1932年	1933年	合计	百分数
商	181	181	362	31.6
政	99	102	201	17.5
学	111	93	204	17.8
农	43	42	85	7.4
医	17	20	37	3.2
法	0	16	16	1.4
军	10	12	22	1.9
工	5	7	12	1
律师	5	0	5	0.4
牧师	12	11	23	2
无职业	31	80	111	9.6
未详	68	0	68	5.9
总计	582	564	1146	100

资料来源：《私立金陵大学一览》，李景文编：《民国教育史料丛刊·高等教育》，大象出版社2015年版，第347页。

从表4-4、表4-5可知，首先，学生家长职业分布主要集中在商业、政治和教育等方面。之江文理学院仅1935年，其学生家长从事商业的占40.7%，从事教育的有17.5%，从政的有15%。私立金陵大学学生家长从事商业的比例低于之江大学，达到31.6%，从政的有17.5%，略高于之江大学，从事教育的有 17.8%，与之江文理学院不相上下。这表明，教会大学一部分毕业生的父母从事商业、教育和政治等工作，方能支付起教会大学昂贵的学费。"1935 年，据大学当局的估算，一名海外侨生在圣约翰一年最低的费用为 600 美元，而一些学生则算得圣约翰学生一年的平均开支为 750 美元，远非当时一般家庭所能承担"①，圣约翰大学属于贵族学校，费用自然偏高，其他教会大学虽不及圣约翰大学，但费用也不低。只有经济条件殷实的家庭才能使其子女得到更好的学习机会和就业机会，"出自这些家庭的子弟毕业后，多数流向商界、政界、医界和教育界，良好的家庭和教育背景很容易使其崭露头角，成为上层阶级的一员"②。南京的政治地位比杭州高，但经济水平不如杭州那样发达，因而从事政治的家长要多于从商。民国时期，知识分子普遍生活水平较高，"一个熟练技术工人的月平均工资不过十几元、二十几元，大约只能相当于当时一个大学教授的十几分之一"③，因此从事高等教育的大多是书香世家出身，家庭经济状况良好。

其次，部分家长从事农业和充当牧师，仅次于商、学、政。中国自古以农立国，农业比重远超过其他行业，出身于农业家庭的学生占大多数。中国农民家庭大多不富裕，难以负担得起子女的上学费用。教会学校虽然收费要高于一般学校，但是针对贫困生有优惠政策。为解决家境贫苦成绩优异学生的学费问题，之江大校设置学生免费奖学金及贷学金，"确定清寒奖学基金：金爱伦纪念金（美金 2000 元）、诺夫利特纪念金（美金 4000 元）"④。为减轻家庭负担，有的学生选择在学校半工半读以填补学费。教会进入中国的最初目的是传教，培养传教人才是当务之急，教会学校招收不少贫困子弟入学，不但减免学费还提供补贴，旨在培养大量传教士。这些传教士后代又与父辈一样亦进入教会大学学习。随着教会学校的名声渐起，不再有减免学费等各项优惠政策，但对于传教士子女入学给予一定优惠，岭南大学对"凡在基督教团体服务者，其儿女来学均免收学费（膳宿

---

① 徐以骅、韩信昌编：《海上梵王渡：圣约翰大学》，河北教育出版社 2003 年版，第 69 页。
② 熊月之、周武主编：《圣约翰大学史》，上海人民出版社 2007 年版，第 275 页。
③ 慈鸿飞：《二三十年代教师、公务员工资及生活状况考》，《近代史研究》1994 年第 3 期。
④ 《私立之江文理学院一览》，张研、孙燕京主编：《民国史料丛刊·文教·高等教育》，大象出版社 2009 年版，第 307 页。

等费仍照缴）"①。金陵大学则规定"本校创办人各公会，每会均设有免费学额十五名，凡各该公会会友，均可向各该公会负责人请求之"。②圣约翰大学中，"苏皖赣教区中牧师之子，由该区主教荐举者，得免缴学费、宿费。浙江教区牧师之子，亦有免费学额三名"。③所以家长中从事牧师职业的亦较多，传教士子女在教会大学不断本土化的过程中发挥着重要作用，是教会大学与中国政府沟通的桥梁，他们是中国人，从小接受西方教育，对中西文化有一定程度的了解。对面临转型的教会大学而言，提拔牧师子女进入管理层无疑是非常之举，如东吴大学的第一任华人校长杨永清，其父杨维翰就是牧师。

最后，从事技术性较强工作的家长较少。中国传统并不重视科技的弘扬，高校传授的大多是经史子集，重视文以载道。西学东渐让时人意识到中国在器物层面的落后，开始主张"师夷长技"，以弥补器物层面的不足。其中，高等教育的分科制是在西学传入之后才兴起的，有别于传统的文理之分。在传统儒家思想耳濡目染的过程中，学子尊崇的是"修身齐家治国平天下"，而"治国平天下"靠的是"道"，是"势"，却不是"科技"，因此，许多人选择更易被接受的文科，学习理科甚至工科的则寥寥无几。加之，当时中国缺少能教授西方自然科学知识的师资。直至中国近代工商业的发展，需求更多的技术人才，于是选习工科的学生渐多，从事此类行业者亦随之增加。

综上所述，民国时期东南沿海教会大学毕业生性别结构是女生数量少于男生数量，男女比例严重失衡。同时，社会环境与女性自身等双重因素影响着女性社会地位与作用，女性社会地位低于男性。就职业方面来说，教会学校科系设置比较完善，毕业生大多从事与本专业相关的职业，能够发挥自身专业优势。大部分教会学校毕业生出身于经济状况良好的家庭，他们会按照家庭意愿进入商界、政治界或金融界等。当然，家境贫寒的学生学习成绩优异，他们通过获得奖学金或者向学校贷款来完成学业，毕业

① 高时良编：《简又文记岭南大学之组织时期（上）》，《中国近代学制史料（第四辑）》，华东师范大学出版社1993年版，第535页。

② 《私立金陵大学一览》，张研、孙燕京主编：《民国史料丛刊·文教·高等教育》，大象出版社2009年版，第337页。

③ 熊月之、周武主编：《圣约翰大学史》，上海人民出版社2007年版，第445页。

后通过自身努力成功觅业。

三　毕业生就业特点

根据社会环境、家庭境况和自身意愿等因素，毕业生就业会形成一定的就业倾向和特点。反之，毕业生就业倾向和特点反映社会、政治、经济、文化和教育等层面的相互影响及其变迁。

（一）毕业生职业流向集中

毕业生就业要考虑多方面因素，除了自身理想与诉求外，社会需求亦是一个不可忽视的重要因素。1925 年教会大学毕业生职业境况如表 4－6：

表 4－6　　　　　　　1925 年教会大学毕业生职业统计　　　　（单位：人，%）

职业＼学校	岭南大学	福建协和大学	金陵女子大学	之江大学	金陵大学	圣约翰大学	沪江大学	东吴大学	总计	百分数
牧师	0	2	0	49	11	23	16	2	103	5.4
社会宗教	1	1	3	13	5	9	10	16	58	3.1
教师	33	40	41	77	153	196	91	107	738	39
医生	0	0	1	5	40	73	3	3	125	6.6
法律	0	0	0	0	0	4	1	0	5	0.3
工程师	0	0	0	7	1	21	0	2	31	1.6
农业	1	0	0	0	27	1	1	0	30	1.6
商人	9	6	0	34	26	159	33	47	314	16.6
升学	3	5	2	2	2	9	1	10	34	1.8
留学	14	9	13	8	22	48	7	11	132	7
其他	14	3	8	11	42	57	12	25	172	9
无记载	2	3	0	12	64	61	9	0	151	8
总计	77	69	68	218	393	661	184	223	1893	100

资料来源：《教会大学手册》，转引自 ［美］杰西·格·卢茨《中国教会大学史 1850—1950》，曾钜生译，浙江教育出版社 1987 年版，第 477 页。

据表 4－6，可以得出以下几个结论。首先，毕业生流向较为集中，主要从事于教育、商业和行政类。虽然表 4－6 只是统计出 1925 年教会大学毕业生职业状况，对 30 年代并无涉及，实际上 30 年代毕业生就业的格局与 20 年代并无太大出入。1925 年从事教师职业的毕业生有 738 人，已达到总人数的 39%。除此之外，"1921 至 1933 年，之江大学共有 73 名毕业生，从事教育行业的有 66 人"①，达到总人数的 90.4%，1933 年至 1936 年，"之江大学共有 121 名毕业生，从事教育行业的有 43 人"②，达到总人数的 35.5%。"1931 年的调查显示，在金女大 184 名毕业生中，有 106 人从事教育工作，比例高达 57.61%"③，1937 年，金陵女大从事教育的毕业生为 186 人。可见，教会大学毕业生热衷于担任教师，究其原因在于：20 世纪二三十年代，中国社会正处于转型时期，有别于传统教育建制的各级新式学校数量众多，不仅国立或者省立学校多，教会大学亦附属着许多中小学校，但是缺乏培养新式人才的师资力量。随着中国教育事业的发展，社会亟须各类师资人员。因此，民国初期，大多数毕业生倾向于成为教师。同时，以文科为重的教育理念，教会大学在建校初期就重视文科的建设，本意是为教会培养人才，储备初等、高等师资力量，后来人数越来越多，各初等或高等教会学校对于人才需求趋于饱和状态，于是不少毕业生选择到教会学校之外的公立或私立学校任教。此外，毕业生乐于从教。民国时期，教师的工资水平是高于一般熟练工人的。在教会学校中，华籍教师的工资低于外籍教师，"1920 年金陵女子大学中国教师薪金为每月 2 鹰洋，而外国教师为 8 鹰洋；福建协和大学中国教师薪金为 3 鹰洋，外国教师为 8 鹰洋；岭南大学中国教师薪金为 25 鹰洋，外国教师为 33 鹰洋"④，这种中外教师薪资存在差异的情况亦得到改善，中西教员在待遇方面大体持平。加上，教师职业较为稳定且社会地位相对颇高，因而愿意从教的毕业生人数有增无减。

其次，毕业生从事商业的比例占第二位。就社会需求而言，随着在华外国企业数量的不断增加，为节省成本考虑，需要雇佣大量经济专业的中国人才；从学校教育来看，传统中国社会和教育强调宗族血缘关系，耕读传家更是一种精神追求，注重内圣外王，而西式教育更强调竞争，如此模

---

① 《大学历届毕业生职业统计表》，《之江校刊》1933 年第 60 期，第 16 页。
② 《复校后毕业生职业概况》，《之江校刊》1936 年第 85—87 期，第 28 页。
③ 张连红主编：《金陵女子大学校史》，江苏人民出版社 2005 年版，第 256 页。
④ 中华续行委办会调查特委会编：《1901—1920 年中国基督教调查资料》，中国社会科学出版社 1987 年版，第 938 页。

式培养出来的人才势必更适应中国近代社会的发展。这一时期，教会学校开设的经济专业较为完备，主要有会计学、银行学和国际贸易等专业，学校教授的经济知识不拘泥于理论，注重联系实际。尤其是毕业生英语水平较高，在应聘外资企业时会被优先考虑，他们担任翻译或买办，有更多施展抱负的机会。另外，许多毕业生出生于富裕的商人家庭，从事商业是其必然的选择。

最后，教会大学毕业生多进入政府部门。这一时期，每年教会大学文科毕业生多于理科毕业生，毕业生除进入各级学校外，政府机关亦是其选择之一。文科毕业生的专业属于人文学科，比较适合从事行政类的工作。中国近代社会处于由传统向现代转型的过程中，政府选拔人才的途径发生改变，政治权力中心的官员的社会来源不再是知识分子和士阶层，军人和商人凭借着军事资本和商业资本进入权力结构中心，无权无势的毕业生仅能寻得基层的文官职位，能在政界获得高位者则是凤毛麟角。民国时期，国家政治权力机构更迭所波及的人员多是处于权力结构中心的高级官员阶层，至于从事基层行政的人员，则保持原有职位而不受太大的牵连，其职业稳定性吸引着毕业生心向往之。就薪酬待遇而言，从政人员的薪金与教师报酬基本处于相同水平，因此选择报考政府部门的毕业生亦较多。

（二）以“业缘”为依托，构筑就业平台

“业缘”是以同业和同学关系作为连接纽带的人群。“业缘”属于“五缘”之一，“五缘文化”研究最初是由林其锬在 20 世纪 80 年代提出的，其含义包括“亲缘、地缘、神缘、业缘、物缘”，它以“华族社会结构和人际网络为主要研究对象，并把自己定位于文化学的制度行为层面”。[1] 中国社会是以“家庭”为单位，而不是以“个人”为单位，这是不同于西方社会的主要特征。胡克森教授认为：“五缘文化首先是一种价值观念，一种风俗习惯，一种心理情感，其次才是一种组织形式。它固然依赖于一些有形的物质载体，如宗族组织、同乡会馆、同学会等地方帮会组织，其实它更多的是一种心理认同”。[2] 其实，这些组织建立的基础正是心理认同感。人具有社会属性，马克思说人是一切社会关系的总和，个人

---

① 林其锬、吕良弼主编：《五缘文化概论》，福建人民出版社 2003 年版，第 5 页。
② 胡克森：《孔子泛血缘化理论在五缘文化形成中的作用》，《史学月刊》2007 年第 6 期。

总是处在与他人的联系之中，同学、校友之间亦是如此。校友之间的"业缘"表现在乐于接受本校毕业生，源于对母校的信赖与感恩；同时，受过相同教育的校友共事更容易形成默契，提高工作效率；同校校友的加入能够增强自身实力，拓展人脉资源。"在行业发展中，一方面是竞争的产生和不断加剧，另一方面，在面临的生存风险中，个体的力量都是弱小的。出于生存策略的需要，同行同业结成群体，更便于共同对付生存的风险。"① "1926 年中华基督教调查显示，所有在华教会大学 157 名在政府部门工作的毕业生中，圣约翰占了 43 名，占了总数的 27.4%。在此 43 名圣约翰毕业生中，有 7 名为部级官员、6 名为局级官员、6 名为外交官员、14 名为铁路官员，胜过其他任何一所教会大学。"② 圣约翰毕业生进入政府部门的较多，除个人因素外，最重要的是政府部门有许多圣约翰大学校友。1926 年之前，圣约翰大学有不少毕业生进入政府部门工作，较为知名的有顾维钧、宋子文、严家淦等人，众多的校友形成潜在的"圣约翰势力"。

从以同校为主的"业缘"发展为同种行业的"业缘"，共享资源成为毕业生获得就业机会的一种常规渠道。"如工部局法律部主任，美籍律师博良曾任东吴法科教授。他于 1928 年，凭借工部局总董与总裁美籍律师费信惇的特殊关系，进入工部局工作，而费信惇曾在东吴法科任过教授，其法律部的两个第一助理和六个助理，除第一助理甘镜先是牛津大学毕业生外，其余第一助理汝葆彝，助理王耀堂、张天荫、厉志山、钱拘九、蒋保厘、张师竹等都是东吴法科毕业生。"③ 除毕业生人数多之外，专业技能强，通晓英语亦是东吴大学法科在法律界占了一席之地的原因。"由于东吴法科当律师的逐年增加，'东吴派'在上海律师公会中逐步占据了优势。律师公会每年选举委员时，按照比例分配给东吴派一定名额，其人选由东吴法科同学会协商决定"，④ 这是东吴大学毕业生拥有的特权，这种特殊地位因源源不断的来自同校毕业生转化成同业而得到巩固、加强。

通过"业缘"来维持校友关系，促进毕业生就业是所有大学皆重视的

① 林其锬、吕良弼主编：《五缘文化概论》，福建人民出版社 2003 年版，第 321 页。
② 徐以骅、韩信昌编：《海上梵王渡：圣约翰大学》，河北教育出版社 2003 年版，第 95 页。
③ 李中道：《东吴大学及东吴法学院》，《解放前上海的学校（第 59 辑）》，上海人民出版社 1988 年版，第 118 页。
④ 李中道：《东吴大学及东吴法学院》，《解放前上海的学校（第 59 辑）》，上海人民出版社 1988 年版，第 118 页。

事情，学校的名誉与学生就业是互相联系的，维持校友关系能够扩大学校的社会影响，既能提高毕业生就业率，又能扩大学校声誉。作为"业缘"组织形式之一的校友会的地位日益重要，教会大学校友会是学生对学校心理认同的一种体现，校友会一方面提供了校友与学校联系的渠道，更重要的是联络校友之间的感情。校友会整合了来自海内外的高校校友资源，为未毕业的学生提供多种就业或者海外留学信息，甚至有时扮演的是类似于职业介绍所角色，以至于校友会的经济性和社会性相互交织。各个学校都致力于校友会的建设工作，制定相关章程。1927 年岭南大学同学大会议决通过同学会章程，"以增进同学间之友谊及互助精神，并赞助母校事业为宗旨。本会事业如下：1. 联络情谊，如同乐会、旅行团等；2. 增进智识，如研究会、演讲会及参观团等；3. 协助母校，如对于母校为计划之献议，或经济之援助及相当之服务等；4. 同学互助，如介绍职业、抚恤不幸等；5. 交通消息，如调查及报告同学状况及办理同学委托调查等事业"①。校友会是由民间自发组织成立的一个非官方非营利性的机构，其设立，既为学校运转提供了部分资金支持，也便利了校友的交际往来，使广大校友以母校为连接纽带而聚集形成强大的社会圈。

　　依靠"业缘"，毕业生能够有相对顺畅的就业渠道。"有一位学员结业于校友会所办的'东吴比较法进修学院'，后来赴日本深造，但是她没有本科毕业证书，无法入学。她思之再三，道出了'东吴比较法进修学院'的经历。结果来信要求'东吴比较法学院'出具介绍信，并附教授徐开墅的推荐书，被日本的早稻田大学和东京帝大接受，毕业后回国，担承律师工作"②，但并不意味着学生自身就可以降低对专业技能的要求，"业缘"仅提供了一个机会，而他们是否能把握时机还是凭借其专业能力，若水平达不到工作要求，毕业生自然亦会面临着失业的危险。针对大学生就业问题，胡适曾说道："欲任事愉快，无失业之虑，第一须有任事之能力与学识。毕业后不能就业者，当求其不能就业之原因，不必怨天尤人，而惟责

---

　　① 《岭南大学一览》，张研、孙燕京主编：《民国史料丛刊·文教·高等教育》，大象出版社 2009 年版，第 296 页。

　　② 顾念祖编：《东吴春秋：东吴大学建校百十周年纪念》，苏州大学出版社 2010 年版，第 97 页。

之于己，自己有能力，又何愁无饭吃。"[①] 中国近代毕业生失业问题经常见诸于报端，部分原因在于"大学生在校之时，对于职业选择，既无一定目标，复少充分准备；而好高骛远，几成通病"[②]，毕业生并未对自身能力有一个清醒的认知，对于较低职位，多不愿就职，而社会地位高，待遇好的工作自己又无能力获得，因而失业现象屡见不鲜。

（三）毕业生具有较高就业竞争力

教会大学优于其他学校的特点即是教会大学毕业生具有较高的就业竞争力，学生能否就业是衡量一所学校办学是否成功的标准之一，教会大学在此方面非常成功。20世纪30年代，中国失业风潮汹涌来袭，许多城市充斥着失业者，大学毕业生欲成功觅业相当困难。然而，教会大学毕业生就业率依然位列前茅。汪忠天在1934年对部分学校学生在1929年至1933年的就业情况进行了调查，结果如表4-7所示。

表4-7　　　　1929—1933年国内部分大学毕业生就业情况调查　　（单位：人，%）

学校	毕业	得业	百分比
同济大学	120	112	93
之江文理学院	27	25	92
燕京大学	1248	1129	90
北洋大学	264	229	88
协和大学	179	154	86
武汉大学	161	138	85
安徽大学	212	152	71
河南大学	78	54	69

资料来源：汪忠天：《国内大学及专门学校毕业生就业情况的一个调查》，《中华教育界》第22卷第6期，1934年，第50页。

表4-7是全国主要大学毕业生的就业数据，颇具代表性，其中涵盖国立大学、省立大学、教会学校，大体分布于东南地区、华中地区与华北地区等。从上不难看出，之江文理学院和协和大学两所教会大学的毕业生就

---

① 《胡适谈大学生就业问题》，《中华基督教教育季刊》第10卷第4期，1934年，第144页。
② 沈鹏飞：《大学生失业原因》，《中国社会》第1卷第2期，1934年，第33页。

业率在 80% 以上，省立大学如安徽大学、河南大学的毕业生就业率为 70% 左右，虽然教会大学每年毕业生人数没有国立、省立学校多，但是就业率却高于部分国立、省立大学，说明教会大学学生在就业方面颇具竞争力。以金陵女子大学为例，"1934 年前后，中国首次出现大学生失业风潮，金陵女大的毕业生却有供不应求之势"。① 金陵女子大学毕业生供不应求这种情况并不是特例。金陵大学农学院亦如此，"本院各部系科毕业生供不应求，毕业后均谋得相当职务。今年暑期毕业生 33 人。就业大学者 8 人，专科学校者 2 人，农本局者 7 人，农产促进委员会者 4 人，其他机关者 9 人，升学者 3 人"。② 金陵大学农学院就业率达到 100%，这是非常难得的。之江文理学院因教育部要求调查毕业生失业状况而对本校毕业生就业进行统计，"查本院二十二及二十三两年度内毕业生，计共 85 人，就所知者，仅 14 人现无职业"③，这两年毕业生就业率达 84%。教会大学毕业生具有较高竞争力的原因如下。

　　首先，社会对教会学校毕业生的认可与接受。教会学校虽然在创始之初遭受各方质疑和非难，但凭借其上佳的办学成绩而渐被世人认可，培养的人才遍布社会各个行业，继之又吸引着成绩优异的学生就读，如此良性循环，使得教会大学的声誉渐强。除此之外，教会大学增设社会服务等工作，譬如：开办平民夜校、妇婴保健指导所、劳工教育班等，广受民众好评。这一时期，社会大众逐渐对教会学校接受和认可，特别是教会学校毕业生备受欢迎。"迁校邵武后的福建协和大学除了校方积极向外接洽毕业生就业事宜外，主要的是由于协大办学质量的提高和抗战时期学校在社会服务的突出成绩，引起了来自各界部门对于协大品学兼优的毕业生的青睐，纷纷发函请求学校代为推荐毕业生去工作。"④

　　其次，教会大学对大学生要求严格。教会大学的招生门槛比较高，圣约翰大学就规定："（甲）欲考入正馆者，须于备馆之第四年各项功课考得均中数七十分，如有一项在六十分内，须经复试，将此项分数补足，方为

---

　　① 徐海宁编：《中国近代教会女子大学办学研究：以金陵女子大学为个案》，南京师范大学出版社 2008 年版，第 220 页。

　　② 《毕业生各就岗位》，《金陵大学农学院通讯》1942 年第 3 期，第 5 页。

　　③ 《教育部调查失业毕业生》，《之江校刊》1936 年第 85—87 期，第 11 页。

　　④ 黄涛：《大德是钦：记忆深处的福建协和大学》，中国大百科全书出版社 2007 年版，第 175 页。

合格。（乙）入备馆第四班者，西文考薄拉克第（一、二）《英文读本》，中文考《蒙学课本》三编。"① 岭南大学针对新生入学程度的要求："最少曾习国文十二年；曾习本国普通历史及地理；对于英文造句、作文，及英文文法，具有相当程度"② 等。教学质量方面，教会学校注重培养学生质量，各个教学环节对毕业生要求颇高，大学生必须修满所属院系课程规定的学点和绩点，提交毕业论文，经系主任、教授会议审定方可毕业。部分教会学校规定毕业论文必须有中、英两种版本，有的学校规定男生必须军事训练及格、女生体育成绩及格才能毕业。虽然各教会大学对毕业生要求有所不同，但皆颇为严格，进而保证了毕业生的质量。

最后，教会大学学生较为努力与刻苦。家境贫困的大学生进入教会大学的途径需要通过个人努力学习获得奖学金，而且其成绩大多较为优异。1938 年，"福建协和大学共有毕业生 20 余人，化学、数理、生物、文史、文哲、教育、农经等各科皆有，且各毕业生学业成绩优良，对于所攻学科多有心得。福建省各机关各学校已有来函校方预聘，也有数位毕业生被约定"③。即使是身处战乱时期，大学生依然专心于学业，学生自身素质和能力是就业的基础。

总之，民国时期，东南沿海地区教会大学毕业生就业具有倾向性，学生更愿意选择文科类的职业，教育、商业、社会服务等领域是其首选，其就业渠道是多种多样的，有的是子承父业，有的是选择升学留学，部分学生则以"业缘"为媒介来寻找合适的工作，特别是"业地缘"和"物缘"的结合。教会大学独特的管理模式与大学生自身素质的提升，使教会大学毕业生就业率更高。

四　促进毕业生就业的举措

教会大学不仅是教授学生知识和技能的地方，更是塑造学生正确的世界观、人生观和价值观的重要场所。学校对人的影响是潜移默化的，优秀

① 《圣约翰书院章程》，高时良编：《中国近代学制史料（第四辑）》，华东师范大学出版社1993 年版，第 439 页。

② 《岭南大学一览》，张研、孙燕京主编：《民国史料丛刊·文教·高等教育》，大象出版社2009 年版，第 107 页。

③ 黄涛：《大德是钦：记忆深处的福建协和大学》，中国大百科全书出版社 2007 年版，第117 页。

的学习环境、浓厚的学习氛围与强调思想自由的教育方针等，使其毕业生在专业与能力方面具有较强的就业竞争力。尤其是在失业大潮冲击下的中国，东南沿海地区教会大学毕业生依然保持较高的社会竞争力，其成功之处在于：学校教育的系统化、科学化与社会化。

（一）构建合理的课程设置

教学是学校教育的主要环节，传统教育主要是教授四书五经，学习经史子集，无分科的概念，即没有不同种类的课程划分。直到近代传教士来华，开办教会学校，在某种程度上推动了课程设置的改革。

课程设置是一个需要逐步完善的过程，在教会大学创办初期，"其课程与生活，仿照泰西传习的制度规定，盖自然之理也。既无中国学制的标准可依，其就近目的，亦太急切，未能多容实验；资源有限，供输不充。凡所请为组织或管理或教授之人，强半并非到中国办理教育，其专门训练，未臻完备；各按其宗派所需而植成。盖欲以服务于所属之教会或其选举之本区，而少有为中国全境树立广大计划之思想，亦少想到将来发展之要求"[1]。因此，教会大学开设课程不多，主要有中国文学、数学、英语、宗教、专业职业课等，缺少自然科学课程。这种情况的出现缘于：一是师资力量不足，尤其是教授自然科学的教师较为匮乏；二是缺少教材。当时，这些课程尚未形成广泛的认知度。直到 20 世纪 20 年代，教会大学开始对课程采取改革措施，增加国文课程比重，不再以宗教教育为中心，使之趋于本土化和中国化。基督教大学的中国化和本土化在 20 世纪 20 年代初就已形成不可逆转之势，曾任沪江大学校长的魏馥兰说道："现在的问题并不是基督教学校是否应更进一步的中国化，因为基督教学校必须成为中国的学校，以便适应需要。这不是应否如此或为何必须如此的问题。今日所欲解决的，就是'何时'与'怎样'的问题。"[2] 立案之后，各教会大学课程设置更为科学化和本土化，不再只重视文科教育，注重发展理科教育，甚至是职业教育、师范教育、社会教育等。金陵女子大学在 1927 年增设中国语文系，次年又增设经济系和哲学系，为适应女子工作的需求，设置护预科和社会学系等，以上课程注重知识实用性，进而增强毕业生的

---

① 中国基督教教育调查会编：《中国基督教教育事业》，商务印书馆 1922 年版，第 99 页。
② 魏馥兰：《怎样贯彻基督教大学之中国化》，《中华基督教教育季刊》第 2 卷第 2 期，1926 年，第 22 页。

就业竞争力。金陵女子大学从 1925 年起就实行主修课和辅修课并行制度，以扩充学生知识面，学生可以依据兴趣喜好，选择主修科目或者选修科目，这些学校规定学生拥有充分的自主权。岭南大学规定各院学生皆必须选读国文之外，亦实行主辅修制，学生大多辅修的是跟主修相近的课程学科，也有学生选修与主科较远的学科，如主修中国文学的会选修生物学、物理学等理科科目，不再局限于自身主修的学业。金陵大学采用有限制的选课制，除部分课程规定必须为必修科之外，其余科依照学生意愿，自由选修科目，只需遵守相关的科目规程。

随着教会大学不断发展，其课程设置愈加细致完善，开设课程日渐增多。以岭南大学文学院中国语言文学科为例，其课程有英文、国文、外国文等，而国文教授的内容就更为多样，有中国学术概论、散文名著、修辞学、文字学、文学原理、先秦文学、中古文学、近古文学、古音通论、文学评论等 38 种。但是，过多的课程亦使得学生学业繁重，金陵大学就要求文学院学生"除修读主系及辅系规定若干学分外，应修读语文学类课程，16 学分，社会科学类课程，12 学分，自然科学类课程，12 学分，始准予毕业"[1]。如此多的课程内容满足了学校对学生进行通识教育的需要。

合理的课程设置还体现在与社会环境的接轨上，特别是毕业生离开校园，步入社会，走向职业岗位，其所学要符合社会的实际需求。在学校主体教育功能不变的前提下，将部分课程依照社会需求来设置，给毕业生就业增加成功的筹码。教会大学增强课程的实用性，联系实际来论说学理。沪江大学社会学系中的"人口论"课程，研究的是关于世界人口诸问题，譬如节制生育、食料、土地、生死率、侵略主义、战争、移民等社会热点问题；"社会调查"课程"则是应用社会学调查方法，参用已出版之《北京调查》，美国之《春天调查》报告册，实地调查各种慈善机关、公众卫生、罪犯、儿童福利、乡村、工厂等"[2]。对于教育学系，则利用本校附属中学给学生提供实习机会，实习生每周授课 3—5 个小时，每个星期必须与教授讨论教案与课上各种问题，所负责任与正式教员一样，同时还要参加

---

① 《私立金陵大学一览》，张研、孙燕京主编：《民国史料丛刊·文教·高等教育》，大象出版社 2009 年版，第 168 页。

② 《私立沪江大学一览》，上海文献汇编编委会编：《上海文献汇编·文化卷》，天津古籍出版社 2013 年版，第 446 页。

学校会议，并且每月由教授组织主持一次总结会，总结实习经验与不足。对于物理、化学等理科课程，除了上课讲解原理外，更要求学生亲手做实验来验证原理。有时会到化工厂做实地调查，化学实验室工作主要是以制造油漆、颜料、染料、肥料、化妆品等为主。岭南大学有时"由各教员分别率领，前往各公园、海滨或优美的风景区游览，教师随时指物讲解，其对于英语及动植物科学知识之进步，补助之功至大"①。这种实践性教学方法和课程设置，不仅使得课程内容通俗易懂，而且让学生身临其境地对各行各业展开了解，有利于毕业生未来的择业。

综上所述，教会大学课程设置由强调西方文化逐渐转变到中西方文化并重，由偏重传统人文学科到文、理、工科并行，由为培养传教人才转为满足社会发展需求，这些自觉或不自觉的改变客观上皆促进了大学生个人素质的均衡发展。

（二）增强师资力量

师资队伍是学校正常运营的重要组成部分，日常教学任务是由教师完成的，教师群体是学校教学质量的保证。事实上，优秀师资不仅在于传道授业解惑，而且能塑造他们的世界观，其言行会给学生带来潜移默化的影响。早期教会大学师资力量主要是由各差会派遣外籍教师组成，他们有着西方教育的背景，除少数出身牧师之外，大多数有大学学士文凭，有的甚至是硕士文凭。随着教会大学培养的人才越来越多，许多留学生回国任教，中籍教师比例大幅度增加，超过外籍教师。20 世纪 30 年代，教会大学教员学位如何，详见表 4 - 8。

如表 4 - 8 所示，20 世纪 30 年代，中国东南沿海地区教会学校教员拥有硕士学位的有 116 人，占教员总数的 37%；拥有哲学博士学位的有 54 人，占教员总数的 17%；拥有硕士及以上学位的人占到总数的 54%，将近一半。这说明教会大学师资学历层次高，师资的数量与质量均高于国内普通高校。其中，多数教员毕业于美国著名大学，如哈佛大学、密歇根大学、芝加哥大学、哥伦比亚大学、西南大学、宾夕法尼亚大学等。从表 4 - 8 可知，各学校拥有硕士文凭的教员占多数，亦表明教会大学对教员文凭要求较高，除少数本校学士可直接在本校任教外，对外校毕业生进入本校的

---

① 高时良编：《中国近代学制史料（第四辑）》，华东师范大学出版社 1993 年版，第 528 页。

限制则要高得多，要求必须有教学经验，而且很少担任教学工作，多数从事的是职员工作。如"毕业于福建协和大学文学院的学士赖汝楫担任的是本校数学教员，而毕业于燕京大学文学院的洪绶担任的是代理注册员，毕业于福州英华书院的郑文昭担任的是庶务员"①，毕业生就业时担任何种分工与个人能力有关，但是教会学校对于本校毕业生在就业方面采取优先考虑原则。

表 4-8　　　20 世纪 30 年代中国东南沿海地区教会大学教员学位统计　（单位：人）

学校 \ 人数 \ 类别	硕士学位		哲学博士学位		中籍教员	教员总数
	人数	百分比	人数	百分比		
圣约翰大学	17	43	2	5	20	39
沪江大学	13	36	5	14	18	34
之江大学	14	37	4	10	31	38
东吴大学	9	36	4	16	19	25
金陵大学	20	31	16	25	56	65
金陵女子大学	19	47	4	10	25	40
福建协和大学	12	43	3	11	18	28
岭南大学	12	25	16	33	30	48
总计	116	37	54	17	217	317

资料来源：缪秋笙：《基督教大学最近概况》，《中华基督教教育季刊》第 10 卷第 4 期，1934 年，第 53—54 页。

教会学校教员中，中西籍教员所占比重在不断地变化。教会大学开办初期，外籍教员人数占绝对优势，不少传教士因传教到中国创办近代大学，教授西方科学文化，因而教会大学初期外籍教师占多数。随着中国国内政治运动的发展，教会大学为获得更好的发展，提高中籍教师比例以应对社会潮流。时至 20 世纪 30 年代，东南沿海地区教会大学的中籍教员所占比重已经达 71%，远超过外籍教员。中籍教员多数在外国取得硕士或者博士学位，再回到学校任教，其水平亦是毋庸置疑的。中籍教员的增多冲

---

① 《私立福建协和大学一览》，张研、孙燕京主编：《民国史料丛刊·文教·高等教育》，大象出版社 2009 年版，第 207 页。

淡了大学的宗教氛围，消除教会学校里西方文化与中国传统文化之间的隔阂。对学生而言，他们接受的是西式教育，在实际生活中，传统文化仍以不同的形式存在，对学生产生潜移默化的影响。中籍教员是融合西方文化与中国文化的媒介，学生更易与他们形成共鸣，他们更能了解与满足学生的需求。

这一时期，教会大学招贤纳士，十分重视师资的引进。教会大学不惜花重金聘请国内外优秀人才。毕业于美国密歇根大学的朱元鼎，"在1934年回国途中，路经香港时接到卜舫济校长来信，希望他回到圣约翰大学任教授及生物系主任，薪水为全校中国教员之冠，每月300多大洋"①。教会大学教师薪资水平高，尤其是学校还给教授以极大的自主权利。立案以前，学校的各项事务一般由校董会讨论决定，而校董会实际上是听命于差会的，教授权利有限。立案之后，中国人逐渐掌握在教会大学的话语权，高等教育倡导以教授治校的办学方针，教授权利渐大，不必事事听命于差会，享有极大的自由度，因此吸引了大批人才。同时，不少人毕业于教会大学，尔后出国留学的，这批人回国之后响应母校感召，立志于教育事业，大多数人选择留在母校任教。他们对母校的环境、教育理念与方法更为熟悉，更有利于教学工作的开展，如毕业于金陵女子大学的吴贻芳，在美国密歇根大学攻读完生物学博士学位之后，即应金陵女子大学前任校长德本康夫人之邀回到金女大任教，在不久后即担任金陵女子大学第一任华人校长，圣约翰大学化学系的系主任程有庆是圣约翰大学毕业生，在燕京大学进修之后就回到圣约翰大学化学系任教。"圣约翰大学凭此就组建了一支阵容强大的队伍，包括西籍教员顾斐德、包大卫、沙乃文、文恒理等16人，中籍教员颜惠庆、朱友渔、沈嗣良、朱元鼎、倪葆春等27人，他们各有所长，皆对圣约翰大学的发展作出各自的贡献。"②教会大学优雅别致的校园环境与建筑融合了东西方建筑的特点，呈现出别样的景致，优美的自然环境与人文环境是吸引人才的优越条件之一。

（三）提升大学生的外语能力

语言是文化的载体，是人类进行交流的重要工具。求职者掌握一门外

---

① 叶骏主编：《朱元鼎传》，上海人民出版社 2002 年版，第 53 页。

② 熊月之、周武主编：《圣约翰大学史》，上海人民出版社 2007 年版，第 330 页。

语，使其在工作中获得优势，亦是通往其他文化世界的一把钥匙。教会大
学最突出的优势是外语，这是吸引众多学生前往的缘由。运用英语教学自
教会学校开办就一直延续，传教士的母语是英语，极少数传教士能够熟练
掌握中文，无法用中文进行教学，而且初期缺乏中文版关于西学的教科
书，传教士们只好以英语作口头讲授，或者采用英文原版的教科书，而且
传教士认为英语能够增进学生的智慧，提升想象力和创造力，如此便形成
教会学校用英语教学的传统。如何让此传统存续，各教会大学反应不一。
圣约翰大学非常重视英语教学，卜舫济担任校长时就特别强调英语的重要
性，他认为："一、华人研究英文，犹如西人研究希腊拉丁文，可以增进
智慧；二、研究英文，可以铲除华人排外之成见；三、华人之研究英文，
可以增进东西间之情感，并可以扩张国际贸易；四、研究英文，可以使华
人明了基督教事业，培养人才为社会服务；五、华人研究英文，至少在通
商口岸已势在必行，教会学校应捷足先登。"① 对此，卜舫济提出不只是英
文课要用英语授课，所有科目皆必须用英语授课，并且重金聘请优秀英语
教员，除此之外，还在校内创办英文刊物《约翰声》，鼓励学生积极投稿。
金陵女子大学除教授中国古典文学是用中文，其他课程一致用英文，还为
此被外界指责只重视英文教育。实际上，金陵女子大学对中、英文基础教
育皆比较重视，只是时人对于西方文化存有一丝排斥的心理。沪江大学对
英文教学的重视在狄考文时期表现得并不明显，甚至还更为消极。狄考文
"深信学英文会使人在利益的驱使下把英文作为经商糊口的手段，导致道
德品格的败坏，不能成为民众的导师和社会的领袖"②。狄考文对于学习英
语的反对遭致学生强烈的抗议，所以圣约翰大学采取折中态度，开设英文
课的同时，用中文教授其他课程。事实证明狄考文的预见不无道理，许多
人确实是把英文作为一种谋生手段，社会大环境要求亦如此。教会学校开
办初期，不少传教士反对英文教学。然而，随着社会对大量英语人才的需
要，教会大学顺应时代潮流重视英语教学。沪江大学改变在英语教学方面

---

　　① 《圣约翰大学五十年史略（1829—1929）》，转引自熊月之、周武主编《圣约翰大学史》，
上海人民出版社 2007 年版，第 230 页。
　　② 王立诚：《美国文化渗透与近代中国教育：沪江大学的历史》，复旦大学出版社 2001 年
版，第 54 页。《圣约翰大学五十年史略（1829—1929）》，转引自熊月之、周武主编《圣约翰大学
史》，上海人民出版社 2007 年版，第 230 页。

的中庸态度，与圣约翰大学趋同，除国文课外，其他课程一律采用英文授课。

　　学校对学生外语能力的严格要求是教会大学毕业生外语能力出众的最重要因素。每所教会大学皆开设了外文系，包括欧美各国文学史课程、外国小说、戏剧课程和英语语音课程等。学习语言，若仅学习它的发音及语法，而不去了解其本身所代表的文化，无法达到融会贯通的效果。因此，教会大学更注重学生对西方文化的学习与了解。学校对学生外语能力的严格要求，还体现在新生入学测验上，金陵大学一年级新生入学测验内容在英语一科中，要求学生："1. 对于文法和语法，明了各种字之适常用法，及各种语句之构造方法，并能应用之；2. 辨别普通语句在文法或修辞上的错误，并能于规定时间内改正。对于听力，要听懂英语演讲或诵读，并能以通顺明晰之文字将演讲及诵读内容输出之。在规定时间内，读毕指定之文字一篇或数篇，完全明了其意义，并能用答问方式述之。二十分钟内，必须作短文一篇，语句须通顺，用词须得当，分段、标点等均须准确无误。"① 学校不仅要求学生在上课时必须使用英语，在课后乃至日常生活上亦使用英语，以营造一个类似于西方的语言环境。毕业于圣约翰大学，在会计界享有著名声誉的潘序伦先生在回忆录里说："在圣约翰大学里，像章程、通告、书信等都是用英语书写的；同学们相互交谈也是用英语；教师讲课更不用说，不论中国或外国教员全是用英语。"② 除学校严格要求外，学生对于学习英语的热情颇高，上课积极回答问题，课后温习英语更是随处可见。岭南大学有一个班级为学好英语，"增立班规一条：凡在课室内谈话必须操英语，违者每次罚款一元。此为同学互相督责操练英语之善法。初时，所识英字不足用，则准插以中文补足之；于表情句法文法不熟，亦准以中文补充；几成为不咸不淡，非驴非马，中西合璧，有类于'咸水话'的英语。而且初行试用全部英语会话，自然有格格不吐，期期艾艾，讷讷不出诸口的毛病，颇为可笑。但全班具有共同志向，决心苦心学习，不敢互相嘲笑，勉力从事，不移时居然有进步，出口亦易。迨行之半年、一年，读书识字愈多，文法句法愈熟，则进步更远，发音正确，而

　　① 《私立金陵大学一览》，张研、孙燕京主编：《民国史料丛刊·文教·高等教育》，大象出版社 2009 年版，第 35 页。

　　② 徐以骅、韩信昌编：《海上梵王渡：圣约翰大学》，河北教育出版社 2003 年版，第 72 页。

且凡艺以多习而愈熟，居然会话流利，英语冲口而出"①。努力学习英语不仅使学生英语能力得到提升，更重要的是获得社会的认可，最终形成教会大学毕业生能说流利英语的普遍印象。东南沿海地区交通便利，经济尤为发达，各类行业需要大量的外语人才，于是教会大学毕业生在就业时便脱颖而出，成功觅得工作。这种世俗性结果与传教士最初开办教会学校的宗教性目的是背道而驰的。然而，教会大学宗教性传教目的必须让位于世俗性的学校教育功能。

总之，外语能力的培养是由学校和学生共同完成的，二者缺一不可。学生在习得外语之后，既得利益或许是一张满意的成绩单、一份丰厚的奖品或者一份令人艳羡的工作，但从长远角度来看，学生得到对西方文化的自我解释权与西方的思维逻辑。

（四）营造良好的人文环境

良好的社会环境对人具有正面影响。反之，不良的社会环境会对个人的成长乃至世界观、价值观的形成起到负面作用。学校的人文环境是影响学生学习效果的重要因素。中国近代社会动荡不安，政权交替频繁，社会环境混乱，但是教会大学作为独立个体，受到外界干扰相对较小，给学生提供了稳定的学习环境。不管是师生间还是同学间的融洽关系，都促进教会大学生专业能力的提升，增强其自我认知能力。

众所周知，首先，人文环境的构建有赖于学校对于学生生活、学习习惯的严格管理。教会大学制定了比较严厉的校规，规范学生的行为习惯，渗透至其日常生活，以此保证校园学习生活的和谐。金陵大学规定："一、凡本校学生应本亲爱精神，自治能力，恪守校规，以期养成健全人格及优良学风；二、学生不得在校内有吸烟、饮酒、赌博、殴斗及其他不道德行为；三、学生不得有破坏学校治安，或妨碍校誉等言语行为；四、学生不自敦修品行，无论校章有无规定，均须视情节轻重，分别加以惩戒……"②金陵大学对于学生规定相对比较宽松，圣约翰大学对学生规定则要相当严厉，要求学生每天进行床褥寝具整理，在规定时间内沐浴、作息，规定学

---

① 《简又文记岭南大学之组织时期（下）》，高时良编：《中国近代学制史料（第四辑）》，华东师范大学出版社1993年版，第544页。

② 《私立金陵大学一览》，张研、孙燕京主编：《民国史料丛刊·文教·高等教育》，大象出版社2009年版，第302页。

生若无重大事情不能请假，请假应由家长发函告之，衣着必须整洁，每月只有一次自由活动时间，即星期六的下午，还必须在晚上 9 点之前回到学校。教会大学非常重视学生的礼仪问题，认为礼仪代表着个人的素养，规定学生行为举止都得如绅士一般，圣约翰大学甚至还开设了专门讲述西方各种礼节的"礼节课"。有些大学对学风规定甚严，金陵女子大学就规定："本校创建本于基督教牺牲服务之精神，深望学生能永葆此精神而发扬光大之，盖以生活之充实，原不在乎衣着之华丽，服用之奢侈，此为世界各大学所公认。"① 岭南大学大部分同学来自富裕之家，其必须崇尚简朴，反对奢侈浪费，即使官宦子弟亦如此。

其次，学生之间的互相协作和信任。教会学校实行寄宿制，同学之间每天朝夕相处，共同学习，形成非常友好的相处氛围。"以十余二十余的青年人，同居一舍，共砚一堂，举凡起居、出入、饮食、游戏、嬉戏，有共同生活，更受同样的教育与精神的训练，如是者数年，自然发生一种真挚的、浓厚的友谊感情。"② 同学们之间经常互开玩笑，据苏公隽回忆："在四月一号西方愚人节那一天，任何人可以愚弄别人，进行欺骗，给人上当，受者只许一笑置之，不应认真生气，要不然反会惹人讪笑。有些模仿校长的笔迹，签发'大菜票'（通知单），收到的人惴惴地走进校长室，生怕犯了什么过失，将会受到惩罚。有些假冒教授签字，贴出一纸布告，声明当天某某一课因事暂停。也有愚弄人家而反被人家愚弄的，更是可发一噱。"③ 除了课后的打闹嬉戏之外，同学们在学习方面更是互帮互助，互相协作。学生自发组织社团，聚集爱好相同者广泛参与，丰富业余生活。课余活动分为课余学术活动和课余文体活动，课余学术活动主要是指学生组织的各类学术团体、研究会等。金陵大学学生在 20 世纪 30 年代成立学术团体与研究会，包括历史学会、会计学会、英文研究会、春风文艺社、园艺学社、工业化学社、日语研究会、植物学会、农业经济学会等。"这些学会都有自己的章程条例，以砥砺学行、交流学术为宗旨，有的还有自

① 《私立金陵女子文理学院概况》，张研、孙燕京主编：《民国史料丛刊·文教·高等教育》，大象出版社 2009 年版，第 19 页。

② 《简又文记岭南大学之组织时期（下）》，高时良编：《中国近代学制史料（第四辑）》，华东师范大学出版社 1993 年版，第 554 页。

③ 苏公隽：《圣约翰大学面面观》，《文史资料辑存（第 3 辑）》，常熟市文史资料研究委员会 1962 年版，第 150 页。

己的定期刊物"①，如：春风文艺社和南京金大农光社每周出周刊一种，正风社刊出是《大道旬刊》。东吴大学的学术性团体也有很多，如东吴学会、昌言辩论会、政治学会、经济学会、化学会等研究会。大学生自办报刊的热情与日俱增，不仅创办了教会大学第一本校园杂志——《雁来红》，还创办了中国最早的大学学报——《东吴学报》，而且中国大学最早的法学期刊亦是东吴大学首创。金陵女子大学的学生成立英语社来练习英语会话、朗诵，还创建中国文学社练习中国文学写作，创设《金陵学刊》中英双语杂志季刊，用以刊载学生的散文、诗歌和时论等内容。圣约翰大学学术性研究团体毫不逊色，有数学学会、经济学会等。

民国时期教会大学课外文体活动大体相同，话剧社、音乐社、合唱团等。其中，以圣约翰大学的新剧最为出名。时人评论为："中国新剧，圣约翰实滥之觞，剧界前辈咸能道之"②，新剧受西方戏剧影响深远，而圣约翰大学西方教员经常对学生戏剧排练进行指导，因而新剧不管形式还是立意，对近代上海乃至近代中国戏剧文化发展起到重大影响。岭南大学学生组织话剧社和音乐队等社团，于每周星期六例行晚会上为大家表演节目，吸引不少学生观看。大学生参加文艺活动充实自己，陶冶情操，更加深了对"美"的理解。除丰富的文艺活动之外，教会大学体育活动多种多样，如篮球、足球、射箭、赛船等。圣约翰大学、东吴大学和沪江大学等还组织华东各大学学生运动会，鼓励学生积极参与。大学生们甚至自发组织体育俱乐部，种类繁多的体育活动不仅强健体魄，而且增进同学们之间的感情。

最后是师生之间的和谐共处。"尊师重道"是中国传统，教师代表着知识和威严，是学生仰望的对象，师生之间的等级关系森严，学生对教师的命令必须无条件遵从，不允许有任何反对。西方师生关系则更为平等，不仅是地位平等，更是人格平等，教会大学就是处在人人平等的氛围之中。课堂上，他们是师生，在课后像朋友一样相处，这是教会大学才能出现的景象。教授们对于学生的提问总是耐心解答，甚至在学生毕业之后依然关心其就业情况。教师们有时还会招待学生到家中共进晚餐，以此缩短

---

① 史静寰、王立新：《基督教教育与中国知识分子》，福建教育出版社1998年版，第339页。
② 熊月之、周武主编：《圣约翰大学史》，上海人民出版社2007年版，第233页。

与学生之间的距离，教授们可"借此一端，来表现其和蔼可亲的态度，自然激发学生爱戴之心，由是而增进师生间的感情。所以教授一度请客之后，莫不有口皆碑；虽功课稍严紧些，也莫不乐于勤读"①。"大家庭"式的和谐的师生关系对于常年过着寄宿生活的学生而言是莫大的心理安慰。

　　总之，民国时期，东南沿海地区教会大学毕业生就业率高于其他学校毕业生，学生专业知识的累积与专业技能的掌握皆是学校教育的结果，特别是学校合理的课程设置、强大的师资力量、良好的人文环境和学生出众的外语能力等。教会大学课程设置科学合理，对于学生而言既不枯燥无味，又能获得知识。师资力量决定着学校的教学水平，教会大学教师大多留学国外，学历层次高，教学经验丰富，进而保证大学生质量。教会大学以外语为重的教学理念使其外语能力颇为出众，增强其就业竞争力。

　　综上所述，民国时期教会大学产生于特定的历史环境，是历史合力作用的结果。首先是传统四民社会的解体，四民社会解体的标志就是科举制的废除，科举制的废除使"士"阶层无来源补足，人才来源的常规路径被打破，而新式学堂的兴起逐渐成为教育形式的主流。不过，新式学堂缺乏讲授新学的师资力量，教育资源分布不均衡，地区之间差异颇大，新式教育无法被完全实施推广，于是教会学校便趁势而起。教会学校具备新式学堂所没有的优点，教会学校教师大多来自西方，从小受西方文化熏陶，对西方自然科学知识掌握得比较全面，向学生传授近代科学知识。同时，教会学校数量多，不论是在繁华的城市，还是偏远农村，教会学校亦有相当分布。教会学校创办初期凭借免收学费，乃至补贴生活费的做法招收了不少贫困子弟入学。然而，因教会学校与中国传统教育完全不同，民众排外思想严重，初期未招收很多学生。随着中西方文化的交融，教会学校学生逐渐增多。其次是西方政治势力的入侵。西方列强不满足于以武力控制中国，他们欲从文化上来改变与影响中国广大民众。此时，西方传教士抱着传播福音的目的，欲来中国传教，事实上却成为列强进行文化侵略的工具。事实上，西方传教士建立教会学校的初衷是为培养传教人才。最后是中国意识到西学的重要性，主动引介西学。近代中国国力衰微，落后于西

---

　　① 王立诚：《美国文化渗透与近代中国教育：沪江大学的历史》，复旦大学出版社 2001 年版，第 73 页。

方国家。鸦片战争使国人开始觉醒，"天朝上国"的自我幻想仅会任人宰割，意识到学习西方的重要性，遂形成西学东渐的风潮。此时，以西方教学方法和模式为特征的教会学校开始出现且不断增多，主要有教会中学和教会大学。教会大学在中国的发展比较波折。20 世纪 20 年代以前是教会大学的发展期，兴建校园、聘请师资、设置课程等。20 世纪 20 年代，正值国内政治风起云涌，巴黎和会中国外交的失败和"五卅惨案"的发生，促使教会大学必须改变教学宗旨和行政管理，政府严令要求各教会大学立案，从此教会大学步入了本土化的阶段。直到 1952 年，全国院系调整，教会大学被拆分合并到其他院校，退出历史舞台。

这一时期，东南沿海地区共有八所基督教教会大学，其毕业生数量总体呈增长趋势。但是，教会大学存在地区差异，江苏、上海地区因经济、政治地位突出，其毕业生数量要远多于其他地区。教会大学初设时，科系划分并不细致，大致分为文、理、医、工、农等学科，文科毕业生人数最多。不管是西方自由教育理念，还是中国传统教育概念，皆偏重人文教育，把人文学科置于重要位置。此外，当某个大学形成特色专业时，其毕业生人数会多于其他学校，如东吴大学的法科、金陵大学的农林科、沪江大学的商科等。毕业生大部分为男性，女性人数较少。教会大学毕业生的职业种类多样，主要从事教师、社会服务、商业、医生等工作。这既是个人选择，又是家庭介入与社会需求的结果。家境优越的大学生或者出国深造，或者进入家族产业。普通家庭的大学生要凭借一己之力或是校友会去获得工作。

20 世纪二三十年代，中国东南沿海地区教会大学毕业生就业特点如下：一是毕业生职业流向集中，主要流向教师、公务员、医生等行业；二是以"业缘"为依托，即通过"校缘"与已毕业校友联系或者通过校友会来获得就业信息，等就业时，"校缘"转换成"业缘"；三是具有较高就业竞争力。毕业生流向集中与学校重视文科教育有关，教会学校的目的是培养领袖人才，对文科的重视超过理科，学生毕业后多从事文科工作亦属于正常现象。以"校缘"为媒介的"业缘"给学生提供相对便捷的就业渠道，学生通过"校缘"而获得的"业缘"，是以其自身实力为基础的。教会大学学生具有较高就业竞争力皆源于学校对学生的严格管理、社会对教会大学的认可和学生自身的努力。此外，教会大学合理的课程设置和强大的师资力量来提升学生的专业素质与能力。出众的外语能力是教会大学毕业生的优势所在。良好的人文环境与自然景色有益于学生的身心健康，注重组织各种文体活动，使学生在协作过程中的友谊日益深厚。教会大学强调人人平等的教学理念，构建良好的师生关系。这些因素促进了教会大学毕业生就业，使其免受失业大潮的冲击。

第二节　师范院校毕业生就业问题及其对策

20 世纪二三十年代，世界爆发了经济危机，中国社会动荡不安，战争不断，加上自然灾害频发，出现成千上万饥寒交迫的失业群体，失业恐慌不断加剧。北洋政府与南京国民政府短时间内无法出台有效的就业政策，影响社会经济的发展。1927—1937 年，是所谓的"黄金十年"时期。中国国民党于 1927 年 4 月 18 日建立南京国民政府，对政治、经济、教育、文化等各个方面展开建设，尤为重视教育，其中培养师资的师范院校得以快速发展。随着师范院校的增多，南京国民政府颁布了一系列关于师范教育的法律法规，进而对师范院校的走向及毕业生的就业产生了深远的影响。

民国时期，大多师范毕业生来自中等师范学校，起初国内师范大学仅一所，每年毕业师范生也不到 400 人，况且与全国中等学校每年所需教师的人数相差太远，正常情况下应该是每个毕业生都有自己的工作，但事实却截然相反。如 1935 年北平师范大学毕业生人数共 335 名，其中就业的人数为 262 名，其余 73 名却无所事事，饱尝失业之苦。其实，师范毕业生无法获业的情况较为普遍，他们若不能从事教育方面的工作，只能另谋生计。即便如此，其就业境况要优于普通高校的毕业生。据燕京大学校长司徒雷登统计，"国内大学毕业生谋得职业者，每 7 人中仅有 2 人，换言之，失业者约占 70%；就业者约占 30%"，大学生就业不容乐观。大学生就业问题逐渐引起政府当局的重视，故特设全国学术工作咨询处、教育部亦筹备毕业生训练班，为失业大学生提供救济帮助，师范毕业生出路问题亦随之解决。为更好地探究师范大学毕业生就业问题，将其置于师范院校毕业生整体就业的宏观视域下进行考察，以求更加明了和直观。

一 中国近代师范院校的兴起与发展

中国近代师范学校经历了兴起、发展、高潮至衰落等几个阶段，充满坎坷与波折。在鼎盛时期，师范学校规模不断壮大，培养的师资人才日益增多，学校管理体制逐步完善。

（一）中国近代师范院校的发展历程

1. 晚清师范院校的建立

1897 年师范学校在上海由盛宣怀创办，名为南洋公学。1898 年，京师大学堂设立"师范斋"，成为中国近代高等师范教育的开端。继之，关于师范教育制度的《奏定学堂章程》于 1903 年由张百熙、张之洞等人制定，此章程对师范教育计划较为详尽，规定把师范教育独立出来。依照此章程规定，将其分为："初级师范学堂、简易师范科、师范传习科、实业教员讲习所。"① 创立初级师范学堂是为培养小学师资，普及小学教育，须限定每州县必设一所学校。初级师范学堂包括完全和简易两科，分别是五年和一年毕业。简易师范科的课程有 9 种，而完全科学生学习的课程却有 12 科之多。

简易师范科是为满足培养小学师资所开的课程，具有实用性。然而，1910 年因师范科毕业生无法胜任小学教师的工作，被迫停办。随即，初级师范学堂附设师范传习所，目的是补充小学师资，学生在校学习 10 个月，毕业后，就能赴学校去充任小学副教员。除初级师范学堂和优级师范学堂外，还有实业教员讲习所。这些师范教育机构，目的是造就实业补习学堂及艺徒学堂教员的场所。实业教员讲习所一共分为三类：农、工、商。至此，中国师范教育学制渐趋完备，师范教育正式创立，修业年限 1—3 年不等。此前，女子师范教育被忽略，1907 年，晚清政府拟定《女子师范学堂章程》，这使得中国女子师范学堂获得发展。以在州县设立初级女子师范学堂为原则，创办之初，可以暂时在省城和府城设立学校。初级女子师范学堂开设家庭教育类课程，初级女子师范学堂学生的修业年限为四年，学生毕业后必须按照规定为女子小学堂服务，否则追究毕业生责任。

1909 年，"全国各省各级各类师范学堂共有 415 所，师范生 28572 人，

---

① 刘问岫编：《中国师范教育简史》，人民教育出版社 1984 年版，第 8 页。

其中，优级师范完全科 8 所，学生 1504 人，选科 14 所，学生 3154 人，专修科 8 所，学生 691 人；初级师范完全科 91 所，学生 8358 人，简易科 112 所，学生 7195 人；传习所、讲习所等 182 所，学生 7670 人"①。

总之，清末"新政"时期，大量的师范学校涌现，亟须师资，为迅速培养师资，"以全国人民识字日多为成效"②，重视师范毕业生人格方面的塑造，毕业后按照规定，服务于教育界。

2. 北洋政府时期师范教育初步发展

辛亥革命以后，南京临时政府对师范教育加以改革，使得师范学校获得一定程度的发展。譬如，"提倡男女平等，奖励女学、废止读经等"③，这些皆利于师范教育的推进。为进一步规范师范教育发展，中等师范学校亦日渐兴盛。1912 年至 1922 年，新学制颁布之前，师范学校规模尚可。1912 年 9 月和 12 月相继出台了《师范教育令》和《师范学校规程》等法律法规，成为当时开办师范教育的标准。师范学校和女子师范学校都以培植小学师范为主要目标，唯一不同的是女子师范学校中还有培养蒙养园保姆这一目标。另一种高等师范学校以造就中等学校、师范学校教员为目的。对于师范学校的设置、组织、入学资格、课程等都有明确规定：师范学校主要以省立为原则，分为本科和预科两个部分，其中，本科有两个部门。第一部修业年限为四年，第二部修业年限为一年。"本科第一部之科目为修身、读经、教育、国文、习字、外国语、历史、地理、数学、博物、物理、化学、法制、经济、图画、手工、农业、乐歌、体操。前项科目外，得加课商业；其兼课商业、农业者，令学生选习之。"④

民国初年，高等师范学校逐渐形成规模，其前身为清末优级师范学堂。当时高等师范学校全国有 6 所，分别为北京、广东、武昌、南京、四川成都及沈阳高等师范学校。这些学校皆为国立，高等师范学校下设预科、本科及研究科三科，主要培养中学及师范院校教师。修业年限 1—3 年不等。其中高等师范学校附设小学校及附属中学校，作为高等师范学生的

① 朱有瓛编：《中国近代学制史料》第二辑下册，华东师范大学出版社 1989 年版，第 468 页，转引自马啸风主编《中国师范教育史》，首都师范大学出版社 2003 年版，第 15 页。

② 马啸风主编：《中国师范教育史（1897—2000）》，首都师范大学出版社 2003 年版，第 9 页。

③ 刘问岫编：《中国师范教育简史》，人民教育出版社 1984 年版，第 27 页。

④ 舒新城编：《中国近代教育史资料》（中），人民教育出版社 1981 年版，第 703—704 页。

教育实习场所。高等师范预科的学习课程主要是伦理学、国文、英语、数学、伦理学、图画、乐歌、体操。本科的公共科目为伦理学、心理学、教育学、英语、体操。本科又分国文部、英语部、历史地理部、数学物理部、物理化学部、博物部六部。预科生入学资格以师范学校、中学校毕业生为原则，本科生由预科毕业生升入，研究科生由本科毕业生升入。全国高等师范院校毕业生的情况，详见表4-9。

表4-9　　　　　　　　1915年全国高等师范学生统计　　　　（单位：人）

校别	在校学生数	毕业学生数
北京高师	552	103
武昌高师	197	—
直隶高师	264	61
山东高师	40	115
河南高师	60	32
南京高师	110	—
湖南高师	239	71
四川高师	120	151
江西高师	118	—
广东高师	217	186
合计	1917	719

资料来源：陈翊林：《最近三十年中国教育史》，太平洋书店1930年版，第313—314页。

从表4-9可以看出，北京高师在校学生人数最多，为552人，毕业生有103人。而山东高师在校学生却最少，仅仅只有40人。北京高师、直隶高师、湖南高师、广东高师四所师范学校所在城市经济繁华，培养师范毕业生人数相对较多。教育部训令第280号，令京师学务局，查学校系统改革案颁行以来，各处初级中学逐渐成立，此项初级中学程度略与旧制中学之一二三学年相同。1921年2月通行各省区成案，遇有新聘教员应就高等师范毕业生尽先任用，以期教育之改进。[1]

---

[1] 《北京政府档案》，1921年，北京市档案馆藏，资料号：J004-002-00350。

1922 年颁布了"壬戌学制"，师范教育地位发生了重大变化。变化之一即是采取师范学校与中学相结合的方法。"各地兴起师范改中学之风，师范学校失去独立性，成为普通中学的附庸，师范学区制因此不废而废。"[①] 其中，对师范教育的学制和课程设置加以调整。新学制颁布后，课程设置必修科目减少，增加选修科目。修业年限由原来的 5 年改为 6 年，师范生的公费待遇被取消。新学制颁布后，对中等师范教育而言收效甚微。自 1912 年以来，师范学校规模在扩大，"其结果乃引起师范教育地位低落，师资训练水准降低，并造成师范生数量之萎缩"。[②] 1922 年 11 月颁布施行之学制系统改革案第 22 条附注："依旧制设立之高等师范学校，应于相当时期内，提高程度，收受高级中学毕业生，修业年限四年，称为师范大学校。"第 24 条附注："依旧制设立之专门学校，应于相当时期内，提高程度，收受高级中学毕业生。"此为高等升格之张本。在事实上之进行，其可记者，高师方面，南京高师已与东南大学有组织的关系，其提高及归并，早为必然之趋势。北京高师，亦已设立北京师范大学筹备委员会。广东高师有与农专、法政合并改组为广东大学之计议，沈阳高师亦将扩充改办东北大学。[③]

总之，中国近代师范学校在曲折中发展，存在诸多问题，其仍是中国教育史上重要部分。师范院校培养了大量师资，推动中国近代各类教育的发展，师范教育管理体制与师范学校内部机制等方面获得改革与创新。

（二）民国时期师范院校师资与规模

"师范生，未来人之导师也。"[④] 师范学校是严格训练师范生的重要场所，它的目的是养成适合社会需要的各类师资。其中，中小学师资训练问题，已经有多人展开研究，关于师范学校师资问题，未受到重视。中等学校师资虽然在大体上相同，但各类学校的目的既不相同，对于师资的要求自然各有千秋。中学教育的目的在于为训练学生研究高深学术做好准备。

①　丛小平：《师范学校与中国的现代化：民族国家的形成与社会转型 1897—1937》，商务印书馆 2014 年版，第 101 页。

②　中国教育学会主编：《师范教育研究》，台北：正中书局 1963 年版，第 9 页。

③　郭秉文：《民国十一年之高等教育》，《新教育》第 6 卷第 2 期，1923 年，第 259 页。

④　罗来聘：《师范生与社会》，《浙江青年》第 2 卷第 6 期，1936 年，第 206 页。

职业教育的目的在训练学生有生活上的知识和生产的技能。而师范教育的目的确是"以严格的身心训练，养成健全之师资"，欲达到各类教育的目的。应当先为各类教育选择恰当的师资："无论学校的宗旨怎样明定，课程怎样有系统，校风怎样良善，要是教师不得人，成功还是没有把握。"[1]鞭辟入里地强调师资在学校创办与发展过程中的重要性。

事实上，中国近代中学职业或师范师资问题皆非常严重，《第一次中国教育年鉴》记载 1930 年各省市中等学校教员资格比较表内，受过专业训练的教员不过 16%，中等学校毕业及无资格的教员却有 32%；[2] 浙江1931 年中等学校教师资格的统计，受过专业训练的不过 10%，中等学校毕业及无资格者反占 26%。即就近一点的统计来说，刘诚在 24 个较有名的727 位中学教职员的调查中，师范大学及高等师范毕业者为 21%；[3] 郑西谷在他 98 个中学 3188 位教员资格调查表中，师范大学及高等师范毕业者占 24.34%，中等学校毕业及其他两项亦占 16.25%。[4] 至于师资的品格与服务的精神，无论是在社会舆论上或教育行政机关皆有所论述，其缺陷更是举不胜举。在这种情况下，师范学校的师资问题显得尤为重要。

师范学校师资为什么比中学和职业学校的师资更为重要呢？因为中学的师资不良影响学生升学。职业学校的师资不良，影响着学生毕业后的工作技术。譬如中学毕业生不升学，职业学校毕业生不从事职业，其所受不良师资影响的结果是个人不是良好公民而已。然而，师范学校师资不良，其影响非常大，它不仅影响学生自身，甚至波及学生毕业后服务学校的学生及学生的家庭。总之，师范学校师资是国民教育的出发点，其质量优劣关乎整个国民教育的成败。

民国时期关于师范学校师资未有专门调查，相关统计数据较为零星。其中，华北三省即山东、山西、陕西，华中四省即浙江、安徽、江西、湖北，华南二省即广西、贵州，地域分布还算平均，这些区域师范院校的教员具有一定的典型性与代表性，详见表 4-10。

① 边理庭：《师范学校的师资问题》，《教育杂志》第 27 卷第 7 期，1937 年，第 147 页。

② 教育部中国教育年鉴编审委员会编：《第一次中国教育年鉴》，开明书店 1934 年版，第132 页。

③ 刘诚：《中学教职员服务状况调查》，《教育论坛》第 2 卷第 12 期，1933 年，第 73 页。

④ 郑西谷：《中学师资训练问题之研究》，《教育杂志》第 26 卷第 7 期，1936 年，第 194 页。

表4-10　　　　　　　　1937年全国各省师范学校教员资格一览　　　　　（单位：人）

省份	国外留学者	师大及大学教育院系毕业者	高师毕业者	大学本科毕业者	专科学校毕业者	中等学校毕业者	其他	总计
山东	3	89	0	80	74	0	46	286
山西	23	42	38	63	24	0	48	238
陕西	6	27	8	70	40	53	31	235
浙江	2	37	24	37	60	42	39	250
安徽	6	27	25	65	38	42	30	233
江西	15	30	26	63	70	43	31	278
湖北	3	12	64	39	38	0	40	196
广西	0	0	8	14	28	0	52	102
贵州	18	15	21	22	28	41	23	168
总计	85	279	214	457	400	221	340	1986
百分比	4	14	11	23	20	11	17	100

资料来源：边理庭：《师范学校的师资问题》，《教育杂志》第27卷第7期，1937年，第148页。

观表4-10可知，师范学校的师资是受过专业训练的人，师大及大学教育院系毕业者、高师毕业者两项不过25%，而没有受过专业训练者反占75%，此项数据与郑西谷氏的调查大体相同，但在未受过专业训练者75%中，中等学校毕业者及其他两项又占28%。此等师资既未受过专业训练，又无健全的基本训练，竟然担任教书育人的重任，匪夷所思。

表4-10统计材料来源于所谓正规师范，即高中师范、乡村师范、幼稚师范及特别师范科。不过，这些正规师范中有的附设简易师范或简易师范科。如果就各省的短期师范或简易师范来做统计，其师资的低劣不堪设想。下面就湖南省各县立简易师范、简易乡村师范的教员资格统计为例，计21个学校208位教员中，大学毕业者48人，高等师范、优级师范毕业者31人，国外留学者2人；而中等学校毕业及无资格者为147人，约占全数74%。云南省教育厅对该省县立师范教员资格的分配，约为国内外大学毕业者占10%，高等师范毕业者占10%，专门学校毕业者占20%；中等

学校毕业者及其他二项占60%。其他省立师范很少，县立简易师范、短期师范极多的省份如四川、广东、河北等省，教员资格极其低的亦不在少数。

按照师范学校规程规定的教员资格，正规师范六类：（1）通过师范学校考试或检定的人；（2）国内外师范类或教育类大学毕业生；（3）拥有一年教学经验的本科师范或专修师范毕业生；（4）有二年以上经验的专科毕业生；（5）出版相关或有价值著作的人；（6）对劳作教员，具有专门精湛技能的人。简易师范亦规定六类人，除了第三类要求将专科院校包括外，第四类仅要求能达到高级中学水平，并且有实际研究成绩，在中等学校教学经验在三年以上者，其余各项和正规师范无异。依据立法本意，无论正规师范教员还是简易师范教员，自以第一、第二两项资格最为适合，因为其中的基本训练和专门训练皆曾受过，至于其他各项不过用于辅助师资的不足之处。对于正规师范或简易师范的教员统计，适合第一、第二两项资格的师资都不能超过总数的1/4，这表明训练适当师资的数量极少。正规师范的师资资格并无高中程度一项，而根据前表的统计，中等学校毕业及其他两项竟然占28%。

在保证师范生资源充足的同时，政府加强对师范生教育的管理，1937年教育部公布《训练中学师资暂行办法》，规定大学教育学院或教育系学生，除了主修专业课程外，还要选修非本专业课程，并达到合格，以求培养更加全面人才。同时，师范生毕业后，有关机构提供职业服务机会，锻炼师范生实践能力。师范生由国家培养，为国家服务。"惟各地情形不同，间有感觉师资缺乏者，亦有师资苦无服务机会者，高中师范科毕业生倘有大学毕业生而无从事教育之机会，或虽能服务于一时，而未能达到法定期限，将永不能取得毕业凭证，以示信于国家社会，难于另谋出路，而有怀才不遇之叹，似非国家兴学育才之至意。"① 小学师资亦受到非常重视，修订小学师资训练班办法，师资训练卓见成效。其中规定："各县抽调现任不合格之初级小学教师，应以初中毕业服务一年以上者为限。经将前颁小学师资训练班暂行办法，加以修正。并因第二师范区各县不合格小学师

---

① 李友芝、李春年等编：《中国近现代师范教育史资料》，北京师范大学出版社1983年版，第682页。

资，为数过多，于无锡师范学校，开办师资训练班两级。"① 训练班课程实行简易师范科目及课时数，但是其目标如下："1. 注重实际问题之探讨；2. 基本训练与专业训练同时并进；3. 须与小学课程融洽；4. 注重各科进修及教学方法。"② 具体情况，详见表 4 – 11。

表 4 – 11　　　　　　　　1935 年江苏省各师范区省立师范学校

附设小学师资训练班课程　　　　　　（单位：学时）

科目	第一学期	第二学期
体育	2	2
国文	4	4
算学	4	4
历史	——	4
地理	4	——
自然	3	3
劳作	2	2
国画	2	2
音乐	2	2
教育概论	3	——
教育心理	4	——
小学教材及教学法	3	4
小学行政	——	2
实习	3	7
每周教学总时数	36	36
每周课外运动及在校自习总时数	24	24

资料来源：《令发修订小学师资训练班暂行办法》，《江苏教育（苏州 1932）》第 4 卷第 7 期，1935 年，第 132 页。

从表 4 – 11 中可以看出，小学师资训练课程比较全面，值得注意的是第一学期课程中学习的地理、教学概论和教学心理在第二学期不开设，而

---

① 《令发修订小学师资训练班暂行办法》，《江苏教育（苏州 1932）》第 4 卷第 7 期，1935 年，第 131 页。

② 《令发修订小学师资训练班暂行办法》，《江苏教育（苏州 1932）》第 4 卷第 7 期，1935 年，第 132 页。

在第二学期增加历史与小学行政的课程。两个学期相对于每科的课时来说，总体上无太大变化，除了小学教材及教学法增加 1 课时和实习增加 4 课时外，此次小学师资训练课程比较注重实际问题的探讨，侧重各科进修及教学方法。

虽然国家重视小学师资，但是"我国小学师资之缺乏，已为教育界所公认。而尤以乡村小学师资不合格者最多。只就 1930 年江苏教育厅所公布之各县小学教员资格统计表观之，曾受师范专业训练者共计 8849 人，占总额 42.95%；不合格之师资共计 2673 人，占总额 56.67%"。① 这些不合格的师资足以表明小学师资水平的不高，亟须提升与改进。

师范学校教师素质是教育成败的关键所在。教育的主旨是培养一个人的高尚品格与向其传授知识技能。尤其师范学校更加重视学生品格的塑造，师范学校是为各类教育培养师资，当时比较推崇的培养国民的有效办法，是人格的感化，不是知识的传授，这就是师范学校教师要具有高尚人格的必要性。事实上，教育是国家根本，教育救国论在民国时期成为挽救国家危亡、振兴国家的救国策略。振兴教育就需要有良好的师资，而当时中小学师资存在诸多严重的问题，皆源于经济与社会因素的影响。

（三）民国时期师范院校招生情况

师范学校为保证生源质量，制定详尽的招生简章，择优录取，具体如下："男师范生适用师范学校与地方教育机关联络办法所规定之区域；女师范适用幼稚师范简易办法所规定之区域；各班定额四十名应按区内县份人口之多寡酌量分配，但教育不甚发达之县份本届学生投考程度不及亦应设法取录；本省各县学生得自由投考各校应于固定名额外择优录取；北平、天津两特别市学生暂照前条办理；外省学生不得侵占正额，如愿入学者应作为自费生。"② 就招生办法而言，政府对师范招生给予相当的重视，注重可行性，照顾本地生源，尽量录取本地，外地择优录取，表明政府对地方教育的关注与扶持。

全国各省份招生皆通过教育部下达命令，各省根据教育部指令进行招生："查本学年行将届满，暑假期内各校自应续招新生。惟从前各校招生

---

① 《乡村师范教育问题》，《江苏教育》第 1 卷第 7—8 期，1932 年，第 160 页。

② 《计划：省立师范学校招生办法》，《河北教育公报》第 3 卷第 11 期，1930 年，第 3—4 页。

往往借同等学历一语……应从本年起，嗣后各校招生务须一律从严，所录各生同等学历者不得逾中学毕业生十分之二，以昭核实。"[①] 这个时期，政府出台的师范学校招生的政策，各个省份招生的状况略有不同，大体涵盖招生名额、招生资格、修业年限、毕业待遇等内容。

表 4 - 12　　1930—1932 年江苏省立苏州女子师范招生状况比较　　（单位：人）

校别	年度	本校各部报名人数			本校各部与考人数			本校各部录取人数		
初中一年级	1930	318	—	—	278	—	—	100	—	—
	1931	—	347	—	—	317	—	—	94	—
	1932	—	—	233	—	—	216	—	—	107
初中二年级	1930									
	1931	—	33	—	—	30	—	—	8	—
	1932	—	—	31	—	—	31	—	—	18
高中师范科一年级	1930	80	—	—	65	—	—	43	—	—
	1931	—	153	—	—	121	—	—	51	—
	1932	—	—	338	—	—	302	—	—	107
高中普通科一年级	1930	89	—	—	68	—	—	46	—	—
	1931	—	113	—	—	81	—	—	51	—
	1932									
高中普通科二年级	1930									
	1931	—	12	—	—	12	—	—	4	—
	1932	—	—	2	—	—	2	—	—	2
各年度各部人数总计		487	658	604	411	561	551	189	208	234

资料来源：《江苏省立苏州女子师范最近三年招生状况比较表》，《苏州女子师范学校校刊》1932 年第 18 期，第 54 页。

　　从表 4 - 12 可知，1932 年本校录取人数高于其他年份，从 1930 年到 1932 年度录取人数总体呈上升趋势。此外，本校各年级各年度报名人数很多，参加考试的人数和录取的人数却减少。录取人数相对于报名人数和参加考试的人数则更少。譬如：1930 年各部参加报名总人数是 487 人，参加

---

　　① 潘懋元、刘海峰编：《中国近代教育史资料汇编·高等教育》，上海教育出版社 1993 年版，第 784 页。

考试人数是 411 人，而录取人数却是 189 人，这表明报名人数和录取人数不成正比，差距悬殊。

总之，中国近代师范院校各省招生方法存有差异，存在地方保护现象，这有利于本地区教育的发展。而不同省份所招收的人数与报名人数差距较大，令人深思。

（四）民国时期师范院校毕业生就业难

孟禄博士曾说过："立国的根本，并不在国民有共同的血统，共同的语言，共同的宗教，也不在于有共同的法守，而在于有共同的思想、情感和行动，这即所谓共同的文化，这共同的文化，可由教育造成之。"① 中国近代教育救国思想曾盛极一时，知识分子为挽救民族危亡，复兴民族事业而奔走，其中，师范学校毕业生亦踊跃加入。"但是近年来政治不上轨道，社会紊乱，教育失败"②，全国青年学生失业的呼声此起彼伏，"在过去，师范生毕业后，常苦于找不到服务地点，没有出路，所以有许多人喊着'毕业就是失业'。主持师范学校的人，对于师范毕业生的就业指导，也就大多花费于为谋出路方面"③。在这种情形下，师范学校毕业生就业亦成为时人关注的社会问题。"师范生毕业后的唯一出路职业，就是充当小学教师，这一点也就是国家创办师范教育的本旨。"④ 普通师范学校培养的毕业生主要进入小学，推广教育，切实负起教育救国的责任。

"师范生之出路问题，为现今急待解决之问题，求学应世，两无保障，更无权利之可言。"⑤ 当时，师范生就业问题却未能引起足够的重视，自近代以来，中国历经多次战争，满目疮痍。南京国民政府未有一套完整的、全面的恢复国家的计划。师范生就业问题在当时未受到关注，直到教育救国浪潮袭来，有识之士通过反复倡导呼吁，政府部门才意识到师范教育的重要性，开始重视师范生培养及职业规划。"现在各地小学校之教师，非师范毕业生，为数颇多，甚至操纵把持一切；师范毕业生，往

---

① 何祜先：《师范生实习指导的商榷》，《福建教育》1935 年第 4—5 期，第 180 页。
② 郑永详、王连保：《复兴民族运动中师范生应有之努力》，《集美周刊》第 17 卷第 9 期，1935 年，第 4 页。
③ 梁士杰：《师范生就业之前》，《中等教育》1942 年第 2 期，第 36 页。
④ 梁士杰：《师范生就业之前》，《中等教育》1942 年第 2 期，第 36 页。
⑤ 罗来聘：《师范生与社会》，《浙江青年（杭州）》第 2 卷第 6 期，1936 年，第 207 页。

往无事可做，殊失国家设立师范科之本意。此小学教师应尽先聘请师范毕业生之理由。"① 此后，师范院校毕业生就业状况有所好转。例如："集美师范学校，自开办迄今，成绩卓著，声誉日隆，每届毕业学生，会考甫发表时，各处学校预约聘请者，争先恐后，上期两班毕业学生，全体均出任工作。"② 这一时期，连年的战火、自然灾害、政治腐败及世界经济的衰败，以上诸多因素的综合作用使得中国整体就业大环境欠佳，尽管部分毕业生就业状况有所改善，然而包含师范大学生就业难问题仍是一个令时人与政府焦灼的社会问题。

众所周知，政府为解决师范生就业问题颁布了一系列法令，规定师范生毕业后由当地政府调配到自己所在的县市服务任教。但是，仍有部分不合格的师范毕业生无法胜任，或是大多数师范生嫌弃待遇微薄，不愿从事此类工作，另寻他业。事实上，大多数毕业生倾向于步入仕途，师范毕业生亦如此。求职者欲脱颖而出，仅凭个人才华和满腔热血是不行的，极易陷入就业困境。另外，部分师范毕业生羡慕都市的优越生活，不愿进入环境恶劣、待遇低的乡村学校。结果是城市教师供过于求，而乡村学校则师资匮乏，这就是师范毕业生就业的尴尬境地。"一、教育工作太清苦，别的职业工作比较简单，报酬却反而丰厚，我们还是改弦易辙，从事别种职业？还是守我本色，依旧干教育工作呢？二、即使愿意担任教育工作，还是向城市跑？还是到乡村去？城市地方的物质享受，比乡村地方要好要多，试问哪一方面才是正当的途径？"③ 以上是师范毕业生面临择业的两难处境。

二　1927—1937 年中国师范院校毕业生就业状况

1927—1937 年，中国师范院校相继兴办，适时地进行教育改革，向社会输送更多高质量的师范毕业生，而师范学校毕业生就业问题是一个复杂的社会问题，它与经济的发展、教育改革等内容相伴相生。十年期间，全国各地师范毕业生数量起起伏伏，师范毕业生在专业、性别以及地域等方

---

① 《令知小学教师应尽先聘请师范毕业生》，《安徽教育行政周刊》第 2 卷第 16 期，1929年，第 14 页。

② 《师范毕业生不敷分配》，《集美周刊》第 19 卷第 7—8 期合刊，1936 年，第 20 页。

③ 梁春芳：《师范生应该怎样》，《浙江青年》第 1 卷第 8 期，1935 年，第 92 页。

面存在差异。受政治、经济、社会与教育等多重因素的交互作用，师范毕业生就业流向比较单一，具有一定的局限性。

（一）师范院校毕业生数量

1927—1937年，中国教育事业备受关注，发展教育的关键在于师资队伍的培养与构建，直接催生了师范类院校的繁荣，结果是培养了大量的用于教书育人的师资。然而，国内时局的动荡，受各种因素的制约，师范院校毕业生能否有用武之地，尚未可知。

1927—1937年，大学生就业难成为困扰南京国民政府棘手的社会问题，师范院校毕业生数量有多少，呈现何种变化曲线，直接影响着师范院校毕业生的就业，见表4-13。

表4-13　　　　全国师范学校发展概况统计（1928—1936）　　　（单位：所，人）

年份	师范及乡师数	简师及简乡师数	学生总数	师范及乡师学生数	简师及简乡师学生数	学校总数
1928	—	—	29470	—	—	236
1929	—	—	65695	—	—	667
1930	—	—	82809	—	—	846
1931	584	283	94683	73808	20875	867
1932	518	346	99606	66477	33129	864
1933	245	648	100840	41834	59006	893
1934	186	690	93675	30825	62850	876
1935	190	672	84512	33946	50566	862
1936	198	616	87902	37785	50117	814

资料来源：教育部教育年鉴编纂委员会编：《第二次中国教育年鉴》（第14编），商务印书馆1948年版，第32页。转引自李华兴主编《民国教育史》，上海教育出版社1997年版，第665页。

从表4-13可知，从1928年至1936年，全国师范学校数量以及学生总数呈上升趋势。就具体而言，1928年，师范学校总数为236所，学生总数是29470人，学生总数和学校总数最少；1933年师范院校总数和学生人数达到最高峰；1928年至1930年师范学校数量、学生总数增长迅速，1930年至1933年二者处于平稳过渡期，而1933年至1936年学校总数以及学生数量逐年递减。这无疑表明师范院校经历初期的缓慢发展、中期的快速上升以及后期的缓慢回落，表 4 - 14 进一步说明此种变化趋势。

表 4 - 14　　　　全国师范学校毕业生数统计（1928—1937）　　（单位：人）

学年度	毕业生数		
	师范科及乡村师范科	简易师范科及简易乡村师范科	共计
1928	—	—	—
1929	—	—	—
1930	—	—	23402
1931	15984	6727	22711
1932	13625	8825	22450
1933	10717	15012	25729
1934	7617	14876	22493
1935	7617	14876	22493
1936	10025	12937	22962
1937	4394	5002	9396

资料来源：中国第二历史档案馆编：《中华民国史档案资料汇编》（第五辑）（第一编），江苏古籍出版社 1994 年版，第 532—533 页。

　　由上可知，1928—1937 年，全国师范学校毕业生人数的变化，即：1928—1929 年无师范毕业生，1933 年师范生毕业人数最多是 25729 人，而1937 年师范学校毕业生数却最少，仅仅是 9396 人，未及万人。1930 年至1932 年毕业生数量保持在 2 万人左右，整体上呈现良好的态势。

　　综上所述，1928—1937 年，中国社会步入相对稳定的发展阶段，各项建设急需各类人才，于是培养人才的师范学校应运而生，大量的师范毕业生进入社会，大部分服务于教育领域，为各级各类教育事业的发展贡献力量，在某种程度上有利于社会秩序的稳定。

　　（二）师范院校毕业生内部特征

　　1927—1937 年，大学教育、职业教育与师范教育步入快速发展阶段，全国各省市的师范学校星罗棋布，结果是师范院校毕业生数量成倍增长，他们在数量、性别比例以及空间分布等方面呈现出自身的特点。

　　第一，毕业生数量激增。1927—1937 年，全国各地兴办公立、私立、中等院校，其中，包括师范院校。随着师范院校的发展，各类师范毕业生数量快速增长，形成了不同于其他类型毕业生的变化曲线，见表4-15。

表4-15　　　　　　　　1912—1937年全国中等学校概况　　　　（单位：所，人）

学年度	学校数				学生数			
	职业	中学	师范	共计	职业	中学	师范	共计
1912	78	500	253	831	9469	59971	28525	97965
1913	82	643	314	1039	10256	72251	34826	117333
1914	82	784	231	1097	9600	82778	26679	119057
1915	96	803	211	1110	10551	87929	27975	126455
1916	84	653	195	932	10524	118658	24959	154141
1922	164	547	385	1096	20300	75595	43846	139741
1925	154	687	301	1142	18011	129978	37992	185981
1928	149	954	236	1339	16641	188700	29470	234811
1929	219	1225	667	2111	26659	248668	65695	341022
1930	272	1874	846	2992	34852	396948	82809	514609
1931	266	1893	867	3026	40393	401772	94683	536848
1932	265	1914	864	3043	38015	409586	99606	547207
1933	312	1920	893	3125	42532	415948	100840	559320
1934	352	1912	876	3140	46355	401449	93675	541479
1935	408	1894	862	3164	50637	438113	84512	573262
1936	494	1956	814	3264	56822	482522	87902	627246
1937	292	1240	364	1896	31592	309563	48793	389948

　　资料来源：教育部教育年鉴编纂委员会编：《第二次中国教育年鉴》（第14编），商务印书馆1948年版，第1428页，转引自李友芝、李春年、柳传欣等编《中国近现代师范教育史资料》，北京师范学院1983年版，第802页。

　　从表4-15不难看出，1912—1937年，中国中等教育快速发展，学校数量与学生人数皆呈历年递增趋势，1928年和1925年是中等教育发展的分水岭，院校数增加了将近5万所，师范类毕业生亦增至3万人以上，如此多师范毕业生涌向教育领域。民国时期，基础教育尚未普及，各级各类学校所能容纳的师范毕业生相对有限，结果是师范毕业生陷入了就业难的窘境。

　　第二，毕业生性别比例失衡。1927—1937年，师范学校如雨后春笋，纷纷创立，招生规模亦逐渐扩大。就毕业生数量而言，师范毕业生呈上升态势。从性别结构来看，男女毕业生数量呈现不平衡的现象，如表 4–16。

表 4–16　　　　　1930 年全国师范学校毕业生性别统计　　　（单位：人）

1930 年全国师范院校毕业生性别调查														
省市立			县市立			已备案私立			未备案私立			总计		
男	女	计	男	女	计	男	女	计	男	女	计	男	女	计
4511	1279	5790	10127	2408	12535	94	90	184	231	351	582	14963	4128	19091

资料来源：教育部中国教育年鉴编审委员会编：《第一次中国教育年鉴》，开明书店 1934 年版，第 97 页。

　　由上可知，1930 年，男性毕业生总数为 14963 人，而女性毕业生人数仅为 4128 人，男性毕业数量是女性毕业生人数的三倍多，女性占总数的27.59%，男多女少的失衡性别结构已然形成。其中，私立师范学校男女毕业生人数基本持平，男女人数相差不多。但仍然无法扭转男女不均衡的性别构成。以上仅是 1930 年师范毕业生的统计。为进一步探究此问题，下面以 1935 年全国中等学校师范科毕业生地域分布统计表为例加以说明。

表 4–17　　　　1935 年全国中等学校师范科毕业生地域分布　　（单位：人）

省份	高中师范科毕业生	乡村师范科毕业生	短期师范科毕业生
江苏	1066	1772	32
浙江	87	70	312
安徽	230	67	317
江西	238	156	54
福建	157	104	63
广东	458	1439	142
广西	188	—	392
湖南	244	1279	65
湖北	216	40	—
四川	344	439	439
西康	—	—	37
贵州	374	—	—
云南	92	246	107

省份	高中师范科毕业生	乡村师范科毕业生	短期师范科毕业生
河北	447	1666	168
河南	395	986	577
山东	260	—	1116
山西	333	—	277
陕西	36	63	—
甘肃	9	—	36
宁夏	8	17	—
绥远	12	67	—
察哈尔	17	272	—
上海	392	—	—
青海	—	56	38
北平	25	36	123
新疆	—	—	42
威海卫	—	—	50
女生	1965	1445	615
总计	5628	8475	4387

资料来源：《各省市师范毕业生之统计》，《广东教育厅旬刊》第 1 卷第 15 期，1935 年，第 58 页。

由表 4－17 可知，1935 年师范毕业生有 18490 人，女性总数仅为 4025 人，男性师范毕业生人数高达 14465 人，约为女性师范毕业生的三倍。因此，师范毕业生男女性别比例失衡是极其严重的。

总之，中国历史上男多女少的失衡性别结构由来已久，中国传统社会中男尊女卑痼疾的延续，"女子无才便是德"的封建观念根深蒂固，强调女性应以家庭为重，回归家庭是其正途。这种社会环境之下，女性受教育的机会要少于男性，师范毕业生男多女少的结果亦是必然。

第三，毕业生空间分布不平衡。南京国民政府十年期，东南沿海地区经济繁华，是各类毕业生的荟萃之地。就空间分布而言，师范毕业生主要集中于东南部大中城市以及江浙地区经济较为发达的地域。虽然南京国民政府，形式上统一全国，但仍有许多地方军事实力派未在其麾下，譬如，西南与西北军阀割据势力。同时，国民政府内部各派系战争不断，这些是不利于经济发展的不稳定因素。特别是西部地区长期的军阀混战使该地域的高等教育发展相对滞后，成为人才望而却步之地。结果是师范毕业生就业时选择避开此地区，流向经济相对发达、社会安稳的东南地域及江浙沿海地区。下面以 1930 年全国师范科毕业生地域分布为例，加以说明。

表 4 – 18　　　　　　1930 年全国师范科毕业生地域分布　　　　（单位：人）

省份	师范科											
	短期师范			高中师范			乡村师范			合计		
	男	女	计	男	女	计	男	女	计	男	女	计
江苏	779	60	839	454	348	802	652	148	800	1885	556	2441
浙江	421	164	585	29	28	57	25	—	25	475	192	667
安徽	78	13	91	110	102	212	24	—	24	212	115	327
江西	58	—	58	153	31	184	80	3	83	291	34	325
湖北	—	—	—	180	57	237	78	6	84	258	63	321
湖南	175	19	194	213	103	316	1255	149	1404	1643	271	1914
四川	271	136	407	249	106	355	410	67	477	930	309	1239
福建	—	24	24	142	19	161	97	20	117	239	63	302
云南	30	53	83	244	56	300	152	—	152	426	109	535
贵州	—	—	—	214	160	374	—	—	—	214	160	374
广东	175	72	247	970	484	1454	651	75	726	1796	631	2427
广西	227	3	230	178	38	216	38	35	73	443	76	519
陕西	—	—	—	—	—	—	—	—	—	—	—	—
山西	635	187	822	335	60	395	32	—	32	1002	247	1249
河南	1319	91	1410	260	80	340	119	—	119	1698	171	1869
河北	—	—	—	328	171	499	1541	276	1817	1869	447	2316
山东	754	77	831	260	132	392	215	11	226	1229	220	1449
甘肃	—	—	—	101	—	101	—	—	—	101	—	101
宁夏	—	12	12	—	—	—	—	—	—	—	12	12
青海	—	—	—	58	—	58	—	—	—	58	—	58

续表

省份	师范科											
	短期师范			高中师范			乡村师范			合计		
	男	女	计	男	女	计	男	女	计	男	女	计
新疆	—	—	—	45	—	45	—	—	—	45	—	45
辽宁	1390	633	2023	1022	107	1129	—	—	—	2412	740	3152
吉林	196	27	223	97	33	130	—	—	—	293	60	353
黑龙江	15	64	79	94	98	192	15	—	15	124	162	286
绥远	—	—	—	114	—	114	—	—	—	114	—	114
热河	—	—	—	13	—	13	36	12	48	49	12	61
察哈尔	20	—	20	113	37	150	183	—	183	316	37	353
西康	25	—	25	—	—	—	—	—	—	25	—	25
东省特别区	—	—	—	34	35	69	—	—	—	34	35	69
南京	—	—	—	53	2	55	—	—	—	53	2	55
上海	—	—	—	88	285	373	—	—	—	88	285	373
北平	—	—	—	29	42	71	—	—	—	29	42	71
青岛	—	—	—	—	—	—	—	—	—	—	—	—
威海卫	—	—	—	—	—	—	—	—	—	—	—	—
全国总计	6568	1635	8203	6180	2614	8794	5603	802	6405	18351	5051	23402
百分比	9.18%			8.83%			7.17%			26.18%		

资料来源：教育部中国教育年鉴编审委员会编：《第一次中国教育年鉴》，开明书店1934年版，第111页。

从表4–18可知，1930年全国中等学校师范科毕业生总数是23402人，辽宁毕业总人数为3152人，位居全国第一。江苏、广东两省紧随其后，毕业生总数分别为2441人、2427人。湖南、四川、河南、河北、山西和山东等省毕业生人数皆多至千人。宁夏、青海、新疆、西康、热河等偏远地区毕业生人数较少，甚至不足百人。以上进一步印证了辽宁、东南沿海沿江地区成为毕业生聚集之地，人口众多区域的毕业生人数亦相对较多。然而，北平和南京两个重要的南北城市，师范毕业生人数甚少，这与当时的社会政治、经济、人口有着密切的关系。

表 4 – 19　　　　　　1935 年全国中等学校师范科毕业生地域分布　　　（单位：人）

省份	高中师范科毕业生	乡村师范科毕业生	短期师范科毕业生
江苏	1066	1772	32
浙江	87	70	312
安徽	230	67	317
江西	238	156	54
福建	157	104	63
广东	458	1439	142
广西	188	—	392
湖南	244	1279	65
湖北	216	40	—
四川	344	439	439
西康	—	—	37
贵州	374	—	—
云南	92	246	107
河北	447	1666	168
河南	395	986	577
山东	260	—	1116
山西	333	—	277
陕西	36	63	—
甘肃	9	—	36
宁夏	8	17	—
绥远	12	67	—
察哈尔	17	272	—
上海	392	—	—
青海	—	56	38
北平	25	36	123
新疆	—	—	42

续表

省份	高中师范科毕业生	乡村师范科毕业生	短期师范科毕业生
威海卫	—	—	50
总计	5628	8475	4387

资料来源：《各省市师范毕业生之统计》，《广东教育厅旬刊》第 1 卷第 15 期，1935 年，第 58 页。

由表 4 - 19 可知，各类师范毕业生，包括国立、省市立等，已备案和未备案的私立各种合计，江苏、广东、湖南、河北、河南以及山东等省师范毕业生人数超过千人。其中，江苏省师范毕业生人数最多，有 2870 人，河北、广东两省紧随其后。而宁夏、甘肃、新疆等地师范毕业生却不足百人，其中，宁夏师范毕业生最少，仅有 15 人，师范毕业生地域分布的多寡不均，经济较发达的地区和人口较多的省份毕业生较多，那些偏远、经济发展缓慢的落后地区毕业生人数少之又少，这无疑反映了师范毕业生空间分布的不平衡。

此外，全国各省市普通高中师范科共有毕业生 1989 人，其中江苏最多，654 人，安徽、江西各 200 余人，广东、广西、湖南和上海 100 余人，河北 19 人，湖北、四川 340 人，山东 9 人，察哈尔 3 人；普通中学附设乡村师范科，有毕业生 752 人，湖南最多 275 人，江苏 136 人，广东 119 人，四川 104 人，河南 63 人，浙江 20 人，河北 18 人，福建 17 人；普通中学附设短期师范科，有毕业生 825 人，河南 193 人，四川 124 人，贵州 101 人，山东、山西各 74 人，湖南 65 人，江西 54 人，安徽 45 人，青海 38 人，上海 30 人，浙江 27 人。[1] 可见，全国各省市普通师范毕业生以江苏、湖南、河南等省人数最多，经济繁庶的东南沿海地区吸引着为数不少的师范毕业生前往，形成了失衡的就业空间格局。

这一时期，师范毕业生地域分布不均的主要原因在于经济发展不平衡，经济发展较为缓慢的地区教育发展相对滞后，对师范人才需求少，培养师范人才数量也少。此种失衡的地域结构导致毕业生对经济繁华地区心向往之，经济落后地区则成为毕业生望而却步之地。

---

[1] 《各省市师范毕业生之统计》，《出版周刊》1935 年第 139 号，第 9 页。

总之，1927—1937 年，受政治、经济、社会等多种因素的影响，中国师范毕业生呈现短期数量激增、男多女少、东南沿海地域多于西北内陆地区。究其原因在于南京国民政府初创时期，短时间内大力兴办师范学校，缺乏总体规划性与长远性，结果是师范毕业生数量不合理增长，师范毕业生就业难度增加，其就业前景不乐观。

（三）师范院校毕业生就业特点

1927—1937 年，受世界经济危机、战争、政治与自然灾害等多重因素的影响，中国国内发生了失业危机，师范毕业生面临着就业困难的问题。加之，南京国民政府执行力度欠缺，尽管制定了对师范生进行就业指导的政策，却难以付诸实施，导致毕业生短暂就业即陷入失业，形成此群体独有的特征。

1. 毕业生工资待遇有差距

1927—1937 年，中国师范毕业生流向不同的教育部门，其工资待遇亦有差异。大学教师及初高中教师工资较高，而小学教师普遍待遇偏低。"中小学校教员待遇，各省市以地方生活情形之不同，其规定月薪互有出入，教育部所定标准，以学校所在地个人生活费之两倍为原则。"[1] 与之相反，师范大学毕业待遇相对较高。这一时期，中国大学毕业生遍布各行各业，其薪资待遇有着天壤之别。众所周知，大学教授工资较高，中学教师的薪资高于一般工人，小学教师的工资仅能维持温饱，甚至有的保持温饱皆困难。当时，国内局势动荡，经济不景气，整体的就业环境相对恶劣，师范毕业生能就业已是万幸，无法向用人单位提出薪酬要求，只能选择接受。

民国初年，孙中山提出教育乃国家之根本，将教师薪资问题提上日程，但是中国各项社会制度处于探索阶段，教师薪资问题未受到重视。当时，教育部规定每个省的省长有权决定校长及教员的工资，中学教员的工资不得超过 200 元。直至南京国民政府成立，中学教员的薪资制度才得以出台，废除了昔日的"时薪制"，对专任教职员按等级发放薪资，兼任教员仍按时薪计算。1933 年教育部规定教师的最低薪俸应能满足日常的生活

---

① 教育部编：《青年择业问题》，商务印书馆 1936 年版，第 114 页。

要求，为了调动教师的工作积极性和工作效率，实行年功加俸制。1927年至1937年是南京国民政府经济发展的黄金十年，政局相对稳定，教师工资能正常发放。中学教师与社会各个阶层相比属于中等收入，维持日常生活开销及温饱不成问题，具体薪资见表4-20。

表4-20　　　　　　　1933年湖南省立中等学校教职员薪俸等级　　　　（单位：元）

级别		高中及同等学校				初中及同等学校			
		第一级	第二级	第三级	第四级	第一级	第二级	第三级	第四级
薪俸数目	校长	320	300	280	260	240	230	220	210
	教员	240	230	220	210	200	—	—	—
	职员	80—180				80—180			

资料来源：湖南省教育委员会教育志办公室：《湖南教育史志资料》，湖南教育委员会1986年版，第44页；转引自曾超群《民国时期长沙中学教师群体研究1927—1937》，硕士学位论文，湖南师范大学，2015年，第31页。

由上可知，1933年，湖南政府规定一般中学教员月薪维持家庭开销不成问题。尽管受地方政府行政效率与财政实力的影响，各地教师薪俸等级不同，中学教员薪俸虽不及大学教授那般丰厚，但相对于小学教员入不敷出的境地要高出许多。

表4-21　　　　　　　1936年上海市立专任教员俸给分级　　　　（单位：元）

校别	第一级	第二级	第三级	第四级	第五级	第六级	第七级	第八级	第九级	第十级
初中	220	200	180	160	150	140	130	120	110	100
高中	260	220	200	180	170	160	150	140	130	120

资料来源：教育部编：《青年择业问题》，商务印书馆1936年版，第116页。

由表4-21可知，1936年上海市立专任教员俸给分级表中，除了第一级别，高中和初中薪金相差40元，其余第二至第十级均相差20元。可见，薪资的多少与级别有关系，亦与教师所教初中和高中阶段有关联，支俸级别越高，俸额越多。

1927—1937年，南京国民政府注重对教师的薪资发放，师范类毕业生尤其是大学教授、中等学校教师工资待遇优于其他级别的教师。由于师范毕业生流向不同级别的学校，按照政府与教育部门的规定，毕业生薪酬水平高低不一。

这一时期，中等院校毕业生待遇普遍偏低，制约着师范毕业生的择业取向，导致许多毕业生不愿意从事教师职业。针对教师待遇问题，曾有人提出"乃近年各处师范毕业生，因初级小学收入菲薄，不肯俯就"[①]。1928年 5 月，时人于全国教育工作会议上提出："小学教员报酬既薄，生活又苦。欲使其安心以教师为终身职业，非特别优待不可。"[②] 事实上，小学教师平均所得的年薪无法满足日常生活所需，入不敷出是常有的事。"但现在乡村小学教员之薪水，多者每月去膳 15 元，少者连膳 13 元，甚至有不足 10 元者。处此生活费用日益激增之世……实不足供最低限度之生活，是又何怪人之嗟叹怨尤，自伤命薄！"[③] 南京国民政府建立不久，世界经济恐慌大潮袭来，社会经济发展举步维艰，军费支出庞大，用于教育的经费相对有限，欠薪现象时有发生。特别是靠微薄工资度日的小学教师曾被拖欠工资。对此，张钟元于 1935 年对皖、苏、浙、鲁、豫、闽等地教师发出4000 余份调查问卷，调查其生活状况。通过调查，获知当时小学教师勉强维持生计，甚至欠债的境况。《教育研究（广州）》曾报道：1934 年 5 月，广州市某小学教师不幸染上疾病，其薪水拖欠了四个月不发，导致其无钱医治。其妻因为穷困潦倒而离开，再加以债主整日上门讨债，这位教员不堪重负，最终走向自杀的道路。[④] 与此同时，中国农村经济崩溃，广大劳苦农民在穷困简陋中挣扎，乡村小学教员亦不例外。陕西省"任何乡村的小学教师，每月顶高薪金不过十五元左右，至低的竟有四五元之少，假定一个教师的家庭，有三四口人吃饭，很明显的生活就要发生恐慌，甚至有时还有拖薪欠薪等事情发生，其困难更可想而知了"[⑤]。这一时期，城市教师的薪酬水平要高于乡村教师，见表 4 - 22。

---

① 李友芝、李春年、柳传欣等编：《中国近现代师范教育史资料》，北京师范大学出版社 1983 年版，第 340—649 页。

② 中华民国大学院：《全国教育会议报告》，商务印书馆 1928 年版，第 143 页。

③ 《乡村师范教育问题》，《江苏教育（苏州 1932）》第 1 卷第 7—8 期，1932 年，第 161 页。

④ 陈振名：《广州市小学教师生活之研究》，《教育研究（广州）》1936 年第 69 期，第 156 页。

⑤ 赵寿塔：《城市师范毕业生应如何尽先去乡村办教育》，《陕西教育月刊（西安 1927）》第 1 卷第 1 期，1935 年，第 23 页。

表4－22　　　　　　　　　1936年上海市小学校长教员俸给分级　　　　　　（单位：元）

职别	第一级	第二级	第三级	第四级	第五级	第六级	第七级	第八级	第九级	第十级	第十一级	第十二级	第十三级	第十四级	第十五级
校长	120	110	100	90	85	80	75	70	65	60	55	50	45	40	35
级任教员	110	100	90	85	80	75	70	65	60	55	50	45	40	35	30
专科教员	100	90	85	80	75	70	65	60	55	50	45	40	35	30	25
助教员	90	85	80	75	70	65	60	55	50	45	40	35	30	25	20

资料来源：教育部编：《青年择业问题》，商务印书馆1936年版，第120页。

从表4－22可见，1936年，上海市小学校长、级任教员工资尚可，师范毕业生仅能成为较低级的职工或者助教员，这类师资的工资相当微薄。作为经济重镇的上海，小学教师薪资待遇尚且如此，西部及偏远地区师资薪俸只能是少之又少。从中不难窥知，中等师范毕业生工作待遇之低。

事实上，民国时期，许多中小学教员是非正式职员，仅为聘用，对于此类教员的薪俸计算按工时计算，于是中小学教员为了多挣些钱就要增加课时，即便如此，收入仍捉襟见肘。"一职难求"的境况迫使师范毕业生为生存只能高强度的投入工作。师范毕业生是小学师资主要来源，"小学教师，也就是实施三民主义的国民基础教育的急先锋，而有贡献于国家"。[①] 这亦表明小学教师对于国家教育发展的重要性。

总之，自中国近代师范教育兴起以来，社会上提高教师待遇的呼声越来越高，不同层次教师工资待遇存在差异，位居高层次的大学教师收入颇丰，人数众多的中小学教师的薪俸低于其劳动付出。尽管知晓差别巨大的薪资水平，在就业整体环境不良的情况下，大多数师范毕业生只能选择先就业，维持生存。

2. 毕业生供需不平衡

南京国民政府十年期，大学毕业生"孔雀东南飞"的现象相当普遍，师范毕业生亦不例外。师范毕业生毕业服务期满后一般直接分配到指定的城市学校任教，部分业务能力低的毕业生前往偏远的农村从教。东南沿海

---

① 花寿泉：《师范生之训练与服务问题》，《江苏月报》第4卷第1期，1935年，第38页。

地区经济相当发达，教育发展较快，对于师资的需求总量颇高，势必吸引着师范毕业生流向城市，而穷乡僻壤之地自然无人问津，师资匮乏，于是形成毕业生地域分配不平衡的格局。这种不平衡亦与地域间教育发展水平的差异有一定的关联度，见表 4 - 23。

表 4 - 23　　　　　　　　1930 年湖南省与其他省立教育效果比较

省、市	人口数	中等教育学生数	每一万人平均受中等教育人数	排名
上海	1500000	31942	212.95	1
广东	32427626	60391	18.62	8
湖南	31501212	36263	11.51	14
湖北	26699126	14455	5.41	24
全国共计	464905269	514609	总平均 11.07	

资料来源：教育部中国教育年鉴编审委员会编：《第一次中国教育年鉴》，开明书店 1934 年版，第 1637 页；转引自曾超群《民国时期长沙中学教师群体研究 1927—1937》，硕士学位论文，湖南师范大学，2015 年，第 11 页。

通过以上统计数据，可以获知上海、广东、湖南、湖北等地域的教育事业发展极其不均衡，上海与广东的中等教育水平明显高于两湖地区，这反映出经济发达省份，其教育水平相应地较高，而经济欠发达地区的教育亦较为滞后。中国地域广阔，区域发展不平衡由来已久，这种失衡的空间走向势必制约着地方教育的发展水平。

南京国民政府十年期，师范毕业生就业的空间分布除呈现区域不平衡的特征之外，还出现城乡供需失衡的现象。正所谓"人往高处走，水往低处流"，城市生活的便利、繁华与乡村的闭塞、落后形成鲜明的对比，大部分师范毕业生争先恐后地涌入城市，对乡村则望而却步，最终导致师范毕业生城乡供需的不平衡。随着大量师范毕业生进入城市，城市各级学校所能聘请的师资人数有限，城市出现饱和状态，供过于求，失业是在所难免的。与之相反，乡村则缺少优秀师资。譬如"案查师范毕业生，照章应有服务之规定，但该项毕业生多在都市任教，或另谋他事，而颇不顾回乡村服务，致使都市大有人满之患，而乡村则多感师资缺乏之苦，似此畸形现象，殊于师范窒息实多"。① 可见，师范毕业生的主观意愿在某种程度上加速了城乡供需不平衡的形成。南京国民政府时期，社会处于严重的贫富两极分化状态。民国时期，北平、上海、广州等大城市经济繁华，各种外来文化思潮汇集于此，吸引着众多知识分子流向城市，其中不乏文化名人、教授名流。此类城市教育发展迅速，对师资需求的数量较多，于是广大师范毕业生怀揣着全家人的希望奔赴都市，以 1935 年北平师范大学毕业生服务地点为例，加以说明。

表4-24　　　　　1935 年北平师范大学毕业生服务地点分配　　　（单位：人）

省、市	人数	省份	人数	省份	人数
北平市	115	河北省	45	山东省	44
河南省	13	察哈尔省	8	广西省	5
浙江省	5	福建省	4	山西省	3
山西省	3	绥远省	3	江苏省	3
四川省	3	安徽省	3	贵州省	1
上海市	1	南京市	1	湖南省	1
湖北省	1	总计		262	

资料来源：《本届毕业生近况统计表》，《国立北平师范大学校务汇报》1935 年第 132 期，第 8 页。

表 4-24 是 1935 年 10 月 23 日由国立北平师范大学毕业生事务部制成，从中不难看出，该校毕业生多留在北平市有 115 人，以北平市为地理中心，向中原一带辐射，随着地理距离的增加，毕业生地域流向呈现由多至少的变化，河北省 45 人、山东省 44 人、河南省 13 人，其他省份则为个位数。可见，大学生所在学校的地理位置直接影响着其日后毕业的空间走向，即大多数毕业生选择留在学校所在的城市，这既解决了青年人的就业问题，又有助于其实现人生理想。然而，20 世纪二三十年代，中国农村经济濒临崩溃的边缘，大多数农民处于水深火热之中，农民子弟能读完小学已属不易，小学毕业后即回家务农，仅有少数经济宽裕的家庭能送孩子去城市求学，详见表 4-25。

① 《山西省教育厅训令第 1079 号》，《山西教育公报》1933 年第 67 期，第 3 页。

表 4 - 25　　　　　　　1936 年全国中学农村学生人数统计　　　（单位：所，人）

省、市	所调查校数	学生数	农村学生数	农村学生比例（%）
江苏	55	15762	7270	46.00
浙江	24	7581	3845	50.71
安徽	19	4447	3093	69.50
河北	19	5233	3597	68.70
山东	9	2678	2314	86.40
四川	3	762	611	80.20
江西	9	2000	1385	69.25
湖南	7	2594	1948	75.09
湖北	3	978	591	60.43
广西	3	938	634	67.52
广东	8	3866	2375	61.17
福建	3	1629	267	22.53
南京	12	5038	1587	31.50
上海	25	9211	2853	30.97
北平	9	3147	1647	52.36
青岛	2	623	152	24.40
总计	210	66487	34169	51.39

资料来源：童润之：《提倡乡村中等教育的八大理由》，《中华教育界》第 24 卷第 2 期，1936 年，第 5 页；转引自丛小平《师范学校与中国的现代化：民族国家的形成与社会转型（1897—1937）》，商务印书馆 2014 年版，第 257—258 页。

如表 4 - 25 所示，这一时期，中国中学生构成比例以农村学生为主，山东、四川等省份农村学生人数最多，占到总数的 80% 以上；其次是湖南、湖北、河北、安徽、广东、广西、江西等地区的农村学生，均占至 60% 以上；浙江、江苏、北平等地农村学生数，为 50% 左右；青岛、上海、南京、福建等地区农村学生，仅为 30% 左右。这表明东南沿海一带经济繁荣，城市中学生人数颇多，对师资的需求度较高。山东、四川、河北、湖南、河北、湖北、安徽、江西等内陆地区农村中学生人数多，需要更多教师的加入。在推拉理论的作用下，师范毕业生更愿意进入东南沿海地区等口岸城市，在满足城市对教师需求的同时，却在某种程度上阻碍着农村学校的发展，最终的结果是城乡之间师资供需不平衡状态的形成与固化。

总之，1927—1937 年，中国国内局势复杂，东南沿海等地区经济富庶，相对稳定的社会环境带动了该区域教育事业的发展，快于内陆偏远地区。这种地区间经济发展的不平衡导致了人才需求的失衡，城市与乡村之间的巨大需求差异使人才流动异常，结果是需要师范人才的乡村无人可用，而相对饱和的城市却人才过剩。虽然南京国民政府采取措施，呼吁青年学子到农村去，欲促进师范生向乡村地区流动，可惜成效微弱。

3. 毕业生职业流向集中

南京国民政府执政的"黄金十年"，经济与社会处于特殊时期，师范生就业面临着选择，是从事教育行业，还是另寻他途，成为师范毕业生们必须面对的问题。通过翻阅民国报刊，可以获悉，师范毕业生的职业流向大体有：一方面趋向于政府部门和教育部门，从事政府职员和教员工作；另一方面进入政府部门或者从事其他行业。民国时期，城市"职业种类甚多，不可胜数，有农夫、官吏、军人、商人，而商人之中又有绸缎铺、鱼行、米行、五金店、点心店、文具商、纸店、丝行等，种类至不齐一。若概括分类，可分为农业、商业、工业、矿业、水产业、交通业、公务自由业、家事使用人，等等"。① 师范毕业生在职业选择上受此时期多种因素的制约，更多的是流向都市，亦有少数有志青年前往农村，普及乡村教育，挽救破产的农村经济，提高农民的文化素质水平。

这一时期，全国师范学生毕业后大多流向教育领域，他们从事的职业大多是教师，担任教师是一种合适的工作，亦是所学为所用，具体如下。

表 4 - 26　　　　　1935 年国立北平师范大学毕业生就业统计　　（单位：人）

毕业生近况统计表系别	职别															毕业人数
	大学教授及讲师	师范学校校长	大学职员	中等学校教务	中等学校训育主任	中等学校体育主任	中等学校事务主任	中等学校教员	小学校长及幼稚园主任	小学教员	教育厅督学	政界	军界	国外留学	升学	赋闲	未详	其他	
教育系	—	1	—	1	—	—	1	26	2	2	—	2	—	2	1	2	7	—	47

① 教育部编：《青年择业问题》，商务印书馆 1936 年版，第 1 页。

续表

毕业生近况统计表系别	职别																		毕业人数
	大学教授及讲师	师范学校校长	大学职员	中等学校教务	中等学校训育主任	中等学校体育主任	中等学校事务主任	中等学校教员	小学校长及幼稚园主任	小学教员	教育厅督学	政界	军界	国外留学	升学	赋闲	未详	其他	
体育系	5	—	1	—	—	—	—	8	—	—	1	—	2	—	—	—	—	—	17
国文系	—	—	—	—	1	—	—	42	—	—	1	—	—	1	—	2	8	1	56
外国语文系	1	—	—	—	—	—	—	34	1	—	1	—	—	3	—	1	14	2	57
历史系	1	—	—	—	1	—	—	39	—	—	—	—	—	4	1	3	11	2	62
数学系	—	—	—	—	—	1	—	20	—	—	—	—	—	—	—	—	3	—	25
物理系	—	—	—	—	—	—	—	9	—	—	—	—	—	—	—	—	1	1	11
化学系	—	—	1	—	—	—	—	10	—	—	—	—	—	—	—	—	1	—	12
生物学系	—	—	1	—	—	—	—	20	—	—	—	—	—	—	—	—	3	1	25
地理系	—	—	—	—	—	—	—	17	—	—	—	—	—	—	—	—	—	—	23
总计	7	1	3	1	2	1	1	225	3	2	2	4	2	10	2	10	51	8	335
百分比（%）	2	3	1	3	6	3	3	67	1	6	6	1	6	3	6	3	15	2	100
备注	—	—	—	—	—	—	附小主任在内	—	—	—	—	—	—	—	—	—	—	—	—

资料来源：《本届毕业生近况统计表》，《国立北平师范大学校务汇报》1935 年第 132 期，第 8 页。

从表 4-26 可知，北平师范大学毕业生大多进入中等学校从教，占到 67%。其他毕业生亦主要流向教育领域，工作的层次较高，甚至担任大学校长、教授等职位，少数毕业生步入政界和军界，占到 7%，还有部分学生赴国外留学或继续求学，赋闲在家的为 3%。高等师范院校毕业生就业职位优于其他级别师范学校毕业生的工作岗位。不过，无论职位层次高低，师范院校毕业生主要从事教育工作，为各级各类学校输送有用人才。

这一时期，不管是私立学校或者是公立学校皆涌入大量师范毕业生，充当一线教师，表 4－27 以 1937 年江西省第五行政区各县市，各类师范院校毕业生从事教育与非教育行业调查统计为例。

表 4－27　　　　　1937 年江西省各县、市师范毕业生概况统计　　　（单位：人）

各县、市		毕业院校				现状			共计
		高级师范	高中师范	四年师范	简易师范	服务于教育机关者	服务于非教育机关者	尚未任用者	
第一行政区	武宁	0	5	12	4	19	2	0	21
	修水	1	8	21	0	19	5	6	30
	铜鼓	1	3	4	0	7	1	0	8
	奉新	1	6	25	0	22	5	5	32
	靖安	0	1	7	1	7	1	1	9
	安义	0	0	6	0	5	0	1	6
	永修	0	3	4	0	3	2	2	7
	新建	1	0	27	0	30	1	0	31
	南昌	4	8	49	0	61	0	0	61
	进贤	0	0	13	0	3	2	9	14
	合计	8	38	168	5	176	19	24	219

资料来源：《江西省各县师范毕业生概况统计表》，《江西省政府公报》1937 年第 736 期，第 14 页。

另有第二行政区共 11 县，合计毕业生 424 人，从事教育行业 317 人，非教育行业 47 人，尚未任用者 60 人。第三行政区共 11 县，合计毕业生 184 人，从事教育行业 140 人，非教育行业 14 人，尚未任用者 30 人。第四行政区共 11 县，合计毕业生 337 人，从事教育行业 191 人，非教育行业 32 人，尚未任用者 114 人。第五行政区共 12 县，合计毕业生 308 人，从事教育行业 257 人，非教育行业 17 人，尚未任用者 34 人。第六行政区共 10 县，合计毕业生 369 人，从事教育行业 305 人，非教育行业 24 人，尚未任用者 40 人。第七行政区共 11 县，合计毕业生 321 人，从事教育行业 254 人，非教育行业 34 人，尚未任用者 33 人。第八行政区共 7 县，合计毕业生 75 人，从事教育行业 52 人，非教育行业 15 人，尚未任用者 8 人。从以上各县市师范毕业生毕业后主要流向教育行业，担任教师，成为"传道授业解惑者"。

　　根据时人记载，民国中小学招聘师资的对象除了师范毕业生之外，还有许多非师范类的大学毕业生。这一时期，中国国内就业环境不利于各类大学生能学有所用，就业竞争异常激烈。而教育领域的准入门槛相对不高，尽管工资待遇不丰厚，却尚能维持生计，于是为数不少的大学生流向教育领域。加之，民众把从事教育事业当做稳定而体面的工作。譬如，一般师范生毕业"或为校长，或为主任，或为教员"。[①] 这是很普遍的现象，朱玉珂在《她师范毕业后的一年生活》一文中指出："师范生毕业后的出路，当然是任小学教师，她便由本县的教育局推荐到客乡的乡村小学去当校长。"[②] 可见，师范生毕业后大多数从事教育教学，下面通过 1935 年集美学校师范毕业生就业调查表，进一步说明此种情况。

表 4 - 28　　1935 年集美学校简易师范科第一组毕业生 11 人近况调查

姓名	性别	籍贯	毕业之后状况
陈扶乾	女	思明	厦门市大同小学级任教员
赵元英	女	莆田	厦门鼓浪屿普育小学级任教员
林文爱	女	莆田	莆田县立砺青小学教员
郑丹凤	女	海澄	同安私立启悟小学教员
胡珊美	女	永春	结婚后南渡，余未详
杨爱局	女	南安	厦门禾山义务小学教员
苏莲春	女	海澄	厦门私立群慧小学教员
李绍庚	女	永春	升学沪上
陈达君	女	思明	升学集美高中艺术科
林清贤	女	思明	厦门禾山蒙全小学教员
阮敦宜	女	南安	石码私立明智小学教员

资料来源：《师范毕业生近况调查》，《集美周刊》第 17 卷第 6 期，1935 年，第 32 页。

　　从表 4 - 28 可见，这 11 位师范毕业生有 8 位从事教育，2 名升学，1

[①]　《师范毕业生不敷分配》，《集美周刊》第 19 卷第 7—8 期合刊，1936 年，第 20 页。

[②]　朱玉珂：《她师范毕业后的一年生活》，《青年界》第 8 卷第 2 期，1935 年，第 100 页。

位结婚后南渡，此个案说明师范学生毕业后从事教育的是多数。曾经的北大校长杨绍宣先生在北平师范学校第十三届学生毕业式上讲话说："在师范部毕业的同学，将投入教育界去教育儿童；在中学部毕业的同学，将投入各大学去研究专门知识。"[1] 这足以表明师范生毕业后成为教师的出路。

当时，一部分中等师范学校毕业生，选择薪资微薄的乡村教师存在一定的难度，究其原因在于：第一，中国农村经济衰落，大多数农民勉强维持生计，没有能力送孩子去上学，全国小学教育尤其是乡村小学教育发展受阻，结果是中等师范毕业生的就业机会减少。据1931年《第一次中国教育年鉴》统计，1930年全国共有小学244618所，教职员553968人。而仅1929年和1930年两年，中等师范毕业生总数为580304人，毕业生人数多于小学教职员人数，呈现供过于求的趋势。第二，许多非师范类毕业生选择从事小学教育。当时，大学毕业生"毕业即失业"的现象极为普遍，为了维持生存，大学毕业生涌入教育行业寻求出路。第三，民国时期，很多乡村小学前身是私塾，因此小学大多由当地乡绅掌控，其现有小学教师即使不符合教员要求，但因为他们和乡绅的特殊关系而继续从教，其势必无空位供师范毕业生选择。

尽管存在以上的现象，但教育领域总体就业前景尚可，师范毕业生选择教育行业的关键原因在于政府对师范学校的政策，例如："省立师范学校毕业生，应遵照江苏省师范毕业生服务暂行规程，及江苏省教育厅第1433号通令之规定，在本县小学服务；师范毕业生不遵照教育局指定服务地点前往服务，科局长得呈请本厅处之。"[2] 因此，师范生毕业服役后皆遵照政府规程留在本地教学。不过，亦存在个别地方不遵守政令擅自开除教师的现象，"据奉新县师范毕业生徐寿椿呈：以该员服务历二十余年，颇著劳烦，本年在该县区中心小学供职总务主任。暑假完毕后，未得该校长同意，竟而解聘，请予令县尽先委用等情；查师范毕业生服务小学教育，应予保障，不得任意更换，迭经通令在案。该教师是师范学校毕业，并经该县小学教员登记合格长期，供职该中心小学，非有过失，经该县政府查

① 汤世雄、王国华主编：《北京师范学校史料汇编（1906—1948）》，北京教育出版社1995年版，第435页。

② 《各县科局支配师范毕业生服务补充办法》，《溧阳教育》1936年第2—3期，第49页。

明属实后，自不宜轻予解聘。"① 可见，20 世纪二三十年代，南京国民政府创建初期，百废待兴，亟须人才，重视教育的投入，尤其是通过官方力量介入以保障师资的培养与就业。

如上所述，民国时期师范毕业生主要就业流向是教育领域，不论是义务所在，服务所限，或是因生活压力所致，不得不为之，师范毕业生毕业后多数进入学校是不争的事实。然而，这种过度集中的人才流向会导致就业竞争等问题的产生，影响着社会秩序的良性运行。

中国知识分子"学而优则仕"的传统人生理念亦对师范院校毕业生产生影响，他们希望毕业后能够步入政界为官，进而光宗耀祖，衣锦还乡，期许着享受数不尽的荣华富贵，拥有着特殊的社会地位。然而，"官的又一途，人多为患，别种事业却无人过问"。② 实际上，大学毕业生对于从政较为热衷，政府的职位炙手可热，竞争相当惨烈。"师范生受专业之训练自应从事教育以尽天职，多年来各地小学教职员多非师范出身，虽师范生人数少，不敷分配，而毕业后改图他业者，亦所在多。"③ 从中可以获知，师范毕业生不仅从事教育事业，而且还在其他行业就业。青年学子"进了大学，就是为的做官，入学读书就是为了取得做官的资格"。"学生为准备做官当老爷，在学校里，只知道读书，而不会做事，更不愿劳动。"④ 部分青年学生把步入仕途作为人生的追求，他们毕业后积极地谋求职位进入政府机关。

师范毕业生进入政府充当书记、办事员等职，符合中国传统文人从政的理想诉求。"中国人读书的观念，有一个一贯的思想——做官，所以孔二先生说：'学而优则仕，仕而优则学'，这种封建的意识形态，到现在还在一般读书人的脑筋中留存着……好像读书人就简直是社会上的特殊阶级了。读了书便只应做官享乐，别事不能去做。"⑤ 南京国民政府时期，师范毕业生深受此种思想的影响，期许着能步入仕途，能够得到"一官半职"，

①　熊式辉、程时煃：《江西省政府训令：教三字第六二六四号》，《江西省政府公报》1937年第 909 期，第 10 页。

②　潘菽：《改进中国教育的几个简简单单的问题》，《中国教育界》1930 年第 18 卷第 9 期，第 2 页。

③　《颁发师范生状况调查表填报》，《福建教育周刊》1929 年第 45 期，第 7 页。

④　刘问岫编：《中国师范教育简史》，人民教育出版社 1984 年版，第 28 页。

⑤　公屏：《如何救济失业大学生》，《骨鲠》1934 年第 38 期，第 6 页。

这样既体面，又不会无端失业。政府机关中的书记、抄写员等毫无决策力的小职员，往往是其首选。对于师范毕业生而言，尤其是面向小学的师范毕业生，能够避免去穷乡僻壤，留在城市，从事毫无专业性质的工作亦是良策。

总之，1927—1937 年，南京国民政府采取了一系列措施，规范师范学校的发展方向与人才培养的具体要求。在服从学校与地方政府分配的前提下，大多数师范毕业生进入教育领域工作，从事教育事业，推动了城乡各级学校的发展。一部分师范毕业生，选择步入政府机关，实现着自身的从政诉求。

（四）影响师范院校毕业生就业的因素

南京国民政府十年期间，失业成为大学毕业生之常态，师范毕业生作为国家培养振兴教育事业的专门人才，在权力的介入下，其就业相对顺畅。然而，受社会环境与毕业生自身的因素，师范毕业生就业仍面临一系列困难。

1. 社会因素

第一，缺乏良好的就业环境。1927 年，南京国民政府的成立并不是真正意义上的全国统一，而是以新军阀分区统治的妥协政府。1927—1937 年，中国可谓是"无年不战""无年不荒"。特别是 1929 年至 1930 年爆发了蒋桂战争、蒋冯战争、蒋张桂战争等，各军阀之间你争我夺，欲成中国之王者，致使军费耗损巨大，战争所及之处，民不聊生。最终，南京国民政府实现了形式上的统一，内部却是暗流涌动。同时，战争所带来的负面影响很难挥之而去，诸如经济低迷、城市的损毁、政府军费支出巨大以及增加国债的发行，等等。

表 4－29　　　　　1929—1935 年军费与债务偿还两项财政支出　　　　（单位：元）

年份	税收总预算	军费支出预算	债务偿还费预算	两项共占百分比
1929	483367305 元	256322792 元	206789572 元	95.8%
1930	582344699 元	303973769 元	277925063 元	99.9%
1931	694701278 元	296569439 元	343404644 元	92.1%
1932	662429427 元	335110161 元	223961247 元	84.4%
1933	694432223 元	426400000 元	283601427 元	102%
1934	730540909 元	332990910 元	257530231 元	80.8%

续表

年份	税收总预算	军费支出预算	债务偿还费预算	两项共占百分比
1935	685650931 元	321000000 元	274803279 元	86.9%

资料来源:《国民政府财政部档案》,中国第二历史档案馆藏,资料号:3-2-2360、3-2-802-2;转引自张生《南京国民政府税收的总体透视(1927—1937)》,《江海学刊》1999 年第 4 期,第 143 页,根据统计数字制成此表。

由表 4-29 可知,这一时期,国内战争连绵起伏,南京国民政府收入的 80% 以上用于军费及债务开支,用于教育、经济发展的经费捉襟见肘。加之,战争本身对经济的直接损害亦极其严重,工厂破坏,工人被征兵,商业遭受重创,无论是体力劳动者还是脑力劳动者皆陷入就业的困境,师范毕业生概莫能外。

除战争因素,民国时期各种自然灾害频发,所谓"大兵之后,必有凶年",就在蒋介石平定北洋残留的军队后,旱灾、水灾、雹灾、风灾等多种灾害并发,灾荒席卷了西北、华北地区,全国至少有 25 个省市损失惨重。其中,最为严重的就属西北、华北的旱灾。1931 年,江淮流域的鄂、湘、皖、苏、赣、浙、豫、鲁八省发生了罕见的大水灾,"超过英国全境,或相当于美国纽约、康涅狄格、新泽西三州面积总和的广袤地域,洪涛滚滚,大地陆沉。大约有四十余万人葬身浊流"。① 20 世纪 30 年代中国各类自然灾害,见表 4-30。

表 4-30　　　　　20 世纪 30 年代全国受灾地区及灾民统计　　(单位:个,人)

年份	灾害类别	受灾省(县)数	被灾人数
1930	水灾、旱灾、虫灾	830 县	44686452
1931	水灾	16 省	7000 万以上
1932	水灾、旱灾、虫灾、瘟疫	300 余县	不详
1933	水灾	15 省 476 县	3642514
1934	水灾、旱灾	652 县	不详
1935	水灾	17 省 324 余县	22087326 (9 省不详)

---

① 李文海、刘仰东、夏明方等:《中国近代十大灾荒》,上海人民出版社 1994 年版,第 202 页。

续表

年份	灾害类别	受灾省（县）数	被灾人数
1936	水灾、旱灾、地震	354 县	不详
1937	旱灾	225 县	3000 余万
1938	水灾（黄河决口）	3 省 44 县	1250 万
1939	水灾	198 余县	1000 万左右

资料来源：据魏宏运：《1939 年华北大水灾述评》，《史学月刊》1988 年第 5 期，第 94—95 页；李文海等：《中国近代十大灾荒》，上海人民出版社 1994 年版，第 341—346 页；中国第二历史档案馆：《民国以来历次重要灾害纪要（1917—1939 年）》，《民国档案》1995 年第 1 期，第 1—6 页；吴毓昌：《中国灾荒之史的分析》。《中国实业杂志》第 1 卷第 10 期，1935 年，第 1826—1835 页数据综合制成。

上表对南京国民政府十年期全国各地发生灾害进行粗略统计，受灾面积广、受灾人数多，农业与工商业等行业受到严重影响，社会经济一蹶不振。对此，南京国民政府考虑到"国家财政困难，一切应采用紧缩政策"[1]，民众就业势必受阻。除了国内因素之外，世界经济危机的冲击，使中国深陷经济泥潭之中，经济发展举步维艰，工厂关门、商店歇业，失业者充斥于城市的各个角落。在失业大军势如潮涌的困境下，师范毕业生的就业备受影响。

第二，就业政策缺乏规划性。南京国民政府成立到抗日战争爆发前，国民政府全面加强教育立法，制定一系列法规政策。其中，为促进师范毕业生顺利就业，南京国民政府出台了相关政策，却缺乏规划性。毕业生一旦到地方服务之后，很难再实现人才流动。

具体就业政策如下：省级初级师范毕业生主要从事省内各州、各县的小学教师工作，州县一级的初级师范毕业生，应尽本州县小学教师的服务义务。在服务期的师范毕业生不能私谋营生或同时兼任别的工作。服务期满后根据工作情况可奖励官职，但对于愿意继续从事教员工作的应当给予嘉奖。服务期年限暂定为官费本科生六年，简易师范生三年；自费毕业生本科三年，简易师范两年。具体年限根据今后教育发展情况决定。省级初等师范毕业生因教育工作变动需要本省长官同意，在其他州县工作也必须

---

[1] 中华民国史研究室编：《中华民国史资料丛稿·大事记》（第十八辑），中华书局 1983 年版，第 10 页。

服务到期。初级师范毕业生，若因不可抗力不能尽服务义务的，在调查明确后，可经省长官员同意免除服务期。初级师范毕业生，如果不履行应尽义务，或者工作期间出现重大问题被免除教师资格的，应退还国家补助学费。鼓励初级师范生服务期满后进入高等师范深造、进修。

就政府职能而言，以上措施尚为全面，其中亦存在不明确之处，导致执行起来反而无章可依循。而中国自古以来就是人情社会，裙带关系根深蒂固，遵章守序的选拔选人才遭遇层层阻力。"我觉得要铲除这种'才不称其职'的恶现象，应当先要使有处置人才的权威的人们能有'大公之道，物我同视'的精神，要屏除以往私相授受的方式去支配人才的使用……我以为在人才使用一方面，倘能由'辨别公私'而能达到'公而忘私'，则人才的使用可稍得其平。"[1] 以上从某个侧面指出人才任用的不公正，给贪腐者以可乘之机，进而反映出就业指导停留在理论层面，未对师范毕业生担负起明确的指导与保障。所以，政策的规范性不足导致政策执行的困难，这些规定反而成为师范毕业生求职的无形枷锁。

第三，教育体制不完善。1927—1937 年，南京国民政府颁布了一系列关于教育的法律法规。其中，1932 年 12 月国民政府颁布了《师范学校法》，1933 年 3 月又颁布了《师范学校规程》，这两个重要的教育法规对师范教育有着重要意义，明确了师范学校的法律地位、办学体制等基本规范。此时期，社会初步稳定，经济刚刚有所恢复，国家主要致力于发展经济、重建社会秩序。在注重各项建设事业的同时，南京国民政府为推进教育事业制定相关法律法规。就师范教育而言，学校科目设置不符合社会发展需要，科目设置多参照西方国家，与本国国情存有距离。从基础设施来看，南京国民政府投入资金建设学校基础设施，由于各级官员层层盘剥，真正用于学校建设的寥寥无几。大城市学校的硬件设施尚可，而乡村师范学校环境艰苦，条件相当简陋。譬如，一个女师范生毕业后曾被分配到乡村学校当校长。她曾言："那所小学，是新开办的，校舍是借的祠堂，只有一个教室，除了办公室和寝室合在一处外，只有一个狭窄的厨房了。四壁张挂着蜘蛛网，灰尘是积着厚厚的，剥落的墙壁砖变了灰色，并且已有

---

[1]　高迈：《谈人才统制》，《全国学术工作咨询处月刊》第 2 卷第 5 期，1936 年，第 28 页。

几处倒塌了。可以看得出这已是个年久失修和无人住过的地方了。"① 不难看出，远离都市繁华的乡村办学条件的艰苦，即便南京国民政府提倡兴办教育、创办学校，但各地办学的效果仍参差不齐，不尽如人意。

教育制度的不完善源于国家权力的过度介入。南京国民政府大力发展教育事业的同时，注重政治思想的输入与引导。南京国民政府要求师范院校增设"三民主义教育""国民党党义"等与政党密切相关的政治教育，严令学生参加政治活动，意欲从思想层面引导甚至控制师范生，实现其教育的政治目的。

另外，学校的课程设置无法使教育资源得到最优化，师范生基本技能得不到切实锻炼。对此，南京国民政府有所改革，但是课程设置的所谓标准化、统一化并不能培养出适合社会需求的实用人才。至于毕业环节，南京国民政府采取全国会考的方式，会考试题由政府拟定，政府故意增加题目的难度，意图将广大学生限制在校园内，减少学生参加游行示威等政治活动的可能性。同时，规定未通过会考的学生不能参加教育工作。这种带有明显政治色彩的考试成了师范生与就业之间的鸿沟。

总之，1927—1937 年，中国致力于发展教育事业，欲以推翻封建教育体制，构建全新现代式师范教育，这对师范毕业生而言，是十分有益的。但是，国民党一党专政使教育体制形成了模式化、标准化的特点，最终导致师范院校培养的师资无法满足社会需求，进而增加师范生就业难度。

2. 毕业生自身因素

这一时期，中国师范毕业生觅业的阻力除了教育体制、社会环境等客观因素之外，师范毕业生自身的问题亦是其就业的症结所在。事实上，部分毕业生因家境优越在大学期间安于现状，荒废学业，安于享乐，学艺不精，结果"遂使在校求学之师范生，为将来谋出路计，心境不安，不重实学，专事活动，以为日后任事之准备。长此以往，师范生实学，现有不日见退化者：对于教育前途，曷堪设想！"② 类似的现象，师范生大致呈现以下几种现象："（1）师范生懒惰因循，毫不振作，平均程度，每每不及普通科学生。（2）不愿意学教育课程，要求学校加多英文和数学的钟点。

---

① 朱玉珂：《她师范毕业后的一年生活》，《青年界》第 8 卷第 2 期，1935 年，第 100 页。
② 《厅令各县教局遵章任用师范毕业生》，《河南省政府公报》1934 年第 944 期，第 5 页。

（3）对于参观实习等重要的师范训练，多半敷衍了事。（4）毕业之后就多方设法假造文凭或是借文凭去图谋升学，之后就是去充当小学教师了，但是久于其位的，实居少数。"① 当时，部分师范生家境优越，到学校上学仅仅是为挂个名，上学后多不务正业，流连于娱乐场所。鉴于此，南京国民政府颁布法令禁止大学生进入舞场，以起到一定的约束作用。不过，大部分师范生在校期间，"即养成其刻苦耐劳之习惯，为社会服务之精神，对于教育抱有宗教之信仰，浓厚之兴趣，视教育为终身之事业，应尽知天职；不为外物所诱挠，有匹夫不可夺志之精神"。② 可是，刚走出校门的毕业生缺乏社会经验，难免会四处碰壁，多次的挫败使师范生对自我认知产生了偏差。加之，师范毕业生习惯城市生活，大多对乡村生活避而远之。"乡村教师生活既如此动摇，如此寒苦，一般染了城市气味的师范毕业生，不乐意去乡村服务，也是自然的事了。"③ 所以，唾手可得的乡村教师的职位却被大多数师范毕业生放弃。

此外，民国文人无墨君在《青年就业问题》中指出："青年究竟有没有出路，其关键完全在青年本身。某都会有一师范学校，今年暑假有三级学生已经毕业。以每级 40 人计，暑假后就有 120 名青年要钻进社会之网。他们在将要毕业的当儿，除了预备功课和恐怕会考不能及格外，还担心着毕业后的出路问题。他们暗中提早在纷纷托人，便是学校当局也函牍纷驰，把这一辈未来的改造者尽力地向各地教育局或各小学推荐。他们理想的标准是：地点，要都会；时间，每周之多授课 900 分；报酬每月 30 元。有位教师怀着一番好意，介绍甲青年到某地小学中服务去；那青年答应也已经答应了，可是结果他又把聘书退回。问其原因，报酬距理想的标准仅差 4 元。乙青年因要每周担任 1200 分的功课，无可推诿，只好说身体吃不消，情愿把事情回掉。丙青年，母校小学里想请他回去服务。他也因报酬未达标准之数，初则唯唯否否……丁青年自称他的家乡某小学要叫他去，可是因地处偏僻，终不愿就。戊青年擅长音乐。他在母校里弹惯钢琴，因此他向人宣称说小学里如果没有钢琴，他是不愿屈的。还有己青年，某

---

① 袁学礼：《师范生待遇问题》，《江苏教育》第 1 卷第 7—8 期，1932 年，第 140 页。
② 郭鸣鹤：《师范教育》，百城书局 1932 年版，第 93 页。
③ 赵寿瑄：《城市师范毕业生应如何尽先去乡村办教育》，《陕西教育月刊》第 1 卷第 1 期，1935 年，第 23 页。

小学挽人向他接洽，按月报酬 22 元。那青年劈头即向来人说道：'这真是笑话。'弄得来人讨了一场没趣而去。"① 以上，就是几位师范毕业生面对近在咫尺的就业机会，因报酬与地理位置而拒绝前往，这皆源于其择业的期望值过高，最终是无业可就。

这一时期，为就业和生存，在失业困境之下大学生组成大学生就业同盟会，向社会积极呼吁，曾强调南京国民政府政府铨选不公，导致人才不得重用。此种言论对于勤奋刻苦的优秀学生而言尚可，但是对于那些不学无术者则有些牵强。时人指出："师范生毕业之后，是要到各学校服务去的，但现在，有能力进学的学生人数，随着年月，大大的减少了，结果各校的校务，非但无法扩充，且有愈益缩小的倾向，在这样恶劣的情形之下，不需要添聘新的教员，乃是当然的事。而师范毕业生便不得不宣告'失业'了，即便教育或学校当局，公正铨选，视才登进，那结果也不过排挤了'莠'的，安插了'良'的，'失业'者还不是'失业'者吗？"② 以上将失业归咎于社会环境及政府用人的不公正。1927—1937 年，中国师范毕业生面临失业时未能从自身反省，或妄自菲薄或狂傲不羁，对其就业产生不良影响。

1927—1937 年，中国进入所谓的建设时期，百废待兴，重视发展教育，培养各类师资人才。南京国民政府对于师范生就业制定了相关的扶植政策，而师范毕业生对工作的期望值过高，导致其择业困难。据 1937 年 8 月 5 日《中央日报》刊载，未就业的大学毕业生有 1467 位，其中，大部分毕业生对工作都有较高要求。比如，第 43 位，叶女士，北平国立师范大学毕业，文学学士，希望待遇 140 元。③ 当时，中国城市小康家庭的月收入是 15 元到 30 元，普通教师待遇是微乎其微，足以反映出这位师范毕业生对月薪的要求之高。"现时我国教师待遇，尤其是青海小学教师待遇，实觉太过微薄，甚至不能维持其自身的生活。就各县小学教师待遇状况，据查少者每年不过 60 元，多者每月不过 20 元，平均每月月薪尚不及 10

①　无墨君：《青年就业问题》，《申报》1934 年 8 月 6 日第 17 版。

②　狄舟：《从"毕业即失业"到"失业及创业"》，《新生周刊》第 1 卷第 27 期，1934 年，第 526 页。

③　《民国大学生很少为何也失业》，《中国历史－铁血社区》，http：//bbs. tiexue. net/post/2015/6/6/3615847/1. html。

元。似此待遇情形，固难吸引师范生安心从事于教职。"[1] 民国时期，偏远内陆地区学校教师工资待遇低微，无法满足师范毕业生的就业期望，而此种残酷现实与美好的期望之间形成的落差，正是失业的重要原因。

加之，中国自古以来有重文轻武的传统，古代文官即使与武官相同品级，武官见到文官也要行礼。宋朝以来就是重文轻武，明朝随军出征的文官就有监察武将的责任，清朝更是沿用明朝的一整套制度，进而使中国知识分子形成莫名的优越感。时至南京国民政府时期，知识分子内心的优越感一直延存，导致其谋求职业的期望更高。这一时期农村师范教育急需人才，却乏人问津。对于大多数师范毕业生而言，进入城市拥有较高的薪酬，是其择业的预期，然而最终出现供需失衡的局面，有业不就的尴尬境地。

20 世纪二三十年代，失业大潮阴影下的中国师范毕业生内心充满了惶恐与焦虑，"大学生毕业之后，便感觉到职业的恐慌，找不到相当的出路，这是很早就成为问题了，不过这个问题到目前更其严重百倍、千倍、万倍！最明显的事实，就是因为南北各大学毕业生因利害的相关，而有失业大学同盟的组织，一方面向政府请愿，一方面向社会呼吁。"[2] 为解决失业问题，民国报纸上时常登载毕业生的求职启示，譬如："我是××县立师范的毕业生，在饥寒交迫的鞭策之下，我早就走上了生活之路。五六年来，我干书记员、教员、抄写员以及军队里的工作……屈指算来，我失业已 1 年多了……想不到我 24 岁一条汉子，在这瞎了眼的世界上，竟没有一点事可干……现在，如有抄写、文书以及其他工作，无论在公司、银行、学校或个人发明，我都愿意做。欲望也不高，只求能维持个人生活。如蒙雇佣，感激万分！"[3]《申报》作为中国近代第一大报，经常刊载关于民生的消息。1933 年 10 月 22 日，《申报·本埠增刊》开辟专栏，为毕业生提供求职平台，《特种职业自我介绍：唉，我快要饿死啦！》记录一位师范毕业生失业后内心的焦虑，降低自我评价，言辞中多是恳求，不在乎薪资的多寡。这两封求职信反映了师范毕业生求职的窘境与无奈。毕业生长期的

① 宋积莲：《青海师范毕业生服务指导问题》，《新青海》第 2 卷第 12 期，1934 年，第 22 页。

② 陈光虞：《大学生失业问题的检讨》，《民鸣周刊》第 1 卷第 12 期，1934 年，第 8 页。

③ 子菊：《特种职业自我介绍：一条汉子》，《申报·本埠增刊》1933 年 6 月 18 日第 2 版。

心理焦虑易产生一系列的社会问题，诸如社会治安案件越来越多。1931年"一豫籍青年吕文清行窃。吕君年二十二岁，且曾在大学毕业。失业以来，因受经济压迫，始出此不得已之下流策"。[①] 以上种种皆是失业恐慌造成的心理焦虑与偏执行为。

总之，这一时期，师范毕业生就业受到国内外诸多因素的影响，譬如世界经济危机冲击下，中国难免焦头烂额，农村经济衰退，城市经济发展受阻。中国国内政治纷争不断，战争此起彼伏，各种自然灾害相继为虐。这一系列的国内外客观因素与师范毕业生自身的不足、焦虑等主观因素交织在一起，势必会增加师范毕业生就业的难度。

（五）促进师范院校毕业生就业的措施

1927—1937年，中国师范教育得以发展，师范毕业生随之增多，为了使其更好地服务于社会，官方通过制定有关法令，采取政治、经济、社会与教育等相关措施，保证与促进师范毕业生就业，令毕业生有业可就，最终使师范毕业生的培养与输出形成良性循环。

1. 大力发展经济

1929年，世界爆发经济危机，萎靡不振的国际经济格局，给初创政权的南京国民政府经济带来重创。当时，国内外媒体连篇累牍地报道英、美等发达资本主义国家的失业民众集体示威游行，政府却无力根治的消息。对于内忧外患下的中国更是雪上加霜，经济不景气，越来越多的人陷入失业，即便是身为天之骄子的中国大学生也因失业问题而流离失所，师范毕业生亦不能幸免。对此，南京国民政府采取了一系列的经济政策，并取得成效。例如：制定了发展产业的经济政策："第一，以全国经济委员会为主的各级行政机关推行了改良棉花、蚕茧、茶叶等农产品的政策。第二，关于产业部的建设，铁路、公路、水利、供电等的事业都有进步。第三，有些国营事业获得初步的成果。第四，财政金融政策。以关税、盐税、统税的三大间接税为中心，国民政府确立了比较巩固的财政基础。"[②] 从总体上来讲，1927—1937年中国经济经历了缓慢发展的过程，"经过实施新的财政经济方针，1928年至1930年间，经济水平是上升的"。[③] 事实上，大

---

① 光：《失业大学生行窃》，《民鸣周刊》第1卷第26期，1934年，第4页。
② 张宪文主编：《民国研究》，社会科学文献出版社1994年版，第79—80页。
③ 孙智君编著：《民国产业经济思想研究》，武汉大学出版社2007年版，第119页。

力发展经济是解决师范毕业生就业的根本方法，经济稳步发展，用于各层次教育的经费必然增加，各级学校的规模随之扩大，对于师资的需求亦有所提升。

众所周知，"假如国家地位一经稳固，政治权达到绝对的统一。大家把所有的力量集中在中央，一切组织都走上合理化的途径，慢慢的使人力财力有适当的连贯，政治经济的建设，一天天强化起来繁荣起来……务期达到养一人，即有一人之用，需一人，即有一人之储，则未来之毕业生，自不会有失业之虑"。① 解决师范生就业问题的根本在于整合社会力量及政府职能，共同发展经济，创造更多的就业机会。中国自古以来是农业大国，世界经济危机对中国农村经济的摧毁程度甚是严重，使其濒临崩溃的边缘。南京国民政府时期，乡村"按国民政府颁布的县组织法第七条规定，凡县内百户以上之乡村地方为村，其不满百户者的联合数村编为一村；百户以上之市镇为里，其不满百户者编入村区域；但因地方习惯或受地势限制及有其他特殊情形之地方虽不满百户亦得成为村里"。② 可见，乡村范围之广，决定着农村经济的发展，对于振兴乡村师范教育和为更多师范生提供就业机会起着至关重要的作用。对此，"本府以市区各乡镇，经济凋敝，民生困难，急应从事农业复兴工作，爰延揽专门技术人员，于1935 年 11 月，成立农村改进委员会，研究农村一切改进问题"③。此项政令的颁布，表明政府意欲振兴农村经济，进而恢复国家经济，构建就业亟须的稳定经济环境，吸引师范毕业生前往农村，可谓"一举两得"。

2. 改革教育体制

20 世纪二三十年代，中国师范教育步入快速发展阶段，越来越多的师范毕业生走向社会，进入学校任职。然而，毕业生素质良莠不齐，主要源于学校不规范以及教师薪资不合理。

这一时期，中国师范教育发展充满了诸多波折。1927 年 5 月，南京国民政府提出实行"党化教育"，随之通过"国民政府教育方针草案"，控制

---

① 邱杰：《现阶段的大学生失业救济问题》，《全国学术工作咨询处月刊》第 2 卷第 7 期，1936 年，第 3 页。

② 李蒸：《吾国乡村教育问题》，《教育汇刊》1929 年第 1 期，第 44 页。

③ 《抗战前国家建设史料》，秦孝仪主编：《革命文献》（第 93 辑），台北：中央文物供应社1983 年版，第 2 页。

国民思想。1928 年 10 月将"党化教育"改为"三民主义教育"。① 中国国民党以三民主义建国，也就以三民主义施教，此后中华民国的教育宗旨，就是三民主义的教育。② 为培养所需的各类人才，南京国民政府颁布了一系列有关学校的法令、规范、标准和章程等，对现行的教育进行了诸多的改革。③ 1931 年 1 月 1 日，蒋介石发表告国民书，请全国重视教育与重兴农业。④ 筹办学校势必需要师资，而师范学校培养的毕业生素养与观念有待提升。时人指出："学校应注意学生的观念和生活。观念和生活支配的行为，这是千真万确的。一个没有正确观念和合理生活的人，决难做出有意义之事业。证诸古今中外之名人，丝毫不错。然而近十多年来，大多数学校是否注意到这些问题，我们可说非惟没有而且还有相反的坏影响。"⑤师范教育的不足已相当明显，陶行知先生认为："像这种教育下制造出来的师范毕业生，可以说完全是士大夫阶级的替身，根本就没有'农夫的身手，科学的头脑，改造社会的精神'，当然不愿到乡村做清苦的教育事业了。"⑥ 从话语中不难看出，师范学校对于师范生的培养偏离了教书育人的基本宗旨，师范毕业生不了解社会实情，缺乏实践精神。对于乡村社会的认知是穷苦与落后，更是不愿去乡村学校任教。

为规范师范教育的发展，提高师范毕业生的专业水平与能力，南京国民政府于 1932 年 12 月国民政府颁布《师范学校法》，1933 年 3 月相继又颁布《师范学校规程》，培养小学师资。全国各地方结合本地学校师资的情况，积极地建立师范学校，"查本市小学教员，其由师范学校毕业者，为数寥寥，教授效率，因之减退，师资缺少，无可讳言，先为将来扩充小学之需要计，拟设师范学校一所，以培植此项人才"。⑦

这一时期，南京国民政府初建，兴办的各级学校存在鱼龙混杂的现

---

① 崔运武：《中国师范教育史》，山西教育出版社 2006 年版，第 101 页。

② 《抗战前教育政策与改革》，黄季陆主编：《革命文献》（第 54 辑），台北：中央文物供应社 1971 年版，第 1 页。

③ 崔运武：《中国师范教育史》，山西教育出版社 2006 年版，第 101 页。

④ 《申报索引》编委会编：《申报索引》，上海书店出版社 1931 年版，第 3 页。

⑤ 赵寿堦：《城市师范毕业生应如何尽先去乡村办教育》，《陕西教育月刊》第 1 卷第 1 期，1935 年，第 22 页。

⑥ 赵寿堦：《城市师范毕业生应如何尽先去乡村办教育》，《陕西教育月刊》第 1 卷第 1 期，1935 年，第 23 页。

⑦ 《汕头市政府二十年度施政方针》，《汕头市市政公报（特载）》1931 年第 67 期，第 4 页。

象，部分创办者只注重形式，关注重点并不在于培养人才，而是把建立学校作为谋生的手段，进而对完善学校置之不理。更有甚者，为数不少的官僚政客为谋求政治资本，担任学校校长等职务，甚至运用金钱手段，拉拢社会不良分子，以期赢得社会人士的拥护，进而稳固校长的职位。此类心术不良者对办学一无所知，学校无前途可言，培养的毕业生质量令人担忧，无法获得社会的认可，难以获业。高迈在《人才统制》一文指出：教育人才比分配人才更加重要，社会职业五花八门，需要人才能调和适应，而南京国民政府最大的弊病在于"头痛医头，脚痛医脚"，教育政策及目标因外部环境反复改变，急功近利，未能对人才展开科学性的教育，这恰恰是教育体制存在弊端所导致的结果。

对于师范毕业生而言，教育体制的改革不仅使师范院校办学的目的及流程规范制度化，重视规范人才的结果，最终实现师范生有业可就。同时，小学教师薪资的改革亦是整个教育体制改革的重要组成部分，南京国民政府成立以来，各地小学教师要求增加薪水以改善生活。"据前数年之调查，江淮区域小学教师之月薪，有仅及六千文者。"[1] 因此，改革教师薪资制度势在必行，国民政府订立小学教师薪水提高原则作为全国奉行的标准案，具体如下：第一，规定最低限度的薪水。规定最低薪水标准是每月衣食住三项开销总和的二倍。第二，规定根据学历的薪级表。根据教师学历高低给予薪酬，高于标准多给，低于标准则按情形，减少最低工资。第三，订立根据经验的加薪数。规定教师的工资随教学年限增加而增加。同时，教育人士向政府提出许多关于师范生的建议，譬如："提高学生程度，并完全定为官费；提高小学教师薪金并保障其职务。"[2] 让政府认识到师范生的重要性，在招收师范生时，严定去取，录取立志为教育事业服务的子弟，并由学校提供膳宿书籍等费。"倘不施以相当之规定，则其所得者，仅足供糊口之资；而仰事俯旧，无法应付，势必因受生活之压迫而分心，不能专力于所务。无办法则聊且栖身，有机会必行他适。"[3] 除此之外，根据师范生毕业后多为小学教师的实情，提高小学教师薪资，使其更愿意从

① 李友芝、李春华、柳传欣等编：《中国近现代师范教育史资料》，北京师范大学出版社1983 年版，第 119 页。
② 梁芝生：《论师范生之待遇与训练》，《新秦先锋》第 2 卷第 2 期，1935 年，第 25—26 页。
③ 梁芝生：《论师范生之待遇与训练》，《新秦先锋》第 2 卷第 2 期，1935 年，第 26 页。

事教育事业。

综上，1927—1937 年，随着师范类院校数量的增加，日渐增多的师范毕业生就业问题引起中国政府与社会各界人士的关注。通过实行教育体制改革，出台提高教师薪酬之策，为师范毕业生就业消除阻力。

3. 建立就业指导机构

1927—1937 年，南京国民政府规定师范生毕业后要履行服务期，前往学校就职。然而，因师范生自身素质以及政府规划能力不足，导致部分师范生无法从事教育工作。对此，全国成立就业指导机构，帮助师范毕业生顺利就业。

对于师范毕业生就业，"介绍工作，是师资训练机关学校行政重要事项之一，应当加以深切的注意。我们都知道，师范生受训期间，和外界接触很少。假如一旦毕业，由自己去寻找工作，而没有学校的帮助，这好像无头的苍蝇，到处乱撞，必无良好的结果。纵或侥幸地求到了工作，是否适合他的才能，又是问题。所以师资训练机关对于毕业生的工作问题，应当负责解决，不可忽视"①。对于新近毕业生而言，毫无社会经验，求职必然受阻，对师范毕业生实施就业指导显得尤为重要。1933 年，据教育部中等教育统计，"全国中等学校总数为 3125，级数总数为 15364，学生总数为559320 人，而造就中等师资的机关全国只一北平师范大学，焉能够用？"②因此，高水平的师资训练机构是十分匮乏的，更有甚者许多学校对师范生就业漠不关心，结果是师范毕业生就业四面受阻。因此，解决青年学生就业问题是国民政府和学校不可推卸的责任。事实上，查师资训练机关的惯例，每届暑假将毕业生的名单呈送教育当局，分转所属各校，为延聘教师作参考，其余便不管了。

众所周知，1927—1937 年，中国各类教育均处于上升期，高水平师资严重不足。师范毕业生方面，虽接受过专业训练欲求职却不易。对此，教育部等有关部门严格执行各校师资的规定，不合格的教师无从滥竽充数。与此同时，全国各师资训练机关，应当效仿美国，设立工作介绍部，或其他类似的机关，使毕业生皆有机会用其所学，结果是推动就业指导机构的

① 欧阳湘：《师范生之工作介绍问题》，《教育改造》第 1 卷第 5—6 期，1937 年，第 83 页。
② 李超英：《中国师范教育论》，商务印书馆 1939 年版，第 138 页。

发展。但是，就业指导机构与职业介绍所工作成效未能尽如人意，详见表 4–31。

表 4–31　　　　　　　　　　1937 年征求人才类别统计　　　　　　（单位：人）

类别	人数	类别	人数
新闻事业	5	中学教员	75
水利	4	商业	74
矿冶	4	建筑工程	37
农业	4	大学教授	32
医学	4	测绘	32
公司经理	4	机械工程	22
大学助教	3	行政人员	17
图书编目	3	编译	15
英文书记	3	教育行政	15
学术研究	2	调查	12
染织	2	化学工程	10
电机工程	2	会计	10
畜牧	2	家庭教师	9
审计	2	司法行政	9
美术	2	土木工程	8
音乐	2	统计	7
录事	2	小学教员	6
军乐教官	1	兽医	6
总数	447	介绍成功者	195

资料来源：《大学生无业之社会问题》，《全国学术工作咨询处月刊》第 2 卷第 5 期，1936 年，第 13 页。

由上可知，在众多的求职者中，从事教育类的觅业者最多。就整体而言，求职者就业成功率为 43.6%，中小学教员求职者中能有多少拥有工作，无从知晓。不过，政府与社会为促进师范毕业生就业而付出的行政努力值得肯定。

针对师范院校毕业生就业流向单一的特点，南京国民政府大力推广就业指导机构，构建师范毕业生与聘任学校之间的良性互动，欲真正地实现人尽其才，进而保证毕业生顺利就业。

4. 拓展就业渠道

20 世纪二三十年代，中国师范毕业生在内的"毕业即失业"的现象十分普遍，为维持生存与自身的权益，大学生自发组织请愿，积极地向政府与社会呼吁，引起南京国民政府与广大社会人士的高度关注。1934 年，为解决大学生就业问题，南京国民政府成立"全国学术工作咨询处"，其宗旨主要是为求职者提供咨询。同时，全国各省政府亦发布指令，"小学教师应尽先聘请师范毕业生担任……查中等学校师范科毕业生，原以服务小学为原则，所请自属可行"。① 江苏省教育厅还训令："查本年师范毕业会考，私立景海女子师范学校有三年制幼稚师范科学生 9 人，参加会考，计吴县 7 人，上海 1 人，南雁 1 人，各该县如需此项师资，应即尽先延用。"② 以上反映出官方力量的介入以保障师范毕业生顺利就业。当时，国民政府规定师范毕业生服务期，要求师范生毕业后参加实习，并于实习结束后愿意继续从事教育行业，给予从优对待，对于不愿继续从事教育的人才，亦做了相关安排。这种方法不仅有利于师范毕业生获业，而且使人才流向具有规划性，让偏远地区学校师资供给得以保障。此外，针对毕业时间长，或者不愿从事教育行业的毕业生成立的职业介绍所。譬如："本处介绍职业的方式，分为两种：一种是需要人才的机关或个人，向本处征求；一种是本处深知某处有需要人才的机会，自动以适宜之登记人向之介绍。"③ 为保证供求双方顺利达成协议，职业介绍机关对求职或供职单位皆提出相应的要求。其中，对求职者的资格审查及从业后的工作情况均明文规定。目的在于让用人机关和求职者都能满意。同时，职业介绍机构对介绍成功的后期工作加以安排。中国社会特有的人情因素与裙带关系，致使许多大学生毕业后纵使学有所成亦不能人尽其才，寻求职业还是"找熟人""挖门路"更便捷。这种情况在农村更为明显，其中小学教员职位多被当地乡绅的"亲故"所占有，即使年龄与资历不符合要求，亦不会让出

---

① 《令知小学教师应尽先聘请师范毕业生》，《安徽教育行政周刊》第 2 卷第 16 期，1929 年，第 14 页。

② 《令饬上海等县尽先延用本届幼稚师范毕业生》，《江苏教育》第 4 卷第 7 期，1935 年，第 131 页。

③ 《救济失业大学生意见》，《全国学术工作咨询处月刊》第 2 卷第 5 期，1936 年，第 10 页。

职位，结果是部分师范毕业生无业可就。

在此基础上，教育部鉴于国内大批师范毕业生就业难的困境，遂拟定促进毕业生就业的办法，具体如下："组织各学科荣誉学会，选择成绩最优学生入会，以资鼓励；成绩优良学生，或有特殊研究著有成绩者，给予奖学金；考试院铨叙部，应取大学生及专校毕业生尚无职业者，尽先甄别发往各处录用；由教育部会同各专门部订定全国各机关社会工厂等，每年容纳各专门人材的试用额，试用期内薪资数目……"① 教育部共拟定八条办法，要求各省市教育局及其他教育机关和学术团体执行，设职员访问，优先介绍。教育部的救济政策对失业毕业生的救助有些许的成效，使部分失业毕业生实现学有所用。

综之，中国近代史师范教育在中西文化冲突与融合中兴起与发展，从师资力量、招生状况与办学情况等层面，呈现从无到有的突破，盛极一时。1927—1937年，随着全国各级教育学校数量的增加，对各类师资的需求倍增，师范院校毕业生就业应该是形成供不应求的景象。然而，世界经济危机下的中国陷入战争、自然灾害、经济下滑与政局动荡等多重旋涡之中，整体就业环境阻碍师范毕业生发挥其学业专长。更为严重的是许多非师范专业的大学生挤入教师行列，进一步加重了师范毕业生就业的难度。与此同时，师范毕业生自身的专业素养、主观意愿与性别因素等在某种程度上不利于其成功择业，且形成其独有的特点，即：师范生毕业后的工资待遇差别巨大、城乡间经济不平衡发展导致对师范毕业生的需求差异较大、师范生毕业就业流向单一等。南京国民政府对此种情况采取相应的措施，诸如重振经济、完善师范教育体制、推广就业指导、成立职业介绍所等，进而帮助陷入水深火热之中的师范毕业生，给予其生的希望与可能。

第三节　女大学生就业问题及其对策

鸦片战争后，中国知识女性流向社会谋业，这主要得益于社会的转

---

① 《教育部拟救大学生失业办法》，《中央周报》1930年第110期，第12页。

型、女子教育的发展、纸媒关于女性就业的宣传与知识女性自身素养的提升等，知识女性就业领域愈加宽广。五四运动后，尤其是进入 20 世纪二三十年代，中国女大学生的职业选择更加多渠道。随着教会女校推广，中国近代知识女性为社会所接纳，大体分布在教育和医疗卫生等领域。众所周知，中国传统社会家庭主要是"男耕女织""男主外、女主内"的分工模式，女子并无外出就业、谋取经济独立的机会。时至近代，中国社会由传统向现代转型，大学开始招收女生，女性拥有与男性相同的受教育的权利。她们毕业后，步入职场成为职业女性。不过，受"男尊女卑""重男轻女"等思想的影响，女大学生人数并不多，前文已提及，于此不赘述。南京国民政府十年期，为数不多的女大学生就业情况如何？值得深入探研。事实上，民国时期包括女大学生在内的知识女性人数并不多，性别歧视给她们的就业带来了诸多阻碍。中国近代社会处于转型与变革时期，在"西学东渐"的影响下，女性问题受到更多的关注。目前，学术界关于中国近代女性的研究论著颇丰，但多集中于知识女性、产业女工、妇女解放以及女子教育问题等方面的研究，关于中国近代女大学生就业方面的研究较少，值得深入探究。

一 女大学生就业概况

中国传统社会针对女子教育倡导"女子无才便是德"，女性几乎没有读书、受教育的机会，即便是有知识的女性亦大多出身上层社会或者书香门第，这类知识女性多擅长写诗作赋，对于用所学知识服务于社会并不热衷。在传统"男主外、女主内"的自然分工模式下，男子负责赚钱养家，女子承担家务和生活上的琐事，女性被排除在社会经济活动之外，几乎没有就业机会。伴随着中国近代社会经济的发展与社会风气的转变，女子接受教育的人数越来越多，于是形成中国社会的一个新兴群体，以受教育的女学生为主体的知识女性群体。知识女性不再囿于做"贤妻良母"的传统女性，她们开始步入职场，寻求经济上的独立及自身的解放。

（一）鸦片战争后知识女性职业的肇始

中国近代女子教育始于教会女校，起初的知识女性皆来自教会女校。1844 年伦敦会东方妇女教育促进会委员爱尔德赛女士在华设立第一所女校，1859 年于福州创办毓英女塾等教会女校，最初社会舆论对教会女校存有偏见，招收的女学生甚少。至 1870 年前后，伴随着舆论对教会女校的淡化，生源逐渐增多。据"光绪二十八年（1902 年）教会学校女生的统计，除初等蒙学堂不计外，总共有学生 10158 人，其中有女生 4373 人，居全体 43％强，不能不算发达"。① 教会学校的女毕业生大多从事教师、医生、护士等工作，她们是近代中国最早的一批具有一定文化知识的职业女性。受教会女学发展的影响，部分知识女性还自办学校和医院，服务于教育事业与医疗。1900 年叶璧华于广东创办懿德女学、1902 年张竹君于广州创立育贤女学、1903 年杜清持于广州建设广东公益女子师范学校、1907 年金雅妹于天津开办了北洋女医学堂，等等，这一方面突破封建礼教对女性的束缚、带动女子教育的发展，另一方面亦解决一部分知识女性的就业问题。知识女性除直接就业之外，还有选择留学，最初的女留学生皆为自费，后来政府才开始计划性派遣女留学生，"光绪三十一年，湖南派女子 20 名赴日习速成师范，奉天并特派熊希龄去日本考察教育与下田歌子特约，每年派女生 15 名至该校习师范，此为女子留日之最初期；光绪二十三年五月，江督考选男生 10 人赴美国耶路、乾尼路两大学并同时期选女子 3 人赴美国威尔士利女学，为官费女生留学西洋之开始"。② "仅 1905 年留学日本的知识妇女中，就有各种人才，不仅有精通外文、中文的，还有懂得数学和音乐的。就其职业结构看，他们之中有女学生、女教师、女编辑、女记者、女医生、女护士、女实业工作者，等等。"③ 她们学成归国后大多流向教育领域，民国时期国内报刊等传媒行业较为繁盛亦催生了女编辑、女记者等新兴职业。

（二）五四运动后女学生就业领域的拓宽

随着中国近代教会女学的发展，政府逐渐认可女子教育，于 1907 年颁布女子小学堂及女子师范学堂章程，官方正式施行女子教育，有利于更多女性接受教育，继而走向职场。时至民国初年，女子教育进一步发展，在高小基础上设立女子中学、女子师范以及女子高等师范等学校。"天津私立学校，另租校舍，收容女生，应改为私立中山中学女生部。将该女生部

① 陈东原：《中国妇女生活史》，商务印书馆 1937 年版，第 349—350 页。
② 舒新城编：《中国近代留学史》，中华书局 1929 年版，第 85 页。
③ 刘巨才：《中国近代妇女运动史》，中国妇女出版社 1989 年版，第 249 页。

之经费支配、教职员之聘任及校园等呈局后待办。"① 这一时期，女毕业生大多还是从事教师、编辑等文化教育职业。不过，鉴于女性心思细腻、耐心且具备一定的知识水平等特点，商业、银行金融等领域向知识女性敞开大门。1916 年，北京中国银行开始聘用女子，随后其他各银行亦纷纷仿效，但是其工资普遍低于男子，知识女性更无缘涉足高层次职业，如《修正律师暂行章程》规定：律师必须为"中华民国人民满二十岁以上之男子"②，按照规定律师行业拒绝接纳女性。可见，社会尚未完全认可知识女性的专业能力与水平，于是其未被普遍录用。

五四运动后，男女平等思想呼声日益高涨，女子要求接受高等教育，1920 年北京大学打破女禁，男女同校，这亦意味着女大学毕业生未来有从事更高层次的工作的可能性。据统计，1930—1931 年，全国大学各学院及专修科女生数为 3283 人③、全国女子师范生（包括高中师范、乡村师范和短期师范）数为 22612 人④、全国接受职业教育的女学生为 10923 人⑤。由上可见，1927—1937 年包括女大学生在内的知识女性群体在不断壮大。凭借自身努力争取被社会接纳，越来越多的知识女性成功获业，其职业包括幼稚园教习、中小学教员、大学教师、图书馆职员、医生、护士、编辑、翻译、会计师、律师、机关办事员、打字员、速记员、会计、文牍、侍者、电话员、电报员、速记员、卖票员等，这共同构成了职业妇女群。⑥个别具有前瞻性和胆识的知识女性还开办女子实业，自辟就业途径，1920 年陈丽华、赵君默、张佩芬等 9 人集资筹办中国女子商业储蓄银行，1924 年，上海女子商业储蓄银行正式运营，20 年代中期赵友兰于上海创立女子工业社、在天津成立了女子华贞商业所，等等，其工作人员大都以知识女性为主体。因此，知识女性就业已涉及社会多个领域，打破了社会职业长期被男子所掌控的局面。

---

① 《为女生部成立情况准予备案事致天津私立中山中学指令（附中山中学呈）》，1936 年，天津市档案馆藏，资料号：J0110 - 1 - 000006 - 047。

② 《修正律师暂行章程》，《司法公报》1916 年第 68 号，第 16 页。

③ 程谪凡：《中国现代女子教育史》，中华书局 1936 年版，第 179 页。

④ 程谪凡：《中国现代女子教育史》，中华书局 1936 年版，第 205 页。

⑤ 程谪凡：《中国现代女子教育史》，中华书局 1936 年版，第 222 页。

⑥ 陈文联：《冲决男权传统的罗网——五四时期妇女解放思潮研究》，中南大学出版社 2003 年版，第 190 页。

（三）1927—1937 年中国女大学生职业认知上的新突破

这一时期，社会上尽管提倡男女平等，但是知识女性在就业过程中，与男子同工不同酬的现象相当普遍。随着知识女性经济独立和职业认知的提升，其积极地要求职业平等与社会职业开放等权利，要求同男子享有同等待遇，为自身合法权益而斗争。1921 年 1 月，由湖南女界陈俶、吴剑等领导组织成立长沙女界联合会，在成立宣言上提出五项纲领，其中一条就是要获取女性"职业对等权"，这极大地激励了知识女性。除遭遇职业不平等的待遇外，知识女性还无缘参与到社会的某些领域中，并且知识女性的职业权始终未受到法律的肯定。令人欣慰的是，在知识女性尤其是受过高等教育的女性带领与社会舆论的呼吁下，经过职业女性的共同努力和争取，"1926 年国民党第二次全国代表大会通过了《妇女运动决议案》，明确规定'各机关宜一律为妇女开放'，并于同年 6 月正式实施"。[1] 女性知识分子所追求的职业平等、社会职业开放以及女性职业权等权利，最终获得法律上的承认和保障。

正所谓"经济基础决定上层建筑"，经济独立的女性知识分子的政治权利意识觉醒，其对国家、社会的管理产生浓厚的兴趣，提出参与的需求，她们认为知识女性应该有参政的权利，理所应当地享有选举权与被选举权。早在 20 世纪 20 年代初，浙江、湖南、广州等省的联省自治运动中已出现女议员，但仅是个例，"女性真正参与到政府机构的工作中，是到了 1926 年国民革命军北伐成功后，在这一时期的国民政府中，出现一批政府机关女职员，一些女性还担任各省市党部委员、立法委员、历次代表大会之代表、国民会议代表，及各院部委员、女秘书等职务，具有较高的政治地位。到 1928 年南京国民政府成立后，由于政策的扶持，女性参政的数量和范围也有了很大进步"。[2] 知识女性的政治权利于 1934 年 10 月被写入《中华民国宪法草案》，第 29 条明确规定："中华民国年满 20 岁者有依法律选举代表权，年满 25 岁者有依法律被选举代表权。"[3] 于是，知识女性参政权受到法律保护，争取到政治层面的平等。至此，中国近代涵盖女大

———————

①　杜芳琴、王政主编：《中国历史中的妇女与性别》，天津人民出版社 2004 年版，第 264 页。

②　王晓丹：《历史镜像：社会变迁与近代中国女性生活》，云南大学出版社 2011 年版，第 191 页。

③　徐百齐：《中华民国法规大全（一）》，商务印书馆 1936 年版，第 1 页。

学生的知识女性就业领域逐渐拓展，社会各行各业皆有女性的身影，她们积极地争取职业平等权以及参政权，实现了就业领域的突破。

二 女大学就业特点

中国近代社会经济、教育的发展为愈来愈多的知识女性步入社会，成为职业女性提供了机遇，特别是五四运动后，以女大学生为引领的知识女性群体已成为社会中的一个重要阶层，其就业领域与层次有所拓展与提升，形成新的特点。

（一）就业人数偏少

民国时期，改变传统女性固守家庭"相夫教子"的模式，知识女性离开家庭的羁绊，开始从业，且波及各行各业。从就业人数来看，知识女性就业人数同男性知识分子就业人数较为悬殊。即便是最适合知识女性从事的教师行业，其从业人数亦不乐观，1915 年 8 月至 1916 年 7 月据全国教职员性别的调查统计，其中在"初等教育中，男教员 121933 人、女教员 3465 人；中等教育中，男教员 3909 人、女教员 408 人；高等教育中，男教员 1084 人、女教员 0 人"。[①] 可见，男教员总人数约是女教员总人数的 33 倍。不仅教育系统女性人数少，其他领域亦如此。尤其在政府、机关单位，根据 1934 年对 1933 年度对中央府院部会及直辖机关的公务员人数的调查，男公务员 16990 人，女公务员 457 人，女公务员仅占总数 2%。[②] 不难看出，知识女性就业人数之少，尤其是知识女性就业数量不仅少于男性，而且在女性总就业人数中居少数。以广州市为例，1929 年广州市各业妇女的人数，详见表 4 – 32。

表 4 – 32　　　　　1929 年广州市各行业妇女人数统计　　　　（单位：人）

业别	人数	业别	人数	业别	人数
商业	3298	政界	28	工程	509
航业	3000	律师	2	农业	3598
教员	659	报界	1	劳工	44324

---

① 何黎萍：《中国近代妇女职业的起源》，《妇女研究论丛》1997 年第 3 期，第 40 页。
② 《女公务员人数统计》，《妇女共鸣》第 3 卷第 12 期，1934 年，第 38 页。

续表

业别	人数	业别	人数	业别	人数
警界	6	医界	509	其他	11340

　　资料来源：郭箴一：《中国妇女问题》，商务印书馆 1937 年版，第 90—91 页。

　　从表 4–32 可知，1929 年广州市就业妇女人数已达 67274 人，其中劳工人数最多，而知识女性所从事的商业、教员、律师、医界等领域的人数相当少，甚至在报界只有 1 人，知识女性就业人数在女性就业总数中只占 10% 左右。知识女性就业人数无论是同整体的就业女性比较还是同就业男性比较，人数差距皆悬殊。这与女性是否有机会接受教育有着莫大的关联，特别是中国近代以来受教育女性人数偏少且受教育程度普遍不高，导致多数女性从事体力劳动，靠脑力劳动的女性是极少数。

　　（二）就业层次略低于男性知识分子

　　从就业层次来看，知识女性大多从事较低职位的工作，在上海邮政储汇局中共有 243 名职工，其中有女性股员 8 人、雇员 18 人、办事员 20 人、清理生 42 人，从其岗位分布来看，知识女性所从事的多数为低级职位，能够做到高职位的女性少之又少。在教育行业，知识女性多从事中小学教育工作，在辽宁全省各级学校教师数调查中，幼稚园教师全部由女教师充任，而在高等教育中，知识女性人数极少。在国民政府各机关工作人员调查中，按等级统计："文职特任 18 人，简任男性 374 人、女性 3 人；荐任男性 639 人、女性 5 人；委任男性 2079 人、女性 75 人；雇员男性 815 人、女性 64 人。"[1] 由上可知，大部分知识女性职位较低，主要从事部门内部的基础性工作，重要职位多被男性占据。因此，知识女性工作分工"以打字为最多，抄写次之，剪报又次之，至于管理图书办理文稿，则已属一等角色的工作，为数有限得很"。[2] 可见，这一时期，女大学生多为普通职员或中小学教师，就业层次偏低，大多从事简单、机械、乏味的工作。银行、医院以及其他领域的知识女性亦如此，重要职位多被男子掌控，就职于高职位的女大学生则是凤毛麟角。

---

　　① 社英：《述女性政治工作现状》，《妇女共鸣》1930 年第 26 期，第 3 页。
　　② 音青：《首都政府机关的女职员》，《生活周刊》第 6 卷第 21 期，1930 年，第 433 页。

（三）薪资待遇不高

民国时期，女大学生分布于社会的各行各业，赚取额度不同的薪资，其薪酬水平到底怎样？这关系着该群体的生活质量与工作动力，亦是衡量其生存状况的一个重要标准，反映着女大学生在社会当中的地位。具体情况，见表4-33。

表4-33　　　　　　　1936年厦门市妇女职业调查　　　　（单位：人，元）

职业		人数	月薪（元）	职业	人数	月薪（元）
学校	中学	53	30—80	电话司机生	78	15—60
	小学	198	10—30	图书馆	2	30
医院	医生	54	—	摄影师	1	—
	看护	82	15—80	戏院	4	15—20
银行员		2	40—80	酒楼	8	15—30
海关		1	80	店员	5	5—10
记者		3	30—40	理发	6	10—30

资料来源：唐健萍：《厦门市妇女职业调查》，《女子月刊》第4卷第7期，1936年，第18页。

如表4-33所示，从事教师、医生、银行员、记者等行业知识女性的待遇较高，最高80元，最低10元；而在戏院、酒楼、理发店的女性待遇要略低些，最高30元左右，而最低才5元，女性脑力劳动者收入明显高于体力劳动者。不过，知识女性与同行业男性知识分子相比，其待遇则通常低于男子。譬如，20世纪30年代，据江苏省松江中学教师男女41人每月教薪收入的分配调查：男教师为50元，女教师为35元，女教师的薪资待遇明显低于男教师。[1] 政府机关女职员待遇亦如此，"一般公务员最高级的底薪是六百元，最低的六七十元不等，一般的雇员、助理员，底薪多在七八十之间，女职员职位都低，因此算起来，女职员比男职员钱拿得少，生活苦的多"。[2] 综上，知识女性因职位、学历、个人能力及其他因素的影响，其待遇有所不同，知识女性薪资待遇普遍高于靠体力劳动的女性，却

① 李锡珍：《啼饥号寒之生活》，《中华教育界》第20卷第8期，1933年，第15页。
② 全国民主妇女联合会筹备委员会编：《国民党统治区民主妇女运动》，新华书店1949年版，第38页。

大多低于同业男性，这是长久以来的根深蒂固的男女性别差异的结果。

三　影响女大学生就业的因素

1927—1937 年，中国女大学生就业领域日益拓宽，经济愈发独立，对政治层面的诉求愈加浓烈，她们对自我价值与社会存在感的认知不断增强。然而，受经济、社会、教育等方面的影响，其就业存在人数少、层次低、待遇不高等问题。这主要是传统思想观念与西方现代理念的冲突与碰撞的结果。

自古以来，中国是以"黄色文明"为主的农业社会，"男耕女织"的生产模式与家庭结构居主导地位，传统女性应以家庭为重，成为相夫教子的贤妻良母，不宜步入社会从事工作。譬如，1930 年有关燕大男生婚姻态度的调查，在全部被调查的 40 名已婚男子中，赞成妻子理家的有 34 人，占到了 85%。[1] 另外，在调查未婚男子时，有 132 人参加，但是仅仅只有 36 人赞成女子理家，占 36%。[2] 如此可见，女性欲成功入职的社会阻力相当大。同时，"社会上所以要用女职员，有的为了省些开支，有的不过为了面子问题，不甘做时代的落伍者，勉强用几个妇女做点缀品而已"。[3] 民国时期，部分机关为迎合男女平等的呼声，节约雇佣成本，聘请少数知识女性，故而大多知识女性不能发挥聪明才智，投入工作。对此，南京国民政府制定了容纳女性、开放职业的规定，却停留于理论层面，例如，邮局在招聘广告上就明确规定："女性录取名额不得超过 20%"，甚至有的机关单位以各种理由拒收女职员。受传统力量掣肘，知识女性就业大多只是点缀性的。

事实上，职业与家庭二者能否兼顾，是女性就业面临的最大障碍。即便是拥有专业技能的知识女性亦不例外，"在我国最显著的例子，就是北平燕京大学对于女教职员结婚后的办法。据说该大学女教职员无论在该校担任职务之久暂，服务效率之高，一旦结了婚就立刻失去教员的地位，换句话说，就是立刻失业"。[4] 这一时期，大多数知识女性结婚便意味着失

---

① 葛家栋：《燕大男生对于婚姻态度之调查》，《社会学界》1930 年第 4 期，第 220 页。

② 葛家栋：《燕大男生对于婚姻态度之调查》，《社会学界》1930 年第 4 期，第 227 页。

③ 柔云：《妇女职业问题之研究》，《民众生活》第 1 卷第 3 号，1930 年，第 19 页。

④ 詹詹：《关于女子职业的几种论调》，《生活》（上海 1925A）第 5 卷第 26 号，1930 年，第 424 页。

业。甚至有的医院规定，"凡做实习女医师、住院女医师者，请勿结婚；结婚者本院概不录用"。不少公司、企业、银行等规定职业妇女不能结婚。中国近代虽然成立托儿所，但其数量少、收费高，一般家庭无法承担。在职业与家庭无法兼顾时，女性或者回归家庭，或者晚婚甚至独身，结果多数知识女性选择相夫教子，这就严重地制约知识女性在职业方面的发展。

与男性相比，知识女性自身的思想观念、职业态度以及受教育程度亦是影响其就业的重要因素。部分知识女性未认识到职业的重要性，她们认为职业是暂时性的，出嫁后便不愁衣食，无须为生活奔波，这导致其对工作的消极态度与低要求。尤其是男女工资与升迁机遇的巨大差异致使知识女性缺乏工作的积极性和热情。不过，知识女性亦有通过参加民主活动或者夜校补习班来提升自身素养。知识女性群体整体素质偏低，主要由于女学开办以来，其目的就是要把女子培养成"贤妻良母"，课程内容偏重女性家政教育，而且其接受的大多是中小学或者职业教育，受高等教育的女性极少。职业学校和补习学校通常不收费，学习时间亦相对宽松，为多数女子所接受。"据调查，女子中学学生，能够升到大学和专科学校毕业的不到1/10。"① 从上不难看出，能够接受高等教育的知识女性可谓凤毛麟角。然而，令人遗憾的是受社会与自身因素的影响，其对择业未作充分的准备，就业结果可想而知。

综上所述，鸦片战争后，中国知识女性流向社会谋业，这主要得益于社会转型、女子教育的发展、纸媒关于女性就业的宣传与知识女性自身素养的提升等，知识女性的就业领域愈加宽广。五四运动后，尤其是进入20世纪二三十年代，中国女大学生的职业选择更加多渠道，由最初的个别行业发展到社会各个领域。不过，就业人数、就业层次、就业待遇等层面却不容乐观，同男性相比存在差距，其职业发展仍受到诸多因素的阻碍，需要进一步克服。

四　促进女大学生就业的措施及其成效

女性作为社会中的重要组成部分，特别是涵盖女大学生的知识女性能

---

① 黄祖庹：《女子职业教育问题之研究》，《湖北教育月刊》第 2 卷第 4 期，1935 年，第 48—49 页。

否就业以及就业后所带来的一系列问题，皆对社会产生非常重要的影响。如果无法保证其正常就业，势必要影响到国家、社会的正常发展。鉴于此，南京国民政府采取哪些措施促进知识女性就业，值得深入研究与探讨。

（一）安置女大学生就业措施

首先，南京国民政府着力发展经济，创造良好的就业环境。

知识女性能否就业关乎个人的发展，亦关系着社会能否进步。对此，政府和社会各界团体从经济、教育与社会等层面采取一系列的应对措施，为包含女大学生的职业女性提供就业机会、增强其职业技能，这在一定程度上促进了部分知识女性的就业。个体作为社会中的成员，个体的发展有赖于社会的整体发展，个人的发展皆受社会整体发展的影响，个人与社会是一荣俱荣、一损俱损的关系。只有国家经济建设稳步发展，构造良好的就业环境，唯有如此，就业问题才能得以彻底解决。

1927—1937 年，中国经济开始复苏，呈现上升的势头。1935 年 4 月 1 日，国民政府提出"国民经济建设运动"，具体内容包括八个方面，即提倡征工、振兴农业、鼓励垦牧、调解消费、振兴工业、开发矿产、流畅货运、调整金融。蒋介石曾在峨眉军训团谈及："一个国家如果经济不能独立并继续发展，就不能独立生存于世界……提倡国民经济建设运动宗旨，就在促起国民一致努力；用自己的力量发展生产事业……如果自己不努力，单靠人家，是绝无希望的。如果国民经济不能先建设起来，要发达国家经济是不可能的事，必须以自力求生存，能自强然后方能自立，国民经济建设运动，就是自存自强之根本要图。"① 从上可知，南京国民政府恢复经济建设的信心与希望，尽管"国民经济建设运动"所涉及的八个方面并未彻底实现，但对城市工商业的发展起到推动作用，提供了若干的就业岗位。

金融系统是国民经济良性运行的保障，南京国民政府在财政金融建设方面进行了改革，譬如统一货币、废除地方苛捐杂税与健全金融机构等。其中，改革币制防止了金银外流，保证国内财政金融的稳定，进而有利于民国社会经济的恢复与发展。俗话说："要想富，先修路。"南京国民政府

---

① 杨家麟：《国民经济建设运动的回顾与前瞻》，《血路》1938 年第 21 期，第 334 页。

为打破区域之间的阻隔，积极地构筑便利的交通网络，主要致力于公路、铁路的建设与航空、航运的开辟，截至 1937 年，全国建成的公路里程已达 11 万公里，铁路建成 2030 公里，已形成较为合理的交通网。完善的交通网络便利了人员流动与商品流通，有利于国内工商业的发展，结果是为劳动者就业提供更多的工作岗位。抗战爆发前，南京国民政府充分地利用难得的和平期，在财政、交通等方面皆积极地投入，经济发展的成绩斐然。据统计，1931 年至 1935 年的建设成果相当于民国以来 20 年的总和，而 1936 年一年的建设成果又超过了上述四年的建设工作。① 总之，南京国民政府开展的国民经济建设，不仅促进全国经济的发展和商品的流通，而且增加许多工作岗位，这自然有利于女大学生就业。

其次，提高女性受教育水平与专业素养，增强其就业竞争力。

近代中国女性整体的文化水平不高，时人意识到女性在社会和家庭中扮演着重要的角色，譬如：女子有相当的职业，即可以自谋生活；女子有相当的知识，既可以教养子女、改良家庭；又可以服务社会，提高国民程度；在过渡时代，中年妇女失业的很多，其地位和人格很受影响，只有借助平民女子教育才能使她们人格保全、地位提高；中国虽有四亿人，而无知识无职业的妇女，以及知识职业逊于男子的妇女约占一半，使平民女子职业教育普遍推行，便可使国力增加；全国对于无力求学及年长失业的妇女还没有相应的教育机关，虽然职业学校可以招收女生，但其性质不是平民的，并且不能普遍；多数女子的知识能力及天性，与男子不平等，职业就应有别，尤其是年长失学的最为需要，故应设平民女子职业学校来教育她们。并规定由中央政府通令各省县广设平民女子职业学校，并注意各地经济情形、社会需要、妇女状况以及主科限定一门，以求技能娴熟等。② 如上所述，提升职业女性的素质有赖于国家和政府的帮助与扶持，于是 1919 年 5 月，教育部训令各女子中学，"女子中学校应附设简易职业科，并扩充女子职业案……各女子中学校自可酌量地方情形附设女子简易职业科，以资实用"。③ 在提高普通女性专业素养的基础上，特别是针对女大学生缺乏职业技能的情况，南京国民政府颁布了一系列推广女子职业教育的

---

① 刘健清、王家典、徐梁伯编：《中国国民党史》，江苏古籍出版社 1992 年版，第 412 页。
② 程谪凡：《中国现代女子教育史》，中华书局 1936 年版，第 211—212 页。
③ 《教育公报》第 6 卷第 7 期，1919 年，第 10 页。

法规法令，具体如下："各地大中学将设妇女职业班。请通令全国各大学校，增设妇女职业班一案，该部以此事至属重要，亟应举办，惟各省市大学及中学校，或则设备未周或则困于经济，尚难一律倡行……通令各省市教育厅局，应于所辖区域内，择其设备周全经济充裕之大学，或中学校内，增设妇女职业班，以期逐渐普及云。"①

从上可见，南京国民政府已经意识到女性受教育的重要性，随即颁布法令，要求在全国各大学校设立女子职业班，增强女大学生等知识女性的职业素养，进而提高整体女性的受教育水平，利于更多知识女性顺利进入职场。有些地方还采取鼓励高等知识女性带动普通女性的办法，以期女性整体教育水平的提升。"现在集合各县的高等的知识妇女来训练，技术上的修养，刻苦生活的锻炼，使她们回各县去以身作则的去教育指导一般的妇女"②，从中央到地方，自上而下共同努力积极地提高女性的受教育水平，增加女性就业竞争力，争取更多的就业机会。

最后，创立职业保障机构，减少就业阻碍。

除了依靠开展经济建设和提高妇女受教育水平等举措，为女大学生等知识女性创造就业机会，还要有赖于社会性团体或服务机构来调节求职者与用人单位之间的供需矛盾，使两者之间形成良性的互动，觅业者有业可就，用人方能得良才。

20 世纪二三十年代，社会上往往是求职者多于雇佣者，"使女子容易寻找职业，又有完全的保障，职业介绍所，实是目前必须有的设备。在社会上活动的有地位的妇女们，应设法调查社会上宜于女子职业种类，益将要求职业的女子的能力测验统计下，酌量帮助她们介绍。现在《申报》或《晨报》等报纸上，有自我职业介绍一类，对于求业的女子们，确是一很好的助力"。③"中华妇女运动同盟会，自成立女子职业介绍所以来，深得社会人士之信仰，日来前往登记者颇不乏人，介绍成功者，以教员居多数，仍有各项专门人才等待录用，凡有要下列人才者，请至圆明园路号接洽，大中学校政治教育学校教授 2 人，银行、公司、学校、书记、抄写员或校对 11 人，华文打字员或家庭教员 10 人，小学教员 7 人，银行练习生

①　佚名：《妇女职业界之好消息》，《妇女共鸣》1930 年第 29 期，第 40 页。

②　秋江：《访问陈仪先生（特稿）》，《改进半月刊》第 1 期第 8 号，1939 年，第 352 页。

③　雅明：《妇女从事职业的先决问题》，《女子月刊》第 1 期第 8 期，1933 年，第 26 页。

7 人，中小学体育教员 4 人，家庭看护医院助手 3 人，工厂工作 2 人，洗染公司学习 1 人，普通职业不计地位者 5 人。"①

　　除了职业介绍所之外，还有一些社会团体，对于促进女性求职亦起到重要作用，"在女子职业范围小，求职业就很不容易……所以要解决女子的职业问题，首先非要使女子的职业范围扩大不可。同时再要应用团体的力量，督促一切公司机关，雇佣女职员"。②

　　女性在择业过程中遭遇性别歧视的一个重要原因是家庭的羁绊，特别是已婚妇女，家庭成为其就业的最大障碍，如何兼顾家庭与工作，减少女性照顾家庭的后顾之忧成为当时关注的问题。为减少就业的阻碍，为数不少的中国近代知识女性向社会呼吁，请求社会关注与帮助，进而克服就业的难题，时人提出了一些建议：

　　　　"我们要求妇女在生活上有合理的现代的条件，改善婚姻制度，增加托儿所，规定产妇、孕妇、寡妇的保障。"③

　　　　"(1) 广设托儿所，使职业妇女的孩子得妥善照顾。(2) 实行母性保护法，有害于母性的工作，禁止妇女做；有几项比较不适宜女子担任的工作，妇女参加时该缩短工作，工资照给；规定每个机关的已婚女职员皆有权请生产假。(3) 广设各种有关家事的合作社，例如家用物品合作社、洗衣合作社等。使妇女真正从家事中解放出来，而在经济方面不受到中间人的重利剥削。"④

　　民国时期，为数较少的托儿所已创办，处于起步阶段。"上海女青年会在 1940 年冬发起筹办一个托儿所，由几位热情的女士们悉心经营，一方面力求简单；一方面则尽量使其合乎教育及卫生各种条件，经过一番苦心，在 1940 年 3 月 1 日又成立一个职业妇女托儿所，在另一地区，又设立了上海托儿所。"⑤ 此类托儿所成为城市工薪阶层的福利，虽无法从根本上

────────────

① 佚名：《妇女会职业介绍所消息》，《妇女月报》第 1 卷第 8 期，1935 年，第 32 页。
② 雅明：《妇女从事职业的先决问题》，《女子月刊》第 1 期第 8 期，1933 年，第 24 页。
③ 金芝：《现阶段中妇女的要求》，《妇女》第 1 期，1945 年，第 7 页。
④ 文央、姜平：《职业妇女的结婚问题——为邮局禁用已婚女子而写》，《上海妇女》第 3 卷第 9 期，1939 年，第 19 页。
⑤ 民立：《关于托儿所的几个问题》，《妇女界》第 2 卷第 10 期，1941 年，第 16 页。

解决知识女性就业与家庭的矛盾，却亦能减轻女性所承担的家庭压力。

（二）　解决女大学就业问题的成效

针对女大学生等知识女性在就业过程遭遇到的问题，国家、政府以及社会各界团体从经济、教育、社会等层面采取有关措施，增强该群体的职业技能，为他们争取更多的就业机会，取得了些许的成效。但是，战争、时局动荡与自然灾害等多种因素的交互作用，致使政府的行政努力与学校、社会响应的效果却不佳。

民国时期，因缺乏全面性的统计资料，无法对其进行详细的分析，下面仅择取几例重要调查统计，对解决知识女性就业问题的成效略加阐释。譬如，1935 年度登记求职人共 2836 人，男子 2286 人，女子为 550 人；1934 年度求职总数为 2122 人；1934 年度介绍成功者 207 人，1935 年度介绍成功者总计 190 人，1935 年度较 1934 年度减少 17 人。[1] 这一时期，求职者不断增加，而成功就业者却在日益减少。为满足求职者的需求，部分地区对无业或失业的女性亦做了详细的记载。广州市对各区无业的女性做了调查统计，其无业的女性已达到 236050 人[2]；1934 年度，天津市各区女性失业人数达到 38716 人[3]；1934 年度，北平市各区女性失业人数达到10222 人[4]；吴兴县的无业女性 1450 人，其失业女性 694 人[5]；南昌市的无业女性达到人 8020[6]，等等。根据以上统计数据，可以获知无业、失业的女性人数之众，其中包括知识女性。同时，这亦说明关于安置知识女性就业的措施依然有限，未能满足绝大部分知识女性对职业的需求。除就业机会难得以外，知识女性面临的家庭与职业的矛盾未得到改善，以下便是知识女性生活状态的真实反映：

---

① 《上海职业指导所职业介绍统计》，《全国学术工作咨询处月刊》第 3 卷第 5 号，1937 年，第 66—67 页。

② 《广州市各区男女职业分类人数统计》，《广州市政府新署落成纪念专刊》，1934 年，第 50 页。

③ 《平津两市人口职业分配及失业之统计》，《冀察调查统计丛刊》第 2 卷第 2 期，1937 年，第 6 页。

④ 《平津两市人口职业分配及失业之统计》，《冀察调查统计丛刊》第 2 卷第 2 期，1937 年，第 5 页。

⑤ 《吴兴县职业人口类别统计》，《经济统计月志》第 2 卷第 3 期，1935 年，第 10 页。

⑥ 《南昌市人民职业统计》，《经济旬刊》第 1 卷第 8 期，1933 年，第 11 页。

我有好几个朋友在未结婚前都找了职业，服务极认真，同事也称赞，没有几年，结婚了，不久又生了孩子，于是只好抛弃了职业，缩在家里理家务管孩子。她们常常向我诉苦，说一天到晚在家的结果，学问荒了，朋友疏了，思想也退步了，再下去一定会变成一个时代的落伍者。她们真想飞出樊笼，再过社会生活，但一个最现实的问题来了——吃奶的孩子交给谁领呢？家里种种事谁做呢？结果只好仍旧回到家里苦闷。当然这个问题只要社会上设立了公共食堂、托儿所、婴儿院等，就可解决了，但今天全上海只有一个女青年会成立的职业妇女托儿所，而且经济条件极为有限的时候，又怎能应付实际的需要？①

　　通过知识女性就业前后生活状况的变化，反映出婚姻、子女往往会成为女性就业的阻力，这种社会现象是非常普遍的。因此，民国知识女性能否就业、能否获取经济上的独立是她们面临的一个主要问题，更为关键的问题是在其谋取职业后，如何兼顾家庭与工作，尤其是在孩子的养育问题未得到国家充分的重视与彻底解决，社会中依然存在为数不少的无业、失业女性，其无业可就的原因在于家庭与职业的矛盾问题未得到改善，结果是安置知识女性就业的成效比较微弱。

　　近代中国处在由传统向现代转型的过程中，民族工商业的发展步履维艰，深陷经济危机旋涡的社会，根本没有更多闲置的岗位供知识女性就职，这是影响知识女性就业的根本原因。众所周知，1929年，资本主义世界爆发历史上最深刻、最持久的一次经济大危机并迅速波及整个资本主义世界。原本就积弱积贫的中国受到世界经济危机的冲击，更是雪上加霜，无暇顾及女大学生的就业问题。20世纪二三十年代，中国国内战争不断，政党纷争风涌云起。南京国民政府为应对各派军阀之间的战争，耗费了大量的军力、物力、财力。加之，军阀间的连年征战，国民政府对知识女性就业以及就业后的保障问题是心有余而力不足。尤其是1937年，抗日战争全面爆发，整体的国民经济发展中断，不得不全部迁移到西南大后方，高等教育亦如此。举国上下一致对外，在面对国家生死存亡的时刻，知识女性就业问题更是不足为道。因此，民国时期女大学生等知识女性就业之路

---

　　① 郁无言：《妇女，家庭，职业》，《妇女》1945年庆祝胜利特刊，第5页。

注定坎坷波折，需要国家、社会以及个人等多方面的协同努力才能改善。

20 世纪二三十年代，中国知识女性就业是其获得经济独立的前提，是她们争取男女真正平等的物质基础，唯有如此，知识女性才有话语权，才能有资本提高自身在家庭和社会上的地位。中国古代社会女性完全被禁锢在家庭的牢笼之中，不允许到社会上谋求职业，"大门不出，二门不迈"便是女性生活的真实写照。然而，中国近代社会开始从传统向现代转型、教育改革的步伐持续迈进，以及对知识女性就业的呼吁与宣传等多重因素的交织作用下，知识女性脱离家庭的束缚，成为一个真正意义上的"社会人"。越来越多的女大学生选择自食其力，就业过程中的利弊亦逐渐地显现出来。就正面影响而言，知识女性选择就业促使日常生活方式由传统走向现代，现代婚恋观日渐形成，家庭生活观念发生改变；知识女性通过自身的工作实践，带动其他阶层女性的解放；同时，知识女性就业彰显了社会的文明与进步。从负面弊端来看，随着中国近代女大学毕业生等知识女性步入职场，中国近代城市家庭离婚率有所上升，社会上甚至出现晚婚或者不婚者。从其利弊来看是利大于弊的，政府与社会应该大力提倡和鼓励知识女性就业。但是受政治、战争与经济等因素的影响，民国时期女大学生就业效果较为微弱。

综上所述，1927—1937 年，因存在学校类型、地域、性别等因素，中国教会大学与师范院校毕业生、女大学生的就业问题及其对策呈现出各自的特点。教会大学毕业生凭借校友会与外语的优势觅得不错的职位，就业率相对较高；师范院校毕业生人数逐年增多，就业竞争激烈，城乡供需失衡，不同级别的师范院校毕业生薪酬存在差异；女大学生就业经历了一个艰难而漫长的过程，一直处于社会职业的边缘地带，就业人数由少到多，就业领域由窄到宽，就业层次逐渐升高，取得相当的进展。除国家采取措施解决外，社会各界的帮扶作用亦不容忽视。

第五章

1927—1937 年中国大学生就业对策及其成效

1927—1937 年，中国高等教育发展迅速，每年向社会输送的毕业生分布于各行各业，流向不同的区域。为促进大学生的顺利就业，避免因失业所引发的社会问题，政府、学校、社会与个人等从各自的角度出发，采取有关措施，譬如加快高等教育的改革步伐，推广就业指导，成立各种类型的职业介绍机构，增强大学生的专业素养和形成现实的择业观，构建良好的就业环境与平台使大学生真正地实现"学有所用"，发挥聪明才智于国家的建设事业，使人才资源得到有效的优化配置。事实上，时人曾指出："目前中国知识分子是否多余，像日本、德国一样发生知识分子的失业恐慌不可呢？不！我国知识分子实际还不够用；不过，中国的习惯往往不愿引用知识分子，而喜欢利用感情引用无知识的亲故，或者身兼十数职，好像万能似的，实际样样办不通；同时，却有许多人失业找不到事做！……出路是有的，只要政府党部和学校当局肯确实负责领导做去！"① 然而，受到风云变化的国内外局势的影响，相关就业对策的成效并不显著。

第一节　应对大学生就业的措施

前文已经对教会大学毕业生、师范毕业生、女大学生毕业生等的就业对策展开了探研，于此欲从宏观层面对 1927—1937 年中国大学生就业对策进行

---

① 郭寿华：《为青年出路问题与教育当局商榷》，《时代公论》第 1 卷第 14 期，1932 年，第 31 页。

阐析。民国时期大学毕业生的就业与出路问题是一个极其复杂的社会问题，许多因素都会对它产生影响，譬如：社会经济状况、政府的行政效率、家庭的责任、学校教育体系的完备程度以及个人的专业素养与择业取向，等等。大学生就业问题的解决需要多方共同努力与配合，才有可能最终被化解。

一 促进经济发展，构建良好的就业平台

1929 年，世界爆发经济恐慌，引发了各国的社会骚乱与失业危机等社会问题，使世界诸国政府焦头烂额。1935 年"世界失业暨就业人数……奥国，12 月，242759；比利时，11 月，192429；捷克斯拉夫，10 月，192429；丹麦，12 月，84323；荷兰，12 月，172662；瑞士（完全失业与暂时失业），10 月，72430；英国（完全失业与暂时失业），10 月，1905675；澳大利亚，9 月，68890；坎拿大，1 月，22610；挪威，10 月，12099；瑞典，11 月，69372"。[1] 除此之外，时人对英国失业人数进行了统计，详见表 5 - 1。

表 5 - 1　　　　1924—1933 年失业及在业工人数目（以千为单位）　　　（单位：人）

年份	保险总人数（自 16 岁—64 岁）	失业人数	未失业人数	实际在业人数	
				A	B
1924	11073	1125	9948	9560	9526
1925	11272	1236	10036	9642	9611
1926	11423	1401	10022	9623	9062
1927	11529	1108	10421	10018	10015
1928	11667	1235	10432	10023	10019
1929	11850	1212	10638	10223	10220
1930	12149	1915	10234	9809	9797
1931	12504	2630	9874	9437	9421
1932	12562	2756	9806	9367	9348
1933	12615	2551	10064	9623	9621

资料来源：杨锐灵：《英国十年来工人失业之概况（英国通信）》，《申报月刊》第 3 卷第 3 号，1934 年，第 61 页。

---

[1] 《世界失业人数统计》，《新中华》第 4 卷第 4 期，1936 年，第 73 页。

从表 5 - 1 观之，失业人数则增加两倍以上，尤以 1929 年以后增加最速，世界整个经济不景气严重地影响英国工商业的发展。1931 年及 1932 年两年，失业者倍增，在业者锐减，罢工数目亦较多，实为英国经济恐慌最严重时期的表征，1932 年，工商业略见好转，失业人数亦较减，但与 1924 年比较，则失业者仍在两倍以上。可见，因经济恐慌造成的失业危机冲击着欧美诸国，远在东方的中国亦未能幸免，社会经济举步维艰，深陷失业的泥沼之中。1934 年的中国经济，是继续着 1933 年的衰落，而更加深化的一年。在世界方面，因为帝国主义者疯狂般地准备战争，引起军需工业之极度膨胀，和军需工业有关之产业相当恢复，曾经造成了一种假景气；但是在中国，则连一种假景气也都没有。不论农业工业商业都显示极度的衰落。① 此种经济境况下的民众就业遭遇了前所未有的危机，失业人数越来越多。1936 年，国际劳工组织中国分局负责人程海峰对 1935 年全国失业人数进行了调查，如表 5 - 2。

表 5 - 2　　　　　　　　　1935 年全国失业人数统计　　　　　　（单位：人）

地区	失业人数	地区	失业人数	地区	失业人数
河北	49750	江西	460300	南京	161476
山东	48996	湖北	223391	上海	610701
河南	58010	湖南	114756	北平	500935
江苏	411991	四川	534960	青岛	104500
浙江	278813	广东	1578482	其他	748630
安徽	5545	广西	1960	共计	5893196

资料来源：程海峰：《一九三五年之中国劳工界》，《东方杂志》第 33 卷第 17 号，1936 年，第 155 页。

由上可知，地处经济发展前沿的东南沿海区域失业人数较多，成为经济领域与社会领域的重大问题。如此社会经济背景下的大学毕业生不得不拼尽全力去谋取职位，结果却令人唏嘘不已。大公报馆对 1932 年部分大学毕业生展开调查，北平工学院毕业生共 66 人，已有职业者为 8 人，未有者为 58 人。南开大学毕业生共 39 人，已有职业者共 14 人，未有者为 23 人。

① 《1934 年中国经济的总结算》，《申报》1935 年 1 月 1 日第 7 版。

河北省立商学院毕业学生共 88 人，已有职业者为 14 人，未有者为 55 人。上海持志学院毕业学生共 152 人，已有职业者为 58 人，未有者为 94 人。济南齐鲁大学毕业学生共 38 人，已有职业者为 32 人，未有者 6 人。国立浙江大学毕业学生共 77 人，除土木工程学系男生一人已有职业，及数学系化学工程学系男生各一人继续研究外，余均未有职业。[1] 这仅仅是"冰山一角"，大学生出路问题成为时人谈论的焦点话题。20 世纪二三十年代，大学生失业问题已初露端倪，南京国民政府为安置毕业生就业，减少社会压力，积极地发展国家生产事业、进行移民垦殖、建设西北、振兴实业等，力求创造出更多的就业机会。

中国近代民族工商业自发展之日起就备受阻碍，西方资本主义国家凭借不平等条约占尽了经济发展的各种实惠与便利，严重地冲击着本国民族经济的成长与壮大。事实上，最重要的根源在于"要设法集中力量把中华民国从次殖民地的深坑中解放出来，确立了民族资本"。[2] 唯有如此，中国民族经济方可摆脱殖民压迫与束缚，南京国民政府才能拥有振兴实业的契机，结果是为求职者提供更多的就业机会，无论专门人才还是非专门人才，就业机会才会增多。因此，1927—1937 年，推进民族复兴运动，发展民族资本主义才是南京国民政府解决经济问题的根本方法。良好的经济环境必然有利于劳动者的顺利就业，形成就业市场的良性循环。例如，"湖北省第八区 1935 年 4 月 1 日起至 1936 年 6 月底止各期建设中心工作预定计划表及实施报告表属会同各关系部会审核办理等由。为整理道路、修浚塘堰、架设电话线及征工等事项，关系全国经济委员会交通铁道两部暨本部执掌。"[3] 然而，这一时期复杂的时局与历史遗留的外交困境以及西方力量的侵压，使重振经济措施的成效大打折扣。

此外，针对大学毕业生群集城市的超饱和现象，时人曾借助报刊呼吁青年学子前往农村的广阔天地，既有助于农村经济建设，又能安置大学生就业，可谓"一举两得"。与此同时，政府与社会倡导设立农场，改造农村等，推进国家生产事业的发展，为前往乡村的大学毕业生营造良好的就

---

　　① 汪忠天：《毕业与出路》，《哲学与教育》第 2 卷第 1 期，1933 年，第 2 页。

　　② 何景元：《大学生失业问题》，《社会半月刊》第 1 卷第 1 期，1934 年，第 96 页。

　　③ 《湖北省政府关于第八区 1935 年 4 月 1 日至 1936 年 6 月底各期中心工作预定计划及实施报告表意见单的训令》，1937 年，湖北省档案馆藏，档案号：LS031 - 001 - 0196 - 002。

业环境与机会。"全国有十分之七的学生从事文类专业，而全国专科以上的毕业生则是文法类专业，有人主张他们应到小学从事教员，有人主张学农业的去田间劳作，使这些学习政法文哲的到田间去又有什么能做的呢！中国之所患者在于贫，在于产业落后，贫不能救，产业不能推进，怎样也没有办法。"[1] 可见，南京国民政府时期，民族经济真正意义上的振兴才能解决大学生就业困境，发展国家生产事业势在必行。此外，中国区域发展不平衡由来已久，为挽救经济危局，促进南北均衡发展，南京国民政府决定开发西北，进行经济建设。

为了有效地开发西北，加强经济建设，南京国民政府决定，"1929 年，在农矿部组建垦务设计委员会。1931 年，国民政府将农矿部和工商部合并为实业部……保护全国垦殖事务"。[2] "西北包括蒙古，新疆，甘肃，青海，宁夏及绥远，面积有一百七十余万英公里，人口却只有千万人左右，在物产方面而言，可与东北相媲美。除去西北的沙漠荒芜之地，遍地皆是宝，真可谓碧草满原，复宜牧畜；森林矿产俱丰，尤为殖民胜地。故欲减少失业群众，惟有实行移民，从事边区之垦辟。"[3] 可见，西北自然资源与矿产资源尤为丰富，向西北进行移民，既可以向此地区源源不断地输入劳动力，又能缓解体力劳动者与脑力劳动者的就业压力。1935 年，为了更好地执行开发西北的任务，"国民政府在西北诸省因地制宜设立若干垦务处，先调查测绘各荒地，划为若干屯垦区"。[4] 屯垦区的划定意味着南京国民政府决心建设西北边疆，挖掘西北地区的经济潜力，欲解除东南沿海地区的就业困局。除此之外，南京国民政府开始以振兴实业为主，方可解决就业难问题。南京国民政府为救济失业大学生，尤其是文科毕业生，在全国学术工作咨询处予以介绍工作，"函定海县政府，介绍刘泽煊、钱兆煜、顾景坤、郑永禄，请分别酌予任为司法及医务工作……中央军官学校特别训练班委托物色教育及森林园艺各一人……"[5] 该县政府为司法、教育、园艺等毕业生推荐相关的工作。全国学术工作咨询处还为广大大学毕业生介

① 何景元：《大学生失业问题》，《社会半月刊》第 1 卷第 1 期，1934 年，第 97 页。
② 冯成杰：《国民政府移民垦殖西北的历史考察》，《农业考古》2015 年第 1 期，第 46 页。
③ 蔡谊：《失业问题发生之原因及其救济方法》，《军需杂志》1934 年第 27 期，第 76 页。
④ 秦孝仪主编：《革命文献》（第 89 辑），台北：中央文物供应社 1981 年版，第 66 页。转引自冯成杰《国民政府移民垦殖西北的历史考察》，《农业考古》2015 年第 1 期，第 47 页。
⑤ 《救济失业学生》，《全国学术工作咨询处月刊》第 2 卷第 5 期，1936 年，第 16—17 页。

绍编辑、小学教师办事员等职位。在缓解就业危机的同时，亦促进当地社会经济等各项事业的发展。

南京国民政府工商部训令如下："令各省商会，为令遵事查振兴实业维护工商为当今之急务，本部成立伊始，对于改良国货，挽回利权，注重特甚，纺织一项为日用必须，尤应查明各地出品及各项实在情形，以便督促改良而资提倡……事关工政，勿延切切。"① 此训令是南京国民政府工商部部长孔祥熙在 1928 年对各省商会的命令，指示各省商会对辖区纺织业进行调查，强调振兴实业之关键在于抵制外国，改进国货，夺取利权。由于中国各地矿区资源发达，又无人开采，国内大型工厂几乎为外国所控制，在中国领土范围进行索取，造成国困民贫。因此，南京国民政府注重各类工商业的发展，大力提倡振兴实业，不仅能安置大量求职者，而且还能挽救日益颓败的工商经济，摆脱贫穷，使社会经济回归正常的发展轨道。

"自近年世界经济恐慌，各重要国家相率改定货币政策，不许流通硬币。我国以银为币，白银价格，剧烈变动以来，遂至大受影响，国内通货紧缩之现象，至为显著。因之工商凋敝，百业凋敝不振，而又资金源源外流，国际收支，大蒙不利，国民经济日就萎败，种种不良状况，纷然并起，计自上年七月至十月中旬三个半月之间，白银流出，凡达二万万元以上，设当时不采有效措施，则国内现银存底，必有外流罄尽之虞。此为国人所昭见者，本部特于上年十月十五日，施行征收白银出口税，兼课平衡税，借以制止资源公开外溢，保存国家经济命脉。紧急危机得以挽救。顾成效已著者于一时，而究非根本办法……政府为努力自救复兴经济，必须保存国家命脉所系之准备金以谋货币金融之永久安定。兹参照近今各国之先例，规定办法，即日施行。（1）自本年十一月四日起，计自上年七月至十月中旬三个月所发行之钞票定为法币，所有完粮纳税及一切公私款项之收付，概以法币为限，不得行使现金，违者全数没收，以防白银之偷漏，如有故存隐匿，意图偷漏者，应准照危害民国紧急治罪法处治。（2）中央、中国、交通三银行以外，曾经财政部核准发行之银行钞票，现在流通

---

① 孔祥熙：《命令：部令：训令：国民政府工商部训令：工字第二十九号（1928 年 6 月 12 日）》，《工商公报》第 1 卷第 2 期，1928 年，第 39 页。

者，准其照常行使。"[①] 1935 年，"实业部鉴于国内工商业日趋衰落，为谋振兴起见，采取标本兼施的方法，施行统制贸易、提倡国货及节约运动、已通咨本市市政府切实施行，以资复兴国民经济。具体方法如下：统制贸易。该部鉴于国内经济组织未臻健全，工商业日趋衰落，救济之道，着重贸易统治，减少现金外溢，拟定统制贸易办法：（1）修改关税则，提高进口税则，防止舶来品贱价倾销，免使本国工商业深蒙损失；（2）输出统制与健全工商业之组织，由国家根据市场供给情形，管理货品产制之数量，价格品质，求合于国外市场之条件，同业间应谋共同合作，金融互助，及免去无谓竞争，更应有健全之组织，补救营业上之弱点，出口贸易，应渐求不必假手于外商；（3）输入限制，我国目前危境，为各国所共见，人民购买力减退，输入货物，亦必逐渐减少，设不幸中国经济呈最后总崩溃，各国对华商业，亦必同归于尽，输入限制，如能实行，使国内经济，得以恢复，则各国在华商务，得益亦多，共同繁荣，互相利赖。提倡国货，该部以提倡国货运动，施行已久，未能发生深巨之效力，其重要原因：（1）受苛捐杂税及国内灾荒影响；（2）因国民缺乏爱国心，今后应求：切实废除苛杂，以解除生产事业之束缚，各地政府，虽因财政困难，未能彻底裁免苛杂，但于民间生产事业，不能发达，工商业与财政，同陷末路，应监督地方官吏，注重减轻商民负担；国民爱国心之激发，关系至巨，坚强拥护国家计划之精神，牺牲个人之享受，购用国货，以促国货之发达。节约运动，该部复以国家与人民经济，当贫困之时，应减少消费，以挽危难。现国内工商业，未臻发达，国民生活程度，日益增高，一般无法生产影响失业者，不可胜计，但都市人民，习于服用洋货，消费扩张之结果，使多数金钱外溢，国内货物出品，因销路疲滞，一蹶不振，亟应提倡国民节约运动，实行自制自给，减少外货入超，以挽救国民经济之崩溃。"[②] 时至 20 世纪 30 年代，南京国民政府实业部从统制贸易、提倡国货、倡导节约等层面，实现开源节流，力求促进工商业的发展，提升国民经济的整体水平，为求业者提供了更多的工作空间和渠道。

---

① 《湖北省建设厅关于安定货币金融办法的训令及实业部的训令》，1935 年，湖北省档案馆藏，资料号：LS031 - 001 - 1070 - 008。

② 《实业部振兴工商业办法》，《申报》1935 年 12 月 1 日第 12 版。

二　高校加快整顿与改革，剔除教育体制弊端

1927—1937 年，中国大学生失业与就业问题不是其自身的问题，而是社会问题，这是意味着社会系统存在弊端，解决此类群体的责任在于政府和学校。南京国民政府为平定因失业引发的学潮问题，提议开办训练班，收容大学毕业生。训练之后，他们被分发任用。这无疑是陷入失业黑暗的大学毕业生的一丝曙光。事实上，民国时期，能接受高等教育的人数相当稀少，一万人里仅有一个，与资本主义国家相比较，更是相形见绌。然而，关于大学生"毕业即失业"的报道与评述时常见诸报刊，令人担忧与惋惜。此时，民国高等教育像工厂一样，不断的生产商品，导致商品堆积如山，出现了滞销，引发了大学生失业潮。时人指出："民国大学教育的危机在于：（1）官僚化在中国大学教育十分浓厚。可办大学教育的人官僚化，大学生毕业后的官僚化……有若干大学的校长、教授，不是以官僚充任，便是以预备官僚充任……不是官僚充任，便是退职官僚或是准官僚去充任，因而在教育形态上，便是收买学生巩固地位，做校长便是做官……大学生毕业以后的官僚化，并非大学生本身原有意识，而是环境的养成和社会的决定。因为在官僚化的教育制度之下和社会乱动中的大学生，只是感觉做官才是出路，才是实生活！（2）无教育方针。就制度而言，表面是有了……虽然有以'三民主义'为根本原则……并不曾见更详密的计划……各大学的进展来说，大都自由的发展，结果，前途的自然也有，而每况愈下的却非常之多，形成畸形的发展。（3）发展教育与社会上的矛盾。近年来，中国的大学教育，在数字上是有了相当的进展，在内容上也有相当的充实；然而这种进展，要是和全国人口的数量上计算，又是成了怎样的稀少，这是正需要大量的发展或是说正需要向着进展的途上前进是无庸疑虑的……然而，在现社会的反应，似乎这样稀微的大学生，还有容纳不下之概……这种矛盾，谁能说不是中国当前教育的危机呢？（4）学非所用。大学生陷于失业的深渊中，因着每年的毕业人数一次一次的增加。纵然有些谋得一官半职，大都是学非所用，因而学工或学医的人，公然也做起官来，形成盲目的政治……目前中国大学教育的病态强化，实是中华民族前途的隐忧！"[1] 因此，民国时期，大学生就业难问题恰恰说明高等教

---

① 仪声：《大学生的失业问题》，《民生》1936 年第 30 期，第 10 页。

育存在着弊端。从长远来看，高等教育应是社会与民族的教育，而不仅仅是关注个人的教育，更加注重造就人才与任用人才的有效结合，强调专业知识的实践性与社会性。为有效地解决大学生出路问题，政府应该发挥其应有的作用。

1927—1937 年，南京国民政府是主持全国行政的中枢。第一，改革教育制度——过去的教育制度，只重形式上的学制，不重实际上的探讨和运用，因而大学毕业生反而失业。为此，今后的制度，应该偏重实质，少重形式；应该实践具体的生产教育方针，不必标榜空头的合理化教育宗旨。第二，任用毕业生——就利害上说 1928 年每个大学毕业生每年占经费692.99 元、1929 年占 567.55 元……国家每年既有这样多的消费，结果反而无出路。① 换言之，民国高等教育制度放弃昔日重形式轻实际的陈旧路径，改为着重从实际方面培养大学生，强调社会实践性的效果。

1930 年，教育部为谋大学及专科学校毕业生之出路起见，特草拟相关的办法："（1）组织各学科荣誉学号，选拔成绩最优学生入会，以资鼓励。（2）成绩优良学生，或特殊研究著有成绩者，给予奖学金。（3）成绩优良学生，毕业后有担任相当公务之优先权。（4）考试院铨叙部，应将大学及专校毕业生尚无职业者，尽先甄别，发往各处录用。（5）由教育部会同各专部，定订全国各机关社会工厂等，每年容纳各专门人材的试用额和试用期内薪资数。（6）全国各大学及专校，每年毕业生愿就业者，由教育部汇登教育公报，咨送各专部，分发各省各机关，各社会各工厂就其所学试用。试用一年以上确有成绩者，正式任用。（7）应由政府明令，凡关于技术及专门事业之管理，须用大学及专校毕业而有相当经验者，其他一切机关，当尽先任用大学及专校毕业生。（8）各省教育厅，各特别市教育局及其他教育学术机关或团体，应设职业访问所，尽先介绍大学毕业生服务。"② 可见，国民政府运用行政权力，采取行政干预，鼓励实施考试制度，选出优秀毕业生分发至相关部门。为便于大学毕业生就业，教育部以教育公报的形式将毕业生信息发至各机构。同时，开设职业介绍机关，积极地促成大学毕业生就业。

---

① 仪声：《大学生的失业问题》，《民生》1936 年第 30 期，第 11 页。
② 《大学毕业生出路问题之严重》，《教育杂志》第 22 卷第 8 期，1930 年，第 135 页；《大学及专科学校毕业生出路办法》，《浙江教育行政周刊》1930 年第 47 期，第 2 页。

就业问题关乎整个国家民族的盛衰存亡，不是独立存在的个体问题。南京国民政府时期，大学教育无法与社会需要相适应，出现了"人人找事，事事需人"的矛盾现象。事实上，大学生出路是教育效能的一种直接反映，对高等教育体制进行改革是就业形势所迫。

　　20 世纪二三十年代，世界诸国皆存在大学生失业问题，中国亦如此，每年全国各大学校部分毕业生毫无出路，这种结果不但困扰着失业大学生，亦使社会秩序呈现着不安的状态，前文提及的北平各大学学生的两次职业运动大同盟，向政府举行请愿，足以表明大学生就业难问题的严重性。世人皆知，大学生失业并不是社会无序的主要原因，对于国家而言却是重大的损失。青年学子缺乏社会经验、工作能力与技术的不在少数。不过，受过"高等教育的大学毕业生不会比现任政府机关人员的做事能力会相差多少，也许要超过他们的能力，只是他们没有迎逢的本能，没有钻营投机的技术，没有所谓他人的提拔，所以才被摒弃到职业圈以外。意志薄弱点的大学生，就走上了消极的一途，慢性的毁灭自己，意志强烈点的大学生，就铤而走险……作杀人绑票和盗窃的勾当。这种种不利于政府的现象，只有政府自负其咎，也只有政府自谋解决。如果政府漠视了这种严重的局势，那么，总有一天这般失业的大学生，会同政府走上尖锐的对抗的路上去的。虽然政府有强大的武力可以镇压，甚至于可以用反动的方法去格杀勿论，毕竟这种以力服人的办法，是不能支持长久的"。[1] 南京国民政府为应对这种严重的态势，拟定于 1936 年 9 月中旬举行临时高考，另又由政院筹办失业大学生就业训练班。针对失业大学生的就业问题，教育部曾举办过学术工作咨询处，据说已经介绍出去的人数，也不算少数，此次当局复调查，1933 年和 1934 年的失业大学生为 9600 余人，如只限 1000 人就业，其余 8600 余人，仍然还是失业。[2] 可见，政府当局对安置大学生就业问题的努力程度有待提升。同时，救济的对象仅限 1934 年至 1936 年间的失业大学生，1934 年以前的大学毕业生则不在救济范畴之内。南京国民政府应竭尽全力地扩充训练班的名额，失业大学生有业可就。若是国民政府欲以整个国家力量，举办新兴事业，改良现行教育制度和考试制度，严格

　　① 亦正：《失业大学生就业训练问题》，《自力旬刊》1936 年第 6—7 期，第 11 页。
　　② 亦正：《失业大学生就业训练问题》，《自力旬刊》1936 年第 6—7 期，第 12 页。

行政人员的用人标准，厉行铨叙考绩制度，节约其他事项的开支，这些是救济大学生就业问题的有效办法。

　　针对大学生就业难现象，民国时期社会各界人士较为注重大学生的出路问题，其中文科毕业生就业问题甚是严重。中国近代高等教育导致贫寒子弟被剔除出去，同时亦使教育意义更加资本主义化，从而造成了近代"镀金式的高等教育"。陶希圣曾经沉痛地描述："今日的教育仍然是最惠阶级的教育，从小学到大学的几层阶级，逐渐把贫苦子弟剔除下来，余皆是少数左倾思想之青年。"① 教育是一个国家的命脉，这种高等教育的弊端一直延续到国民政府定都南京，这是当时亟待解决的。1927—1937 年，中国高等教育制度表面规范有序，实则今日仿照欧美，明日仿照日本，朝令夕改，无视政府的存在。官僚化与贵族化的教育体制，注重形式，忽略教育的本质。因此，政府界与教育界相当一部分人士主张进行高等教育体制的改革。他们围绕文科与实科的优劣展开辩论，进而迸发出改革高等教育体制的呼声。"1932 年 5 月 19 日，广州中山大学达成会议案，第一条即是：停办文法科，或减少数量，同时多设职业学校，以适应社会生活之需要。"② 此案引起了一个多月的大讨论，并随之引发全国性的争论。以陈序经、陈宗岳为代表反对停止文法科，而持相反态度的梁宽等则主张停办文法科，大力发展实科。此时，陈果夫也向中央提议，彻底改革教育。加之，文科毕业生就业难现象已造成严重影响，对于资质不够的学校教育部要加以取缔。1933 年改革高等教育案具体办法如下："大学应专由教育部门设立……国立大学暂于首都、北平、上海、广州、武昌、西安等处，各设立一所……各省市及私立学院，应以设立农工商医理各学院为限……各省市政府团体及私人，均不得设立文法学院，已设者应即归并各国立大学或令其停办……依据上列各项办法，改订现行大学组织法，及其他关于高等教育之一切法规。"③ 上述高等教育法案表明大学不能滥设，无序地增设大学的恶果就是越来越多的文科大学生陷入就业难的困境。为此，更重要的是此法案的实施办法更加明确了限制文法学院的设置，甚至是停办，应对文法科毕业生多于实科毕业生的畸形学科设置，进而缓解大学毕业生

---

① 张聿飞：《镀金式的现代中国高等教育》，《社会周报（北平）》1933 年第 7 期，第 3 页。
② 张太原：《20 世纪 30 年代的文实之争》，《近代史研究》2005 年第 6 期，163 页。
③ 《改革高等教育案原文》，《中央周报》1933 年第 239 期，第 122—123 页。

就业难的压力。

为更好地安置大学生就业，中央改革案办法通过后，就开始令各大高校查照办理。1933 年教育厅奉南京国民政府训令，奉行政院训令，奉中央执行委员会，在给安徽大学致函中强调："并抄发原附关农工医理各学院为限，不得添设文法学院，自应通饬遵办，除呈复并分行外，合行令仰该厅转行省立及私立各大学学院分别遵照办理……"① 此函确定了教育目标，要求各个省立及私立大学要照此执行进行教育改革，限制文法学院的发展。1933 年 7 月，南京国民政府教育部通知各大学整理院系时训令东北大学强调："外国文学系、法律系及教育系原有班次既经结束，以后毋庸设立。史地、政经两系及中文、边政两系，各隔年招生一次。"② 民国时期，教育部对文学、法律、教育、史地、政经等文类专业进行改革，此次改革的实质是高等教育改革的主要内容，并且高等教育改革案在各省已开始执行。教育部高等教育司司长黄建中在 1934 年谈改良高等教育时，决定厘定大学课程标准，成立医学院和法学院的课程标准委员会，并在大学附设研究所。

以上举措均加快了高等教育体制改革的步伐，提出高校教育体制现存的一系列弊端，力图根除大学的官僚化、腐败化与利益化等缺点，调整文实等学科的比例，结果是一些高校已开始实施大学的合并，文法科招生数量开始减少，自然向社会输入的文科毕业生的数量亦有所降低。这可能是南京国民政府时期意识到教育体制存在的弊端进行的一些相应调整。

三 创设就业指导等机构，增强大学生的择业能力

1927—1937 年，南京国民政府安置大学生就业，运用行政权力开设就业训练班与就业指导机构，为青年学子步入社会与未来择业，较为全面地进行专业训练与提供职业指导，使大学生就业群体的职业能力与技术水平得以提升。作为全国性的人才调剂机构，全国学术工作咨询处于 1934 年成立，1935 年 3 月 9 日下午 1 时全国学术工作咨询处在上海八仙桥青年会九楼举行就业指导委员会成立大会。全国学术工作咨询处主要任务在于调剂

① 《改革高等教育办法，教厅昨特函本校查照办理》，《安徽大学周刊》1933 年第 118 期，第 1 页。

② 金以林：《近代中国大学研究（1895—1949）》，中央文献出版社 2000 年版，第 200 页。

人才，使供需双方得到妥善处置与便利。该咨询处主要采取职业介绍、制定实习办法、开展就业指导等一系列措施，促进大学生就业。具体表现在："职业介绍，为本处重要工作之一，当社会用人缺乏正确标准之际，进行自属困难，但本处力求慎重，设非适当人才，以供给之，或者待遇相差，不能使双方均感满足，或则用人机关同时分投觅人，不能专一委托本处。凡此皆属暂时之现象，将来办理积有经验，信用增加，登记人数众多之后，深信工作介绍必可逐渐推广，现今已介绍就业者，约以技术事业占全国40%，教育界35%，普通行政10%，余如司法、图书馆及学术研究各占5%，工作地点，北至宁夏，南迄南洋，已介绍尚在接洽中者，约200余人。本处并与上海职业指导所联络委托代办上海方面介绍及调查各项事宜，颇收合作之效，在政府方面，行政院已通令全国各机关尽量录用本处所介绍之人员，将来行政用人，自可渐趋一致。实习办法，与工作介绍相关联者，为本处所订之实习办法，过去大学毕业生往往富于书本知识，而无实地经验，尤以习实科者为然，以致毕业后，不易得一较为满意之工作，在实业界方面，亦以大学毕业生不堪委以重任，甚且视之不若工厂生徒，设此种心理，不加以根本改变，实业本身与毕业生出路同受莫大影响，本处实习办法，使双方均有彼此认识之机会，实习以三个月为期，期满者自由商洽，现征得上海著名工厂十余家之同意，收受本处所介绍之实习人员，铁道部亦已通令各路局为同样之办理，今后此项办法，逐渐施行，亦未始非沟通学用之道。指导方面，指导以求业就业及升学为限，本处正在筹备办理，以应需要。"① 综上所述，全国学术工作咨询处的工作涉及多个层面，发挥着重要的作用。其任务不仅解决民国时期大学生失业问题，而且研究总体性人才调剂的方法，以消弭"人人找事，事事找人"之矛盾现象，但其工作处处与社会各方面息息相关。因此，全国学术工作咨询处任务的圆满完成需要社会的合作、政府各机关协助，人民督促以及新闻界的舆论关注，最终方能有所成效。

1936年，专科以上学校毕业生就业训导班筹备委员会召开第二次会议，通过如下提案："（1）鉴于专科以上学校毕业生就业训导班简章，经拟定草案，拟呈报行政院备案。（2）关于经费概算，拟定40万元，拟将

---

① 《全国学术工作咨询处昨招待新闻界》，《申报》1935年3月10日第15版。

概算书呈由行政院转送中央政治委员会核定，并请行政院令饬财政部先行执拨，自 1936 年 9 月份起，每月拨 4 万元，由行政院转发。（3）关于招收学员办法，应注意对于学校保送之学员，由学校当局负责考核该员平日在校曾否有违反三民主义之言论或行动，及其他不道德之行为，又保证人除学校校长为当然保证人外，须另有正当职业及确定住址之保人一人为保证人，其详细办法应于招收简章内定明。（4）审查入班人员之方式及标准俟报名后再行拟定。（5）实习期间之成绩考核由实习机关行之。（6）筹备事宜由各常委会各派代表一人会商进行，并由中央政校代表召集"①。1936年，"郧西县政府保送学员受训，无合格人员管理机件，可由贵府选派邻县失业学员前往充任较为适宜"②。从上可知，就业训导班简章内容全面，从经费预算、如何划拨经费、招生标准、实习考核等方面皆有明确规定，表明政府对大学生就业指导等问题的关注与重视。

　　1936 年，全国学术工作咨询处除注重调查及介绍方面的工作之外，还拟请银行界举办小工业贷款以鼓励专门学术人才，自行创办事业，次讨论事项："（1）议决小工业贷款以赞助专门学术人才，用意极美，惟应妥拟办法，先由本会详细调查推员研究，一方联络企业家加入合作，一方介绍金融界予以贷款，较有实效，并推定何清儒、潘仰尧、朱少昇起草办法，以便进行。（2）议决关于推广介绍教员赴南洋服务一案。先请何炳松调查南洋各校，地址种类，然后由本处分函联络接洽，议毕散会。"③ 可见，全国学术工作咨询处积极地争取银行等金融界的贷款资助，促成大学生自主创业，最终解决其就业问题。

　　这一时期，大学毕业生除个人自谋出路外，南京国民政府、学校及社会各界亦贡献着各自的力量，学校行政部门和政府部门均推广就业指导，加强就业训练。尤其是南京大学生职业同盟运动风起云涌，向政府和学校施压。加之，民国报刊舆论的导向，社会影响相当大。针对大学生就业难现象，政府和学校对即将步入社会的大学毕业生实施就业指导，增强其谋

---

① 《行政院通过就业训练班简章经费》，《全国学术工作咨询处月刊》1936 年第 8 期，第56 页。

② 《湖北省政府关于郧西县收音员可由邻县失业学员充任的训令及中国国民党中央执行委员会广播事业管理处的公函》，1936 年，湖北省档案馆藏，资料号：LS031 - 001 - 0887 - 002。

③ 《全国学术工作咨询处昨开就业指导委员会》，《申报》1936 年 4 月 26 日第 15 版。

生技能。早在 20 世纪 20 年代初期，中国大学生就业难问题已经开始凸显，且以文法科毕业生失业者为多数。据统计，"大学失业者占 1/8，考其学习之科，以文商两科居多"。① 事实上，解决深陷失业泥沼之中大学生的就业难问题，这亦是国民政府和高校必须完成的使命。由于南京、上海、北平等地高校毕业生无法成功择业，其自身的出路与生存成为社会的痼疾，遂于 1934 年全国各地相继组织职业运动大同盟。南京国民政府和社会各界高度重视此问题，为解决毕业生就业难现象，提出了相关的救济方案和治理措施。南京国民政府于 1934 年成立全国学术工作咨询处，"年来专科以上学校毕业生逐渐增多，人才供过于求，毕业生之出路，乃成为教育上之严重问题。教育部为解决此问题起见，采纳国际劳工局副局长莫雷特之建议，与全国经济委员会合设学术工作咨询处，其执掌事务为：（甲）关于全国机关团体需要学术人才状况之调查与登记事项；（乙）关于全国学术人才求业就业状况之调查与登记事项；（丙）关于已登记学术人才适当就业之介绍与指导事项；（丁）关于研究专门学术人才之调查与指导事项，为进行便利起见，并呈请行政院通饬各机关，协助该处办理调查介绍事宜，同时并请各机关当需用专门学术人员时转知该处代为物色，并斟酌录用该处所介绍之人员。又与国外有关系之工厂及实业机关联络，以谋技术人员实习及就业之便利。"② 其性质和任务如下所述："现值中央与地方力图建设之时，各种公私团体，需要专门学术人才者亦与日俱增……国内尚缺乏一种机关，从事精详的调查，与负责的调查指导。"③ 这表明，全国学术工作咨询处是办理学术人才、调查、登记、职业介绍、指导就业的机关，对未就业毕业生进行统计，预测供求关系，以便掌握人才的缺乏与过剩的实情。为各级行政机关、文化机关、实业机关等介绍专业人才，安置大学生就业，从宏观层面调控专业人才的流向。同时，该处还强调微观层次的落实与实施，真正地实现人尽其才，实现大学生与社会用人单位的对接。

---

① 《毕业生就业指导委员会之统计》，《中华教育界》第 16 卷第 6 期，1926 年，第 6 页。

② 黄离明：《八年来中国高等教育之研究》，《教育研究（广州）》1936 年第 66 期，第 16 页。

③ 程振基：《什么是全国学术工作咨询处》，《全国学术工作咨询处月刊》第 1 卷第 1 期，1935 年，第 29 页。

南京国民政府为指导大学生就业问题于 1936 年 6 月 27 日举办筹备会议，在行政院举行谈话会，"出席有教育部长王世杰，实习部长吴鼎昌，中央政治学校教育长惟纷，行政院秘书长翁文灏等……对于指导专科以上学校毕业生就业办法，及训练班组织课程等计划，均已商定详细办法"。① 关于大学生就业办法的商定，意味着国民政府将大力推广就业指导。南京国民政府为便利各地区大学生就业，成立驻沪办事处，名曰中华职业教育社，并且该分办事处已开始登记，并成立就业指导委员会。

湖北省教育厅奉令发专科以上毕业生就业训导班简章。教育部 1936 年 7 月 31 日第 110116 训令，"行政院为尽量登用专科以上学校毕业生以辅助行政及经济建设起见，除咨询由考试院于本年九月举行临时高等考试外，特于首都举办专科以上学校毕业生就业训导班，招收最近三年度国内外专科以上毕业生 1000 名，实以短期训练及实习，考试合格后，按照成绩分配工作……订定就业训导班简章，并详定招收学员办法，公布实行。按照简章及办法规定最近三年度（即 1933 年、1934 年、1935 年度）国内外专科以上学校尚未就业之毕业生，均得请求入班。国内各校毕业者，由原肄业学校保送，国外学校毕业者，由本部保送，所有国内各校及国外各毕业生应取具之各项证件，均送由全国学术工作咨询处收集整理后呈本部核转，共同妥送察哈尔、宁夏、甘肃、青海、新疆、四川、西康、贵州、云南、广西等省籍学生"。② 与此同时，全国学术工作咨询处云南代办所成立，云南教育厅来函谓，"遵照代办所规约，允为该处设立云南代办所，办理该省学术工作事宜。又以该省地处边远，情形特殊……毕业生之登记介绍联络事宜以应地方实际环境之需要，并闻该厅已指定人员负责办理代办所事务。"③ 不仅云南边远地区成立就业指导机构，北平、广州等地亦相继成立职业介绍所，积极开展就业指导工作。"愿做教师者应具备专门的知识，道德及人格的修养，亲切的态度和忠实服务的精神……愿做法律家者，应养成批判力，辩驳力，理性……愿做文艺家者，应具备感觉力，联合及想

---

① 《就业指导班筹委会商讨就业办法》，《全国学术工作咨询处月刊》第 2 卷第 6 期，1936 年，第 38 页。

② 程其保：《令公私立专科以上学校奉令发专科以上毕业生就业训导班简章仰遵办》，《湖北省政府公报》1936 年第 226 期，第 6—8 页。

③ 《职业介绍》，《国际劳工通讯》1935 年第 13 期，第 104 页。

象力，记忆力，观察力和发表力。诸如此类，都是与职业前途有连带关系的在学时期的训练。"① 以上是全国各职业介绍机关对大学毕业生进行专业训练，增强其业务能力与水平，使他们的就业素养得以提升，进而缓解大学生的就业压力。与此同时，全国各大学校亦开始对毕业生进行就业训练。

中央政治学校成功开设就业训练班，并在第一期受训结束后举行就业指导讲话，内容如下："专科以上学校毕业生就业训导班第一期学员受训将满二月，按照规定，亟应举行就业指导谈话，对于各学员作个别之考察，并予以就业之指导。"② 中央政治学校圆满完成第一批毕业生的就业训练与指导，行政院分派人员为各个小组与实业部门对第一期受训毕业生进行考察。南京国民政府对毕业生就业问题的重视，可见一斑。全国各个省市亦积极响应，参与其中，并在一定范围内进行二期未就业学生的指导。1937 年江西省政府在给各区督察行政专员训令中记载："第一期学员于本年一月受训，期满分派实习后，业经各机关任用。第二期学员自二月五日开始训练，特参酌第一期训练计划，注重于实务应用之指导。"③ 此次训令是为推动各项建设事业的发展及解决大学毕业生就业难问题而推行的，行政院会议议决在中央政治学校附设毕业生就业训导班，招收 1936 年之前三年未就业的毕业生进行入班受训。二期与一期之不同在于指导毕业后短时间内仍未就业的学生。此训令在 1937 年得以实施，中央政治学校就业训导班的开设，使未就业毕业生恪守规章，勤勉自强。此就业训导班与就业指导机构交相呼应，积极为大学生就业提供各种便利条件与服务。除此以外，学校还召集相关负责人组成就业训练组织，积极地促进就业。

就业渠道是否畅通对于大学毕业生成功择业至关重要，南京国民政府多方位拓展就业路径。"为明了 1932 年各大学专门学校毕业生就职状况起见，特致函南北各著名学校，列表调查……本来学生就职，学校应尽相当介绍责任，从前办学校者，多不注意及此，学生文凭到手，各奔前程，与母校亦往往不通音问，母校固漠然视之。故此各校于就职一栏多从阙如，

---

① 《函实业部为就业指导委员会决议推广介绍一案》，《全国学术工作咨询处月刊》第 1 卷第 4 期，1935 年，第 1 页。

② 《就业训导班举行就业指导谈话》，《中央政治学校校刊》1936 年第 120 期，第 3 页。

③ 《民政》，《江西省政府公报》1937 年第 857 期，第 4—5 页。

实堪遗憾……南开大学于此事较为负责，燕京大学，则以校友课执周旋之劳。本年清华大学由学校具函为毕业生向各方介绍，亦为关切负责之表示，极其称许。今后毕业生，年多一年，就职问题，益形重要，宜由教育界邀同社会方面热心人士，共同组织职业指导所，一方调查社会需要，一方介绍相当人才，使社会与教育，供给需要，互相明了，同时为青年就职之顾问机关，必可有裨于国家社会"。[1] 20 世纪 30 年代，中国教育部鉴于国内毕业生陷于就业难的困境之中，遂拟定促进毕业生就业的办法，办法如下："组织各学科荣誉学会，选择成绩最优学生入会，以资鼓励；成绩优良学生，或有特殊研究著有成绩者，给予奖学金……考试院铨叙部，应取大学生及专校毕业生尚无职业者，尽先甄别发往各处录用；由教育部会同各专门部订定全国各机关社会工厂等，每年容纳各专门人材的试用额和试用期内薪资数目。"[2] "教育部共拟定八条办法，要求各省市教育局及其他教育机关和学术团体执行，设职员访问，优先介绍。教育部的救济政策最突出在于奖学金制度和用人单位考试制度，对于专门事业的管理，亦要求优先任用大学毕业生。1936 年，天津工商学院附中校董会，修正立案工会各点呈附概况。"[3] "1937 年实业部矿业司司长兼资源委员会钢铁厂筹备委员会委员程义法，因李院长在京访晤，当面预请介绍本年矿冶系毕业生五六人，要成绩与体格均属甚好者。将来即自此介绍之五六人中，选定四五人录用。钢铁厂设于湖南湘潭，建设费 3200 万元，每年可出钢 10 万吨，有志前往者，迅向李主任公达及崔主任爱棠报名，以便定期由本院代为检验体格后函介，闻将来并可有出洋机会。"[4] 实业部为实用学科毕业生的就业进行推介，以确保其成功就业，缓解就业压力。

　　总之，1927—1937 年，南京国民政府设立就业指导所、开展择业训练、开设培训班，并创建职业介绍机构，从专业技术能力、就业素养、择业途径等方面，全方位地使大学毕业生摆脱失业窘境，成功就业并回归生活的常态。这些救济措施的制定与实施表明南京国民政府的行政努力与付

---

① 《毕业学生出路问题》，《国闻周报》第 9 卷第 26 期，1932 年，第 6 页。

② 《教育部拟救大学生失业办法》，《中央周报》1930 年第 110 期，第 12 页。

③ 《为准备案事致工商学院附中校董会训令》，1936 年，天津市档案馆藏，资料号：J0110 - 1 - 000059 - 016。

④ 《钢铁厂筹委会面向李院长预定本年矿冶系毕业生数人》，《北洋周刊》1937 年第 146 期，第 5 页。

出，以及社会各界的呼吁、响应与参与。

四　大学生就业观念的转变与专业素质的提升

民国时期，大学生数量相对于全国的四亿人口而言，几乎为万分之一。按照常理，如此低的比例关系，大学毕业生应该成为真正的天之骄子，残酷的现实是大学生"毕业即面临着失业"。大学毕业生就业困难与大学生自身各方面，如学识技能与人格修养是否都健全了，抑是尚有缺点存在着？这都是值得我们反躬自省的。[①]　前述提到，胡适曾认为：大学生失业的原因，一是自己的无能，二是欲望过高而已。[②]　这种观点虽有武断，却亦表明大学生自身素质与技能有待提升。

据教育部统计，"1934 年全国大学毕业生 47086 人，独立学院毕业生 16840 人，专科学校未详，前两者共计 63926 人。就已毕业生的人数来看，虽然专科学校毕业人数未详，但我们可以大胆的估计最多也不过 6 万多人。这是我国施行新式教育以来人才造就数目真相，这是自有学校以后的成绩。教育出来的人没有事做，中国旧式生产完全还在手工业者手里，新式的轻重工业虽然有点，但是经不住外来国际资本的压迫，也抬不起头来，工程师、科学家在邮政、铁路、电政，这些部门里固然要些专门技术人才，但是也安插人数极少。所以有工科大学毕业生求封介绍信想在行政衙门当个科员的事件。教育出来的人倾向于政治斗争，行政固然需要些人，但案牍工夫及公文程度的才学并不一定需要学校出身，而且'朝里无人莫做官'，没有裙带的关联，事实上也难飞黄上达，于是吹牛哪、拍马哪，极逢迎认媚之能事，以求一官食禄，大家都走入宦途，因此政潮起来了。大家走入教育界，于是学潮也起来了。因此学校的教师自然要学生出身的人来做，但也不是各界人才安插此，同时，设安插的人愈多，学潮愈大，而养成的人愈没有出路"。[③]　民国时期，社会有识之士指出："一部分大学生自身，也不能辞其智。历来多数大学生一入校门，尤其一戴了方帽，便不愿意'学稼学圃'，而满望'学优则仕'。在这个世纪，'学优'而必要'仕'，已是错误，而况他们所学，未必能优，他们当其未得之也，患得

①　越：《大学毕业生的出路》，《青年》第 3 卷第 2 期，1936 年，第 25 页。
②　张周勋：《谈大学生的失业与就业》，《文化与教育》1937 年第 131 期，第 6 页。
③　本裕：《大学生出路与中国教育制度》，《大学新闻（北平）》1934 年第 16 期，第 1 页。

之，既得之，患失之，及其不得或者既得而失，于是无所不至于矣。今日政治社会各方面，固然有负于大学生，但这个现状，何莫非过去一部分甚至大部分的大学生所造成？虽然今日的大学毕业生，可以不直接负这个责任，但假使他们在学时或出校时竟不自纠正这个错误的观念，政治社会，终究不能改善，他们的问题，终究不能解决。因果相成，每况愈下，后之视今，怕要如今视昔，不可复得了。"① 这一时期，无论大学生选习何种学科，受中国传统文人"学而优则仕"人生诉求的熏陶与影响，青年学子对行政机构与教育领域趋之若鹜。加之，需要专业人才的部门数量有限，致使符合社会需求的实用型人才亦无业可就，随之涌向行政与教育领域。

清末民初，中国高等教育制度改革推行过程中充满坎坷，有着许多不完善的地方。由于国内政治、经济与国防的需要，特别是"九一八事变"爆发后，中国社会建设事业皆急需大量人才，于是社会有识之士积极地提倡教育救国，教育强则国家兴盛发达。1934 年教育部部长王世杰及黄建中对全国高校的发展概况进行了报告，全国大学及专门学校共 111 所，经费在 3360 余万。教职员总数 10367 人，学生数为 43519 人，具体情况见表 5－3。

表 5－3　　　　　　　　1934 年全国高校数量统计　　　　（单位：所，元，人）

高校性质	专科学校	独立学院	大学	经费	学生数	教职员
国立	10	5	13	15350000	13936	2714
私立	9	22	20	14890000	8060	1255
省立	10	14	8	4410000	21574	3136

资料来源：张光涛：《一九三四年我国高等教育之检讨》，《存诚月刊》第 1 卷第 3 期，1935 年，第 51—52 页。

由表 5－3 可知，1934 年专科学校 29 所、独立学院 41 所、大学 41 所，国立高校的经费最多，私立高校的经费略逊于国立大学，省立高校的经费最少。省立高校学生数最多约 21574 人，国立大学学生数少于省立大学生，私立大学的大学生最少，不足万人。师资数量的比例与大学生数量的分布相同，省立高校教师最多，国立大学教师其次，私立大学

---

① 《大学毕业生之职业运动》，《华侨半月刊》1934 年第 51—52 期，第 4 页。

的教师数量则最少。

表 5 – 4　　　　　　　　1934 年全国高校地域分布统计　　　　　（单位：所）

地域	校数	等次
华北（平津在内）	20	2
华南（广东在内）	8	4
华东（京沪在内）	30	1
华中（豫湘川鄂）	15	3

资料来源：张光涛：《一九三四年我国高等教育之检讨》，《存诚月刊》第 1 卷第 3 期，1935 年，第 51—52 页。

如表 5 – 4 所示，全国高校地域分布由高至低为华东 30 所、华北 20 所、华中 15 所、华南 8 所。此外各省除热河、黑龙江、绥远、宁夏、青海、贵州、西康、蒙古、西藏九省区无一专门大学校外，其他省份多则 7 校，少则 1 校不等。[①] 这一时期高校大多集中于华北与华东地区，自然此地域的大学毕业生的就业问题亦比较突出。教育部依据历年来之案卷及调查材料，已制成统计表，总计自 1912 起至 1935 年度，全国大学及专科毕业生共为 78689 人，再加上 1912 以前 3184 人，总计为 81873 人，历年统计数据如下：1912 年以前 3184 人、1912 年 490 人、1913 年 976 人、1914 年 1048 人、1915 年 1364 人、1916 年 1470 人、1917 年 1155 人、1918 年 900 人、1919 年 1137 人、1920 年 1446 人、1921 年 428 人、1922 年 1742 人、1923 年 1005 人、1924 年 2397 人、1925 年 2271 人、1926 年 2841 人、1927 年 2714 人、1928 年 3253 人、1929 年 4164 人、1930 年 4581 人、1931 年 7014 人、1932 年 7311 人、1933 年 8665 人、1934 年 9622 人、1935 年 8672 人（《中央日报》，1935 年 8 月 20 日）。[②] 从以上毕业生人数的变化更进一步地见证高等教育发展的迅速，如此多的青年学子进入社会，正常情况之下，势必为社会各项建设事业提供源源不断的新生动力。然而，民国时期大学毕业生就业却遭遇阻力，这除了政府、社会与学校等层面应担负

---

① 张光涛：《一九三四年我国高等教育之检讨》，《存诚月刊》第 1 卷第 3 期，1935 年，第 51—52 页。

② 《民国元年至二十四年专科以上学校毕业生统计》，《全国学术工作咨询处月刊》第 2 卷第 8 期，1936 年，第 50 页。

责任之外，大学生本身亦存在一定的问题。

民国时期，大学毕业生在步入职场过程中所遭遇的一系列阻碍，社会的确应当承担责任，但不是全责，大学生自身亦有着不可推卸的责任。时人曾指出："大学生没有出路，并不是社会不能用他，却是他无所能用于社会，像这种大学生空空混了一纸文凭便开口向社会要饭吃，要不到便恼羞成怒痛骂社会一顿，实在是中国前途的一大危机"。① 针对这种现象，谢承燠向大学毕业生提出几条建议：（1）有备无患。"有备无患"是我国先哲的明训，也是所谓"只问耕耘，不问收获"的意思，目前大学生最要紧的是在这一点上下功夫。中国已经渐渐走上了建设的途径，是需要各色各样的人才的，只要你"学有专长"……不愁找不到主顾。假使你在学校鬼混四年，把读书当作挂名差事，大半的光阴都耗费在娱乐场所，等到要出校门，还是无一技之长，存了个侥幸心走进社会，哪有不失败的道理？除了努力学问以外，还要注意到能力和道德的修养。（2）以服务为目的。国人传统的权利思想太深，以为读书的目的不外是求"荣华富贵"，这种很狭小的利己观念已铸成中国过去的错误，现代的中国大学生绝不可以再以大学为"做官发财"的门径，不问职务大小，总须以服务为目的，换句话说，就是以"利他"为目的。在这种观念之下，社会对我的报酬虽少，我对社会的报酬却要求其多，这样社会才得进展，人类才得幸福。（3）标准不可太高。如果你能以服务为目的，那么标准就不会太高了，标准既不太高，在社会上便比较容易找到出路。事实上有不少的大学毕业生，自以为是个了不起的人物，讲到出路，非有大的位置，高的待遇是不就的，试问社会上大的位置和高的待遇能有几多？他们找不到了，宁可坐在家里闲荡，总不愿去俯就，如这般人的没有出路，也能怪社会不是吗？② 总之，民国时人对大学生就业难问题，从大学毕业生自身寻找克服困难的方法。简言之，大学生在校期间，应以学业为主，切莫耗费青春时光于无用之事上，克勤克俭地增强专业能力与水平，未来择业时的阻碍势必会减少。

譬如："北京大学教育学会接北京大学附设民众夜校。北大民众夜校

---

① 谢承燠：《读者来信：关于大学生出路问题的几个意见》，《华年》第 3 卷第 12 期，1934 年，第 237—238 页。

② 谢承燠：《读者来信：关于大学生出路问题的几个意见》，《华年》第 3 卷第 12 期，1934 年，第 237—238 页。

原隶北大学生会，后因学生会瓦解，民校乃由教职员共同维持以迄今日。兹因负责人少，校务繁多，服务人员不胜其烦……教育学会于 11 月 7 日开始征求负责同学，于 11 月 24 日征求完竣，召集成立大会……接管北京大学附设民众夜校"①。相关专业毕业生的管理能力得到提升，临至毕业时，大学生能以最低的标准去谋求为社会服务的工作机会，于是大学生的出路问题便会轻松得以化解。

晚清时期，社会上的有识之士开始倡议创办学校，培养各类实用人才。自科举制度废除后，各种各样的学校纷纷创建，然而大多有名无实，学校内部组织大多因陋就简。迨民国肇兴，特别是南京国民政府建立后，政治上相对统一，社会较为安宁，国民政府注重高等教育，竭力整顿，历经多年，学校设施渐臻完备，毕业生日益增多，遂引发了毕业生的出路问题。

> 据 1934 年教育部统计，国内大学及专科以上学校，共有 103 个，人数 4 万有奇，国家津贴教育经费年约 4 千万元。到 1936 年数目当然增加极多。1936 年全国大学及专科以上学校之毕业生，约六七千人，加以留学国外之毕业生，共有七八千人之多。这当然可谓一种极好之现象，实则不然！一部分毕业生，靠幸运与背景，得以骤跻显位；然大多数则找不到工作，而至失业。1934 年北平大学毕业生，因找不到工作，就发起"职业运动"……遂引起政府之注意，今年行政院组织"就业训导班"，考取一千多人，又有"临时考试"等，以便量才取用，其目的固为救济失业之大学生，俾使各尽其才；然终因人浮于事，未能普遍。②

全国高等教育，据教育部调查统计，在 1912 年以前，共有大学与独立学院及专科校毕业生 3000 余人。1913 年，每年毕业生仅 400 余人至 900 余人。1914 年至 1922 年度有 1000 余人，1923 年度至 1930 年度有 2000 余人

---

① 《国立北京大学附设民众夜校校务主任郭世璋关于接收该校及开办日期向社会局的呈文》，1934 年，北京市档案馆藏，资料号：J002－003－00287。
② 周雍能、钱承起：《大学生出路之我见》，《新商业》第 2 卷第 1 期，1936 年，第 117—118 页。

至三四千人不等，至 1931 年度，已增至 7000 余人，最近三年度，更增至八九千人。因每年毕业人数之增加，而出路未能供求相应，则失业为事所恒有。据最近 1933 年、1934 年、1935 年三个年度之调查统计，全国专科以上学校毕业生，共 26959 人（文类文法教育商四科 18671 人，实类理农工医四科 8288 人），其中失业者，约占全数 13%。而次 13% 大致多为文法两科毕业生，教育商业者极少，理农工医者多有所就业。[①] 这些统计数据足以表明 20 世纪 30 年代全国高等教育每年向社会输出的毕业生大幅增加，无形之中加重了就业市场的压力。南京教部为筹备救济失业大学生，曾通令调查 1933 年、1934 年两个年度，全国专科以上失业毕业生总数为 9623 人。[②] 以上说明这两年大学生就业面临着前所未有的困境，进而激发了 1934 年北平职业同盟运动，既表达大学生自身的愤怒、不满与诉求，又导致当时社会舆情沸腾，南京国民政府为平息运动与安置大学生就业，随即采取相关措施，向民众彰显政府的行政努力与付出。

另外，正所谓"人往高处走，水往低处流"，青年毕业生热衷于前往城市就职，造成了城市人才的供过于求。城市对于人才的需求毕竟有限，大学毕业生的失业在所难免。事实上，改变大学生就业的地域流向，不失为明智之举。1936 年，"中国地广人众，百废待举，全国二十二行省，每省五六十县，每县容纳若干大学生，非特可以解决失业问题，兼可增加县政推行之效力……要解决中国一切问题，必须从事县建设，因县乃全国之基础也。但大多数毕业生，因县政府待遇菲薄，率多裹足不前……欲解决大学生失业问题，非政府规定步骤不可。大学毕业生，应从事县政工作三年，得有经验方可在省政府以及中央任事，否则无进身之阶。"[③] 加之，民国时人张周勋建议大学毕业生改变择业观念，离开相对拥挤的城市，前往广阔的农村，报效国家，造福民国。为了国家的利益，为了农民的幸福，应该放下享乐主义的心理，振起刻苦耐劳的精神，更认定这"埋头苦干"的教训，大家快快回念一心一意的往乡村去吧！是的，都市已经是不能也

① 林振镛：《全国高等教育历年毕业生人数》，《时事月报》1936 年第 15 卷第 4 期，第 164 页。

② 《大学毕业生失业人数》，《新新月报》1936 年第 6—7 期，第 19 页。

③ 周雍能、钱承起：《大学生出路之我见》，《新商业》第 2 卷第 1 期，1936 年，第 118—119 页。

不许再留恋的了。谨祝本年大学毕业的诸君，各自珍重，前程无量![1] 总之，国民政府投入大量的人力、物力、财力去培养大学生，待其毕业后，为国家服务数年亦在情理之中。同时，大学生就业问题也会得到一定程度的缓解。

据教育部 1930 年度的调查，全国大学各科的学生为 17000 人，而农工医理诸科的学生，合并计算仅 8000 多人，1929 年，中国到日本去留学的有 3 万多人，其中竟有 2/3 是学习法治经济的，这种想做官的劣根性，深入一般"士"的脑海中了。学法治经济的固然想做官，学农工商的，何尝没有做官的思想呢？要知道官的数目有限，那有整千整万官，来满足每个大学生的欲望呢？大学生在读书的时候，多欢喜谈理论，讲学说，忽略了社会上一切实际状况，一就了业……仍然目空一世，骄傲极了。不承认自己经验缺乏，还批评环境不良，这种不通世故的现象，多数大学毕业生是免不了的，论他们的办事精神，服务能力，实在没有多大的指摘……大学毕业生，尤其是毕业后第一年，应有谦虚的态度。为大学毕业就事后第一年最起码的服务条件：（1）坚定服务信仰；（2）恪守工作时间；（3）应用科学方法；（4）遵从服务条件；（5）守纪律；（6）尽责任；（7）乐业精神，革命思想，等等。[2] "大学生个人于就学之初，缺乏计划，缺乏毅力，不善择学科，中央大学工学院毕业生非皆有出路而文法学院则无也？入大学时既抱定敷衍速成之心，则出校时焉可必令社会负加以重用之责？"[3] 孔祥熙亦明确指出大学生应做好服务的准备，第一点要有高尚的人格。各位毕业以后，要选择正当的朋友，良好的工作环境。因为他们对于你们的人格，有极大的关系，大学曾说过："要先能正心修身，才能做到齐家治国平天下的地位。"第二点要有彻底和专门的学问。求学应该十分彻底而又专门，很不幸的是现在很多大学毕业生他们思想训练都是很肤浅的，许多学问都是没有成熟的，最可怜的是一般半通不通在学校里敷衍毕业的毕业生，靠一张文凭，要想谋一个待遇很优，工作很轻的位置，总之，大学教育不过是普通的学问。至于要能适应社会需要，你必定对你工

① 张周勋：《调查毕业生就业情况》，《工业周刊》1937 年第 298 期，第 9 页。

② 喻鉴清：《初期就业之大学毕业生》，《全国学术工作咨询处月刊》第 1 卷第 10 期，1935 年，第 1、5 页。

③ 宏：《大学毕业生之职业运动》，《时代公论》1934 年第 121 期，第 2 页。

作的技能要继续研究，使它彻底化专门化。现在大学毕业生常常是对于他所受的训练，所学的学问兴趣太淡薄了。成为了一个博而不精的人，不过你要真正得到成功，你一定要有彻底专门的学问，譬如你研究农业，你要成为一个精究的农学家，如要研究工程，你要成为一个好工程师。假如你是研究教育，要成为一个好教育家。第三点是要吃苦耐劳。① 另以银行业为例，"1935 年，交通银行总经理唐寿民对入职大学生进行了如下要求：忍耐心、忠实服务。诸君应为机关做事，不可为个人做事，更应以服务机关为各个人终身事业，忠实的做下去，不可思想活动，或东或西，本行招诸君来的目的，为造就银行健全人才，假如造就以后，即向别方活动，结果将使社会上各机关各行商，不愿征用大学毕业生了……有责任心。诸君都是大学或专门学院出身，对于责任心，当然是非常明白，就是事前不推诿，事后不卸责，说了就做，做了再说。合作精神、谦诚待人、服务勤慎、从事研究、不受同化"② 。以上不难看出，受中国传统从政思想的影响，大学生多选习文法学科，希望日后可以从政飞黄腾达，荣耀故里，以期光宗耀祖。这一时期，青年学子不谙世事，缺乏谦虚努力的品质。因此，为便于大学生毕业后的择业与入职，大学生获业后应该以积极勤恳的姿态投入工作，要拥有真正的服务意识与精神，不能仅仅注重个人的小我利益，而是以国家、社会的前途光明为己任。

第二节　安置大学生就业的成效微弱及其原因

20 世纪二三十年代，中国大学生就业问题受到国家与社会各个阶层的关注，为推动其就业与解决大学生失业问题，南京国民政府从经济、教育与社会等方面，出台了一系列改革高等教育的措施，譬如："调整学科设置、成立全国学术工作咨询处、就业指导委员会、开展职业介绍、呼吁社会各类团体积极参与。同时，各种社会舆论聚焦大学生自身的不足亦是诱发其就业难度增大的原因，莘莘学子应改变昔日的择业观、提升服务意识

---

① 孔祥熙：《大学生在社会服务之准备》，《中央周报》1936 年第 421 期，第 4 页。
② 唐寿民：《大学毕业生服务银行界应有认识（二)》，《申报》1935 年 2 月 17 日第 17 版。

与增强专业技能。在多种力量的介入与努力之下，大学毕业生的就业压力有所缓解，取得了些许的成效。时人曾指出：大学生'毕业即失业'的严重问题引起了当局者的注意，应运而生的设立了一个全国学术咨询处，以备大学毕业生谋职的咨询与介绍机关，于今已届一年，而对于大学毕业生的出路问题实际上究竟得到了多少解决，从最近北平又有大学生服务运动大同盟的组织一点看来，即可知道其成绩之一般了！"①

一　安置大学生就业的成效

南京国民政府与各级社会组织对于万人中仅有一名的大学生，不致埋没失业，使他们得以施展才华，服务贡献于社会国家，具体效果如下：

（1）设全国学术工作咨询处。因去岁北平大学毕业生职业运动联合会所促成。原只设南京一所。现虽在其他外埠添设代办所数处，仍觉其介绍未广，效率有限。该处在各报纸刊登求职大学毕业生的履历，志愿，宣布于社会，仅属片面工作者。尚应增派各地专员，进行面洽各培植专门人材的大学校，和延用专门人材的各机关，务使关系各方面都能联络密切，方得随时随地，居间介绍，效率才能宏大。（2）学校里边职业指导委员会已多成立者，除向校外各机关推荐外，并应将未能介绍服务各生斟酌情形，商同校内各教职员，每人留用家中一名，可不支给薪金，惟衣食住基本生活费，俱应由各教职员个人按学生生活标准供给之。最近教育统计全国专门以上学校教授，即630余人，可留用大学毕业生6300余人。至其留用工作，除由各教职员斟酌指定外，并应由校内职业指导委员会，规划一般的工作，或使其研究，或派其调查。这种留用办法，在大学教职员所费无几，而社会国家不增一文预算，确能受用无穷。即大学毕业生离开教室，仍得追随教授，服务调查研究，亲承指导，于经验学识，获益尤多，正所谓一举而数善备者是。（3）全国各地教育学会，文化协会，工商各会，青年会，及其他文化或社会机关，除自身尽力导用大学毕业外，并应就各该会会员中，尽力劝导其私家留用之。其待遇办法，一如上

① 越：《大学毕业生的出路》，《青年》第3卷第2期，1936年，第25页。

述。庶于分担留用指导之中，直接使大学毕业生得着最低限的服务机会，间接可以促进社会国家的进步。①

从上不难看出，南京国民政府对于大学毕业生就业问题的重视，着力协调各个部门的工作，争取尽可能多安置大学毕业生就业。譬如：以上各大学教职员、各文化团体机关，对于大学毕业生除尽力向各方推荐外，并能主动接纳若干人，近万人的大学毕业生必定会得到最低限度地服务社会的机会，造福社会与民众。

全国学术工作咨询处关于大学毕业生就业问题的安置，以咨询处的成果而言，截至 1935 年 3 月 2 日，五个月来专科以上学校毕业生登记总数共574 人，各方征求学术工作人员共 149 人。透过两者的比率情况，以管窥人才供求的状况。

表 5 - 5 　　　　　　1935 年全国专科以上毕业生供求关系百分表

科别	文	法	商	教育	理	农	工	医	其他	
供/求业%	16.5%	42.5%	7.6%	9.8%	4.7%	3.8%	13.4%	1.7%	—	100%
求/求人%	5.4%	14.8%	14.1%	14.1%	3.4%	2.8%	24.1%	1.3%	20%	100%
供过于求	11.1%	27.7%	—	—	1.3%	1%	—	0.4%	—	
求过于供	—	—	6.5%	4.3%	—	—	10.7%	—	20%	

资料来源：赵恩钜：《人才供求与职业介绍》，《全国学术工作咨询处月刊》第 1 卷第 4 期，1935 年，第 2 页。（注：其他一项包括军事人才。）

由表 5 - 5 可知，1935 年大学毕业生大抵皆供过于求，其中尤以文、法科为甚，理、农、医科等毕业生较弱，工科则用人比例较大，商业及教育需要人才较多。人才供求之不相适应，灼然可见。全国咨询工作处特设介绍组，专办介绍事件。在推销方面，咨询处逐日在天津、汉口、南京、杭州等处各大日报公布待聘登记人之资历愿望，按月编印登记人报告表分送全国行政工商教育各机关，请其选择聘用，亦有相当效果。全国学术工作咨询处极力联络国内各职业介绍机关，协力推广介绍。又促成国内各专科以上学校设立职业介绍机关，以便就地解决毕业生无业及失业问题。现

---

① 姬振铎：《大学毕业生应得的最低服务机会》，《文化与教育》1935 年第 71 期，第 2 页。

已成立者，有北平、交通、同济，湖南、浙江、东北、华中、震旦、川至等大学学院，及专科学校，计40余处。① 可见，以全国学术咨询工作处为核心，全国许多高校加入其中，形成全国性的职业介绍系统，大学毕业生就业问题在学校、政府与社会等三方面的共同努力下，得到了一定程度的缓解。

前文已提及经济环境是大学毕业生就业的坚实基础，随着生产建设事业的发展，工商业开始复苏与发展，各项事业有序推进，对人才需求大幅增加，大学毕业生就业状况有所改善。南京国民政府开发利用西北的丰富资源，以区域经济带动全国经济保持平稳向上的发展态势。国家、社会、学校与家庭耗费财力、物力、人力培养的大学生，应当施展才华服务于社会，这样既可以振兴社会经济等各项事业，又可以解决大学生的就业问题，可谓一举两得。"故大学毕业以后，由国家使之服务，使之生产，也如同耕耘以后期望收获的道理。"② 这一时期，整体经济环境由危机四伏转向繁华再现，工商业机关及私人公司的兴起，为求职者增加就业机会。同时，这对于四处择业的莘莘学子而言，亦不失为黑暗中的一丝光明。加之，1933年中央行政处一系列会议决案的实施以及1934年全国学术工作咨询处的成立，是南京国民政府给予大学毕业生就业方面的指导与扶持，并发挥调剂全国毕业生流向的作用，暂时缓解了大学生的就业压力。例如："大学毕业生能得公开训练分发任用，则可免除向来钻营奔走卑鄙龌龊之行为。"③ 大学毕业生受中国传统文人"学而优则仕"人生追求的影响，多数大学生认定仕途是唯一最好的出路。更有甚者，他们为了步入所谓的仕途，无所不用。出身贫寒的大学毕业生，为生计所迫，他们便不得不为五斗米而折腰。恰巧就业训练班的设置，可使部分大学生剔除如上的行为，待培训期满后分发就任，减少大学生就业压力。青年学生有业可就，可以大大地减少社会的不安定因素。

20世纪二三十年代，中国农村经济日益衰落，南京国民政府为挽救农

---

① 赵恩钜：《人才供求与职业介绍》，《全国学术工作咨询处月刊》第1卷第4期，1935年，第3页。

② 衣德：《论组设专科以上学校毕业生就业训导班之利害得失》，《孤愤半月刊》1936年第3期，第22页。

③ 衣德：《论组设专科以上学校毕业生就业训导班之利害得失》，《孤愤半月刊》1936年第3期，第23页。

村经济危机，借助政策和舆论呼吁大批无业的大学毕业生，投身到人才匮乏的农村，开展各项建设事业。1936 年，苏、浙、鄂、豫、陕等十省的 90 多个县各项工作所需人力急缺，有统计如下："区长需要 4794 人，乡镇长需要 143820 人，中等学校教员需要 3995 人，小学教职员需要 159800 人。"① 中学教员、小学教员等，几乎皆从文法科大学生中选拔，需要他们脚踏实地工作。区长、镇长作为行政管理人才，在乡村是极其缺乏的。虽然他们职务偏低，但"愈是低级愈是接近群众，愈是直接办理业务，所得的经验愈是可贵。我们将来所需要的政治领袖，行政干部，是要能够深入了解民众生活的需要，同情民众的痛苦，而为民众的利益战斗的"②。因此，国民政府派遣众多文科大学毕业生前往乡村，开展乡村教育建设和经济建设，把过剩的大学毕业生分流至农村，既安置了大学生就业，缓解城市就业压力与承载压力，又能培养具有实践经验的政治人才，于公于私皆是利大于弊。

青春躁动的大学毕业生成功就业对于个人、家庭、学校、社会与国家皆是幸事，有利于稳定社会秩序，其含意"是把社会上数千万的群众，组合起来，务使每人能有安宁的生活，每人能用自己的劳力，获得正当的适宜的生活，而这种组合，又必须包含共同协定的行为规范，和制定规范的方法，并且对于破坏这种规范的人，也必须有限制的办法"③。南京国民政府时期社会局势复杂动荡，波诡云谲，走上街头呼吁就业的大学毕业生进一步加重了这种不良的态势。解决毕业生就业问题就是稳固社会秩序的一个有效方法，国民政府执政期间采取谨慎的措施，譬如：鼓励移民，开发西北。南京国民政府是稳定社会秩序的执行机关，就成效而言，未能完全解决就业难，但对于社会秩序的稳定起到积极作用。这一时期，南京国民政府为缓解毕业生就业，制定移民西北，开发边疆的政策。此政策一边是政府的主动扶持奖励，另一边则有西北地方政府的协助，发展生产事业，大力开发资源等，为毕业生提供谋生出路与就业机会。这一时期，中国有两种不可思议的现象，就是自己有广土而不知利用，自己有富藏而不知开发。"试观我国人口之繁密程度，江苏每方哩平均人口达 875 人，浙江每

---

① 《救济失业大学生》，《独立评论》1936 年第 207 期，第 7 页。
② 《救济失业大学生》，《独立评论》1936 年第 207 期，第 8 页。
③ 贾启明：《政府与社会秩序》，《新北辰》第 3 卷第 8 期，1937 年，第 743 页。

方哩平均人口 601 人，而满洲每方哩平均人口只有 61 人，西藏和新疆每方哩都只有 4 人，蒙古则每方哩只有两人。结果致全国 6/7 的人口密集于 1/3 的地方，挤得不可开交，挤得越厉害，生计越穷蹙……忽然有有志青年发起移民西北之宏图……此事由苏省青年黄越、黄进、黄于端、陈虎生、秦敦化、高仁恩等发起，准备集同志千人，基金 10 万元，试往西北边地新疆省之迪化与阿克苏两处垦殖。"[1] 以上举措虽然不能使大学生彻底摆脱就业困境，却可以暂时解决其果腹问题。此移民政策虽不是治理毕业生就业的根本良策，还是能够减少社会的不稳定因素，亦不失为缓解就业压力的一种应急手段。

此外，民国时期高校内部和国民政府实行的就业指导属于职业指导的一部分，职业指导范围宽泛，包含就业指导与就业训练。最大的区别在于，职业指导的对象广泛，而就业指导和就业训练是专门为毕业生就业出路问题而设置。"训导班招收最近三年度专科以上学校毕业，尚未就业之学生，入学受训，不过初次开办一种限制。其三年以前毕业学生之失业救济，政府正在缜密研讨中。该呈具人等，既经河北省公安局长考试及格，所有分发实习各节，自仍应依照定章，呈请该管机关核办。"[2] 南京国民政府与全国高校的就业措施，在一定程度上平息了大学生职业同盟运动。1937 年，已考取大学生训练班，已经期满，所有成绩较优学生，均分发录用，除分发三员，并该会留用 5 人，暨女生另已分发外，计分发二十九军司令部 10 人，绥靖公署 20 人，北平市府 10 人，河北省府 40 人，察哈尔省府 20 人，华北农业合作委员会 10 人，经济委员会 2 人，平绥路局 1 人，共 128 人。该会已分别函令各机关查照办理。[3]

二　成效微弱的原因

20 世纪二三十年代，南京国民政府调动学校、社会、大学生等多方力量参与其中，竭力促成大学毕业生顺利就业。大学生就业成功与否受到政

①　韬奋：《壮哉移民西北的先锋队》，《生活周刊》第 6 卷第 10 期，1931 年，第 205 页。

②　《专科以上学校毕业生就业训导班简章》，《行政院公报》第 1 卷第 1 期，1936 年，第 36 页。

③　《大学生训练班学生分发任用》，《全国学术工作咨询处月刊》第 3 卷第 1 期，1937 年，第 91 页。

治、经济、社会、教育等诸多因素的影响。尽管南京国民政府欲全力以赴地解决大学生就业问题，但受多方因素的牵制却又力不从心，于是其应对措施的效果不佳。

1927—1937 年，中国经济经历了沉沦至低谷，后又艰难地复苏与发展，这一过程中受到中国经济制度的掣肘。民国"经济体制"是指一系列有机联系的制度、组织、机构、安排、规则和命令。这些相互联系、相互制约的决策和执行决策的活动，是由一定地理区域内或一定组织范围内的各个参加者进行的。[①] 1927—1937 年，中国经济方面的决策机制与制度等存在弊端，这是导致安置大学生就业成效微弱的根本原因所在。厘清源头，才是解决问题的关键。南京国民政府创立初期，蒋介石与地方军阀实力派之间展开了较为血腥残酷的军事角逐，最后将地方军事实力派收为麾下，政权得到初步巩固。东南沿海地区是此时期中国经济发展的核心区域，是国家财政收入的主要来源地。若能配以合理有效的经济制度，经济振兴与繁盛是指日可待的。然而，南京国民政府初建伊始，各类事务极为繁杂，政治、经济与教育等体制的构建尚不完善，特别是有关经济方面的政策的执行力不够，存在诸多亟待解决的问题。譬如：南京国民政府机关不健全，相关人员的素质良莠不齐，制定的各种政策难以执行到位，特别是经济体制存在的种种弊端暴露无遗，其在于缺乏自给自足的经济体制。只有不断地完善经济体制，形成全国与地方的经济自给，民众亟须的各类生活必需品，由本国生产，实现自给自足，带动了生产与消费，才能使中国民族经济得以复苏与振兴。政府经济机构不够完全，使得民族经济体制薄弱。中央经济行政机关有三类，分别为："（甲）直属于国民政府者，主要有全国经济委员会、建设委员会……（乙）隶属于行政院者，主要有财政部、实业部、交通部、铁道部……（丙）隶属于军事委员会者。"[②] 全国经济委员会主要负责公路、水利、卫生等事业，公路方面的成绩颇为突出；建筑委员会对全国电气事业进行管理，统一电气行政。而行政院四部各自管理全国的财政金融、农矿工商、电政邮政航政、铁道事务等。而军事委员会的经济机关有多个，规模最大的当属资源委员会，注重于经济事

---

① 冯舜华、程伟：《比较经济体制学》，辽宁大学出版社 1993 年版，第 8—9 页。

② 童蒙正：《现时之中央经济行政机构》，《中央周刊（1928 年）》第 1 卷第 24 期，1939 年，第 11 页。

业的调查研究与开发。上述经济行政机关在某些方面有突出贡献，构建经济管理模式，此管理模式主要源自西方，未能充分考虑到中国本土国情，最终国家行政经济机构重叠，人员繁多，不同部门各自为政，自成系统，效率低下。"如行政院实业部与全国经济委员会、建设委员会的职责难以明确划分；而铁道部又与交通部职责多处重复，政出多门之，随处可见。"① 以上各类机构人员的烦冗复杂，行政效率偏低，各个部门的行政执行力严重不足，大多政治、经济等政策多停留于理论层面，即便符合事实亦难以取得预期的效果。

中国多年以来积习已久的靠裙带关系而形成的用人习惯，限制了那些出身低微以及毫无社会关系的大学生施展抱负。交通银行总经理唐寿民指出："以前本行用人制度，偏重感情，因为引荐制度，有亲戚，有朋友，便可以介绍。这不适宜于今日进化社会，再进一步说，我有亲戚做官，我就可以做官，此种不良状态，实为中国各种事业不进步重大原因之一，凡事业之兴盛，全重人才，没有人才，就没有事业，就能勉强维持事业，这事业总不易发展，我常览得社会多赋闲之人，当局有才难之叹。此种现象，实为中国社会之畸形，有人常说此皆引荐制度的不好，我却深表同情，所以要变更此种制度，莫如考试及甄选，各大学保送优良毕业生方法……"② 自古以来，中国社会盘根错节，家庭背景与人脉关系决定着一个人日后的发展趋势，尤其是民国时期大学生在择业过程中因缺乏人脉资源而无业可就，是高等教育资源的巨大浪费，亦是对个人与家庭的莫大打击。这恰恰说明中国传统社会痼疾的负面影响持续存在，很难彻底根除。对此，政府、社会与学校等方面欲通过考试制度，进行选拔任用人才，借助媒体向用人单位推荐大学毕业生。即便如此，仍然无法充分地安置大学生就业，还会有部分大学生需要依靠父母关系，四处托人才能聊以谋生。

除却众人皆知的世界经济危机冲击下举步维艰的经济、复杂纠葛的政治局势、失业潮的无情充斥等原因之外，民国高等教育制度自身的弊端导致安置大学生就业举措的成效大打折扣。尤其是大学生"毕业即失业"的普遍现象，已成铁一般的事实，除了极少数的有特种关系或特别技能的大

① 陆仰渊、方庆秋主编：《民国社会经济史》，中国经济出版社 1991 年版，第 235 页。
② 《大学毕业生服务银行界应有认识（一）》，《申报》1935 年 2 月 16 日第 18 版。

学毕业生之外无有不感着失业恐慌之来袭的。中国兴办大学教育以来，不下三十余年，所造就的人才，是适合于资本主义制度的需要，但是因为中国社会还是资本主义前期的社会，一时不能达到资本主义化，也是事实，所以造就的人才，不是感觉过剩就是没有地方安插，如大学毕业生中之学商、农、文、法、理工、医等科的，除极少数的能去做官教书、做律师、医士及工程师和其他自由职业者之外，其余多数的不是文丐，就是无业的游民。然而那极少数的，也无时不在自由竞争与封建关系两种支配之下而讨生活。常言道："资本主义的生产是无政府的"，然我中国今日之大学教育之生产，也是无政府状态的，不管社会之需求如何，只管粗制滥造，求量的增加，其结果，所以必然的就发生经济学上所说的"供求失衡"，"失业恐慌"的社会的病态。[①] 20 世纪二三十年代，中国高等教育如火如荼地铺展于全国，不同大学的质量参差不齐，导致大学毕业生的专业能力不过硬，缺乏社会经验与历练的青年学子不为社会所接受，求业难度增大，亦降低了安置大学生就业的社会成效。

就业与失业是一对孪生兄弟，国家与社会除了采取相关措施安置大学生就业之外，构建配套的社会保障系统是极为必要的。实际上，现代社会保障制度起源于西方国家，19 世纪末的德国与 20 世纪初的英国社会保障思想开始萌芽，1929 年世界经济危机袭来，工商业大幅衰退，民众生活较为困苦，各国政府出台社会保障政策，重视民生，解决百姓生活以及失业大学生的困顿局面。而此时的南京国民政府尚未形成完善的社会救助体制，仅停留于法律制度层面，至于失业大学生则毫无立法保障，是导致就业成效微弱的因素之一。为维护社会秩序，南京国民政府着手开展社会保障立法工作，"1928 年前后南京国民政府先后颁布了《慈善团体监督法》《救灾准备金法》《劳动保险法案》《强制劳工保险法案》等一系列法案"。[②] 这些法案主要是针对体力劳动者而制定的，仍处于立法阶段，而无法就业大学生得不到社会保障。"就中国近代社会保障立法的状况来看，理念的嬗变是沿着两条道路进行的：一是传统救济、抚恤观念的现代化改

---

① 张英：《由今日大学毕业生之无出路谈到今后中国之大学教育》，《文化与教育》1934 年第 24 期，第 13 页。

② 张亚飞：《民国时期的人口迁移与社会保障立法》，《河南科技大学学报（社会科学版）》2011 年第 1 期，第 90 页。

造；二是社会保险、社会福利等现代观念的引入。"① 民国社会保障立法从传统社会救济向现代社会救济、社会保险与社会福利等方面转型，其受益对象是老弱病残等社会弱势群体，而失业或无业的大学生群体未被纳入社会救济保障体系。至于全国性社会救济制度尚付阙如，社会保障实践更加不成熟。"南京国民政府成立后，将栖流所改称游民感化所。1933 年 2 月，安徽省政府通令各县设立贫民习艺所，强制境内乞丐及贫苦无力自救者入所习艺，藉以保障贫民生活而增加社会生产。同时，通令各县筹设游民教养所，凡境内无业游民均应送所教育，以一年为期，不合格者留所补习。"② 安徽省社会救济对象是乞丐、贫苦无力者、无业游民，对其进行教育，为日后就业打下基础。脑力劳动者则与此类救济无缘，特别是正在择业过程中的大学生或许是已经受到政府、高校与社会的关注，而被社会救济排除之外，这与欧美等西方国家相对完善的社会保障系统存有差距，结果是影响了对大学毕业生就业问题的解决成效。

此外，南京国民政府为提升大学生职业技能与专业素养，特成立全国学术工作咨询处、就业指导委员会、就业训练班与职业指导机构等部门，调剂人才供给，使人才资源得到合理的优化配置。1934 年全国学术工作咨询处成立，主要是对于中央政府、地方政府，以及其他一切公私团体需要学术人才之状况进行调查与登记。对于全国学术的求业者与就业者，对他们进行援助与指导。③ 至于效果则不明显，"成立迄今未及二年，工作进行尤不敢言有效果，虽因事因人，对于专科以上学校毕业生之失业者，未能尽量支援，至贻口惠而实不至之议"。这期间，上述机构对于全国高校毕业生采取问卷调查登记的方法，对无业的大学毕业生进行统计，结合社会需要人才的情况开展职业介绍。1937 年职业指导机关的报告指出："我们过去工作的效果真是微乎其微，调查表发出了 39908 份，而收回者仅有11349 份。"④ 以上统计数据表明，职业指导机关无法彻底地发挥作用。同

---

① 岳宗福：《理念的嬗变与制度的初创——近代中国社会保障立法研究（1912—1949）》，博士学位论文，浙江大学，2004 年，第 189 页。

② 房列曙：《民国时期安徽的社会救济和社会保障》，《安徽师范大学学报（人文社会科学版）》2008 年第 2 期，第 224 页。

③ 高家栋：《失业救济与失业青年》，《全国学术工作咨询处月刊》第 2 卷第 7 期，1936 年，第 19 页。

④ 《国内职业指导机关概况》，《教与学》第 2 卷第 11 期，1937 年，第 217—306 页。

时，大学毕业生步入就业训练班受训，无论是有资格者，还是有无经验，均可在人才调配之中。不过，有限的就业训练班无法满足日渐增多的大学毕业生的需求。"我国设立的机关为数有限，而大学毕业生的人数递增无已。"[①] 据教育部统计，每年毕业生人数有 8000 余人，大学毕业生供过于求。就业训练指导班早已人满为患，经费有限，财政方面捉襟见肘，最终导致就业安置效果不佳。就其办法而言，有失公允。公立大学，招生较私立大学严格，私立大学招生较宽泛，其间的差异程度，实际情形，自是悬殊。而同一学校的毕业生，考前列者多是努力用功者，末位者多是荒废学业之徒，而就业指导机构不分勤懒优劣，一律进行训练后的分发任用，就会造成毕业生心理上的极度不安，懒惰者欢喜，勤劳者愤怒，优秀的人沮丧。若按成绩优劣入选，那么身强体魄但成绩劣者，无从安排，那么对于毕业生就业难问题，也终究未能解决，恶劣之人，恐怕对政府产生恶劣影响。职业指导机构的不完善暴露无遗，亦导致了安置大学生就业成效的微弱。正是由于对大学生就业问题疏导的不彻底，20 世纪 30 年代初期充斥于中国的失业危机下的大学生出路受阻，遂发生了北平大学生职业运动同盟，既是大学生向政府求援，又是向其施压，全国学术工作咨询处等一系列安置措施随之诞生。对于这些机构而言，无成熟的经验可以参考借鉴，大多在摸索中推进，难免疏漏，成效较小。"全国学术工作咨询处的设立，至多也不过是职业的供求二方，借此都可得一介绍的机关而已，而它本身固并不能产生任何的职业。"[②]

　　大学生能否成功就业，除却上述提及的外部因素之外，其自身的能力与择业意愿则扮演着极其重要的角色。1927—1937 年，政权刚刚建立，各项事业逐渐步入正轨，需要各类人才，尤其是亟须实用型人才。民国初年，全国高校的学科设置延续了清末的既定格局，虽有所调整，但是"文多实少"的局面却已形成。随着大学生就业过程呈现的问题，"文实之争"一触即发。国家初建，理、农、工等各类学科毕业生就业容易，非实用的文法类毕业生则无法完全就业。究其原因，一是文科大学毕业生供过于求；二是文科大学生专业能力与素养参差不齐。1928 年，一位杂志社的文

---

　　① 衣德：《论组设专科以上学校毕业生就业训导班之利害得失》，《孤愤半月刊》1936 年第 3 期，第 24 页。

　　② 华年：《大学生失业问题》第 3 卷第 45 期，1934 年，第 883 页。

科编辑指出：其"在某大学读书，学生连班都可不上，因为教员并不点名，到了学期终了的时候，学生只要交一个 paper 就可拿学分，学生还可请他人代作"。① 这是当时普通大学大学生的真实写照，学校的不规范助长了大学生的惰性。加之，文科课程比理科课程容易，只要修满学分即是完成学业。与之相反，重点大学的大学生则需要勤奋与刻苦，才能顺利毕业。譬如，金陵大学学生整日埋头苦读，每月甚至每周皆有大大小小的考试，青年学子全天除吃饭、睡觉以外，都是沉浸在知识的海洋，汲取营养。与普通大学学生整日沉迷于消遣娱乐活动，形成鲜明对比。两类大学的毕业生择业结果自然有着天壤之别，普通大学毕业生遭遇闭门羹，重点大学的学子则炙手可热。上述这位编辑之所以能成功就业，他回忆求学时，文科包括六科、两门哲学、宗教心理学等，每科都要提前预备。严谨的学风铸就了其扎实的专业素养，使他毕业后能入职杂志社编辑。这说明大学生自身能力与水平在就业时发挥着至关重要的作用。张羽异在《大学生失业问题》中指出："第一，是说大学生的能力不够；社会是需要人才的，可是一般大学生没有能力应对这一种需要。第二，是说现在一般大学生的物质欲望太高，不肯吃苦，尤其不愿意到农村去。"② 大学生若想获业，需要吃苦耐劳的精神，切勿贪图安逸享乐。对于职位与工作环境不可好高骛远，要脚踏实地可就低位，而不是对工作挑三拣四。此外，人满为患的文科生自身缺乏坚定的毅力与信念，而实科学生认为文法类学生读书是浪费光阴。实科类学生寻找一本参考书，找遍各大图书馆都未必得到。"20 世纪 20、30 年代，除了汉语言及文、史、哲课程以外，几乎所有的大学科——理科、工科、医科、商科、教育学、经济学、社会学和法学——都极其依赖英文教科书和参考书。"③ 这一时期，经济学和哲学等文类参考书较多，理工科类参考书多是英文，他们需借助英文字典，钻研科学，为社会事业创造生产力，正好满足南京国民政府对人才的需要，于是实科类大学生供不应求。而文法类大学毕业生访谈教授，拜望名流，混过四年，方可毕业。实类与文类大学生付出的努力不同，收获自然亦有差距。

---

① 谢景修：《在金大之文科生活谈》，《金陵周刊》1928 年第 5 期，第 324 页。
② 张羽异：《大学生失业问题》，《是非公论》1936 年第 11 期，第 16 页。
③ ［美］叶文心：《民国时期大学校园文化（1919—1937）》，冯夏根等译，中国人民大学出版社 2012 年版，第 10 页。

综上所述，1927—1937 年，安置大学生就业的成效则略显不足，其根源在于：政府行政效率不高、用人制度不完善、高等教育体制的不足、全国学术咨询工作处成效有限、大学生自身能力薄弱与择业意愿过高等。以上是民国高等教育发展路途中遭遇的难题与困惑，当前中国高校亦存在类似的问题，或多或少可以从历史中吸取有益的经验。

结　　论

　　20 世纪二三十年代，中国大学生深陷就业的困扰之中，通过梳理民国时期大学生就业的来龙去脉，既能了解那个时代国家、社会、教育等方面的变化，又能明晰前人是如何安置大学生就业及其效果的，为目前中国乃至世界各国治理同类问题，提供些许的史鉴。

一　民国时期高校源源不断地向社会输送人才

　　民国时期高等教育历经分化与统整时期，自民元至 1927 年为高等教育分化时期，1927 年至 1936 年为高等教育统整时期，1913 年经修订，大学分文、理、法、商、医、农、工等科，以文理二科为主，其文科兼法商二科，理科兼医农工之一科以上者，得名为大学，限制较前为宽。1927 年国民政府定都南京，设大学院管理全国学术及教育行政事宜。1928 年 1 月大学院修正大学区组织条例规定大学校名即以所辖区域之名名之。1928 年 9 月以来北平政治分会所辖区域为北平大学区，成立北平大学，除国立九校外，天津、保定之两大学两专校改组为八学院，及文理两科，工学院，师范学院，复各分两部。江苏大学（现名中央大学）亦由东南大学及江苏省立各大学合并而成，设有八学院，是为统整时期高等教育制度改变之第一次。1928 年冬大学院改为教育部，1929 年秋大学区制停止试行。同年公布大学专科学校两组织法及大学专科学校两规程，其要点有七：一是大学分文理法、农工商医、教育等各学院；二是三个学院以上方可称为大学，不达此条件者，是为独立学院，须分两科；三是大学各学院（包含独立学院）各科应分为若干系；四是大学院必须包含理学院或农工医各学院之一；五是大学修业年限，医学院五年（近改为 6 年）；六是专科学校之设立，以教授应用科学养成技术人才者为限；七是专科学校之种类，不仅为农业、工业、商业等，例如农艺、森林、兽医、园艺、蚕桑、畜牧、水产各部分，陶业、制革、造船、造纸、纺织、建筑、测量、矿冶及河海工程，土木工程、化学工程、机械工程、电机工程各部分，皆得适应地方情形，分别成为独立之专科学校。自此以后，大学专科学校均无预科，法科之设立限于大学程度，旧有之法政专门学校。概令遵章结束是为统整时期高等教育制度改变之第二次。[①] 从上可见，中国高等教育，晚清时期多效法日本，民国初则由日制兼师德制，继则改师美制，1927 年、1928 年又仿效法制，1929 年以后，形式上虽仍似美制，精神上实兼采欧制、美制之长。南京国民政府的中央教育行政机关的名称几经变化，即教育行政委员会、大学院、教育部，名号虽易，三民主义仍是其教育宗旨。历经三十余年，中国高等教育体制不断地调整，最终形成涵盖大学、独立学院与专科学校的高校体制，为社会培养了各种各样的人才，以应国家建设发展之需。

1919—1927 年，高校数量由民元初年的 116 所陡降至 70 余所，南京国民政府建立后，高校数量逐渐上升，1928—1937 年，高校大概维持在 100 余所。具体表现在：从历年专科以上之学校数、学生、教员、毕业生、经费等项视察，大抵每年之校数增加，则学生、教员、经费等亦随之增加，否则随之减少，而校数增减之原因则较为复杂，主要有两种，一是受政治的影响，二是学校本身失去生存的能力。1912 年和 1913 年度之高等教育，其演变为上升，学校由 115 增为 116，经费由 397 万增为 417 万，教员由 2300 人增至 2500 余人。1914 年至 1916 年，其演变为下降，学校由 102 所减为 86 所，经费由 572 万元减为 367 万元。1917 年至 1925 年，调查不完全，演变不明，然自毕业生人数观察，逐年均有增加，故演变为渐升，1925 年至 1928 年，调查亦不完全，因校数由 108 所减为 74 所，毕业生则由 2300 人降为 2200 余人，考其原因，乃专门学校渐次办理结束之故。[②] 1928—1934 年，正值训政时期，厉行建设，高校数量不仅有显著增加，而且质量亦有相当改善，对于以前文重实轻的畸形状态，亦渐调整，故此阶段为高等教育数量与质量改进时期。这一时期，全国高校向社会输送理、工、农、医、商学、教育、经济、政治、法律、史学等各种文类与

① 黄离明：《八年来中国高等教育之研究》，《教育研究（广州）》1936 年第 66 期，第 2 页。
② 《最近全国高等教育概况》，《全国学术工作咨询处月刊》第 2 卷第 10 期，1936 年，第 48 页。

实类大学毕业生，1931 年至 1937 年，中国专科以上高校在校生人数分别为：44167 人、42710 人、42936 人、41768 人、41128 人、41922 人共计254631 人；1931—1937 年，中国专科以上毕业生人数为：7034 人、7311人、8665 人、9622 人、8673 人、9154 人、5137 人、5085 人、6622 人、7710 人、8035 人，共计 82048 人。每年几千名的大学毕业生若能全部奔赴工作岗位，势必对国家社会建设发挥较大作用。然而，1929 年爆发的世界经济危机冲击着内外交困的中国，中国国内战争此起彼伏与自然灾害的频频发生，结果是城市经济凋零破败、农村经济日益破产，工厂、商店纷纷倒闭破产，形成了令南京国民政府焦头烂额的失业潮。大学生在就业过程中夹杂着无奈、愤懑、不满、焦虑与振臂高呼的情绪与行为。加之，中国高校地域分布的不平衡使上海、北平等经济发展前沿地区的大学毕业生相对集中，多于内陆及偏远地区。此种毕业生的空间格局亦影响着其职业流向与空间分布。

二　1927—1937 年中国大学生就业特点

1927—1937 年，随着中国高等教育的调整与发展，全国高校培养出来的大学毕业生相继步入工作岗位。受学校类型、专业属性、性别差异、能力不同等因素的影响，作为高级脑力劳动者的大学生在觅业途中呈现出若干时代特点。

（一）大学毕业生就业呈现"所用非所学"的特点

清末以来，高校学科设置"文重实轻"的趋势是一直存在的，结果是文法类毕业生较理工农医等实类毕业生为多。就业人数的差异给原本脆弱的就业环境带来了莫大的压力，大多数大学毕业生能够成功获业，但存在"所用非所学"的现象，学工的当公务员、学医的当教员、学矿学的办党务等。家政、物理、社会学三系皆全入教育，从事于教育，亦不能完全谓为所学即所用。至其余各系，则是皆分入于各界。有学生物、农艺、电机工程、机械等入政治，学史学入军，学农林入党，学水产科制造及渔捞入新闻，尤以教育，则各系皆有，这便是表现着"错业"的现象，表现着教育的完全失效无用。[1] 其中，文科大学生就业难始终是政府与高校关注及

---

① 汪忠天：《国内大学及专门学校毕业生就业情况的一个调查》，《中华教育界》第 22 卷第6 期，1934 年，第 49 页。

需要解决的问题，多种力量参与安置大学生就业。特别是南京国民政府出台文科招生限制令，借以调剂文实失衡的比例关系，缓解文科大学生就业问题。在此基础上，南京国民政府成立全国学术工作咨询处、就业指导委员会与就业训练班，不断地增强大学毕业生的职业素养，为其提供就业的机会，进而解决青年学子的燃眉之急。同时，实类毕业生人数会相应有所增加，满足了国家建设时期对机械、工程、交通管理、畜牧、物理、化学、数学等实用型人才的需求。文法科毕业生因专业限制在求职过程中存在诸多的障碍，文类大学生主要流向教育领域与政府机关等，特别是传统"学而优则仕"观念的根深蒂固，欲进入政府部门工作，希冀有朝一日飞黄腾达与光宗耀祖，结果出现一个职位几百人来应聘的火爆场景，亦折射出竞争的惨烈。

（二）不同类型高校毕业生就业存在差异

1927—1937年，中国教会大学、师范院校、女子大学等不同类型学校毕业生就业态势略有不同。教会大学是由外国人创办的学校，凭借其先进的教学理念与外语的优势，其毕业生就业易于其他高校大学生，他们大多流向商业、金融、教育等领域。至于师范院校毕业生本应进入各类学校，以满足各级学校对师资的需求。然而，因当时入职学校的门槛较低，许多非师范专业的毕业生选择充当教员，以维持生存，进而挤占了师范院校学子的职位。中国自古以来女性地位较为低微，更是无法享受与男子同等的受教育的权利。时至民国，社会风气大开，男女同校成为大学新的风尚，随着女大学生不断走出社会，她们要么回归家庭嫁为人妇、相夫教子，要么与男大学生一样在职场拼杀。不过，与男大学毕业生相比，女大学生在就业过程中易遭遇性别歧视，就业层次与薪酬待遇低于男性毕业生，其职业流向多为教师、文秘、护士等，譬如：1936年春季金陵女子文理学院毕业生计共10位，主修国文者1人、哲学者1人、地理学者1人、经济学者1人、社会学者2人、化学1人、数理1人、生物学1人、体育1人，毕业生服务情况：徐治方（未详）、凌宝珩（南京女遗族学校英文历史教育教员）、黄秀清（南京金陵中学地理教员）、杨芝芎（上海同德医学院及医院会计主任）、林弥励（南通基督医院社会服务股）、宋宝爱（苏州博习医院社会服务股）、吕锦琼（南京金陵中学理化教员）、李惠廉（继续研究）、朱巧贞（未详）、高桢（南京女中体育教员）。①

（三）大学毕业生就业具有区域性

中国区域发展不平衡由来已久，随着王朝时代的终结，1912 年中华民国的创立意味着现代国家的开启。但是，这种东南沿海地区发展高于偏远内陆地区的空间失衡格局一直存在，甚至影响着大学毕业生的空间流向。作为经济繁庶之地的上海与曾为政治中心的北平是民国高校云集之地，大学的地域分布直接决定着大学毕业生的空间流向，于是便形成了"孔雀东南飞"与群集华北的人才济济的现象。上海、北平、南京、广州、杭州等地因地缘优势成为大学生心仪的目的地，而甘肃、宁夏、陕西、东北等内陆及边疆地区的高校毕业生大多"自产自销"。由于经济发达地域所能容纳的人才有限，为使国家耗费资源培养的大学生能够有业可就，呼吁他们前往乡村进行建设。农村条件艰苦无法吸引莘莘学子心向往之，仅有少数青年学子响应号召奔赴农村，服务社会与贡献力量。

（四）大学生薪酬待遇悬殊

从事脑力劳动的大学毕业生的薪酬待遇如何？是否与其预期一致，从下面的统计数据可以粗略获知。1929—1933 年，安徽大学平均月薪数，每人为 82 元，最高；次为河南大学，平均月薪数，每人为 68 元；再次则为河北女子师范，平均月薪数，每人为 68 元；最低则为山西教育学院，平均月薪数，每人为 42 元。以上各校的平均月薪数，每人为 64 元。其中，南通学院农科毕业生月薪为 20 元至 230 元，相差 11 倍。② 同是大学或专门学校的毕业生，而就业待遇竟有着天壤之别。不同专业大学生的工资水平亦有不同，

政治系平均月薪数，每人为 99 元，最高；次为史学系，平均月薪数，每人为 88 元；再次为教育及哲学教育系平均月薪数，每人为 83 元；再次为化学系平均月薪数，每人为 72 元，数学系 68 元；最低则为法律系，平均月薪数，每人为 47 元。同在一系或一科的毕业生，其就业所入之月薪，且差数有使人可惊者，如政治系，则是自 50 元至 230 元，相差

---

① 《本届春季毕业生概况》，《金陵女子文理学院校刊》1936 年第 40 期，第 2—3 页。

② 汪忠天：《国内大学及专门学校毕业生就业情况的一个调查》，《中华教育界》第 22 卷第 6 期，1934 年，第 59 页。

四五倍。[①] 以上大学的男女大学生在择业过程中遭遇的阻力各不相同，入职之后的性别差异亦反映在薪酬方面。男生月薪平均数，每人为 65 元，女生月薪平均数，每人为 58 元。女生较男生低。[②] 与体力劳动者相比，作为高级知识分子的大学毕业生的工资待遇尚可，只是因能力、素质、职位与人脉关系等因素的影响，不同高校毕业生或是同一大学相同院系毕业生的薪资水平存有较大的距离。

　　总之，1927—1937 年，中国高等教育在民初基础上平稳发展，高校毕业生逐年增加，在不考虑择业意愿的情况之下，多数大学生能成功就业。不过，20 世纪 30 年代初，受 1929 年世界经济危机的冲击与转嫁，中国爆发失业潮，民众纷纷失业，整体就业环境相当恶劣，尤其是缺乏社会经验的大学毕业生更是遭遇了人生的"滑铁卢"，"毕业即失业"遂成为政府与社会的热议话题。据教育部统计，1934 年全国各大学毕业生之失业者 2000 多人，约占毕业人数 10%。但若加以无可调查的私立大学毕业生，及未受调查的人数，其数当可惊人，失业者起码占毕业的人数 1/2[③]。其中，尤为突出的是文科大学生就业难问题，直接导致了高校学科设置的调整，在某种程度上缓解了大学生的就业压力。

三　解决就业的举措呈现"标本兼治"的取向

　　1927—1937 年，中国大学生占总人口的比例为万分之一，人数较为稀少。加之，南京国民政府正值建设期，亟须各类建设人才。这种人才供需状态理应是供不应求，就业极为顺畅。然而，这一时期，世界经济危机的冲击波重创着中国原本十分脆弱的经济，国内局势复杂动荡，各种自然灾害频发，于是整体就业环境趋于不良，对大学生就业十分不利，一度形成"毕业即失业"的现象。为保证国家耗费大量资源培养的脑力劳动者能够顺利就业，服务于国家的各项建设事业，国家、社会与学校运用了"标本兼之"的应对策略，欲取得预期效果。

---

　　① 汪忠天：《国内大学及专门学校毕业生就业情况的一个调查》，《中华教育界》第 22 卷第 6 期，1934 年，第 60 页。

　　② 汪忠天：《国内大学及专门学校毕业生就业情况的一个调查》，《中华教育界》第 22 卷第 6 期，1934 年，第 60 页。

　　③ 《中国大学毕业生的失业恐慌》，《国际教育》第 1 卷第 3 期，1936 年，第 35 页。

这一时期，随着中国高校数量的平稳增长，各类大学毕业生相继走出校门，需要步入工作岗位。考虑到青年学子的出路问题，政府、学校与社会等采取一系列措施促进其就业。治标方法有：成立全国学术工作咨询处、就业指导委员会、就业训导班、调整学科设置、加强职业指导、开展职业介绍；治本方法为：开展国民经济建设运动、开发西北、进行币制改革等，试图振兴经济，进而构建良好的就业环境，为广大民众与大学生提供足够的工作岗位。同时，大学毕业生的专业素养与能力是否与社会需求相适应，至关重要。民国报刊经常登载呼吁大学生专注于学业、不要沉迷于纸醉金迷的世界、改变择业意愿、增强服务意识以及动员青年学生前往农村等，欲从源头上改变大学生"所学非所用"的尴尬处境。至于为国家与社会培养大学生的高校，从日常管理模式、课程设置、实习环节等层面，提升大学生质量，改变大学生所学知识与社会需求相脱节的状况，真正地实现学以致用，满足社会对人才的需求。至于民国时期大学生就业情况，囿于资料的匮乏，仅能从个别时段的统计数据，窥知一二。民国时人向当时的 75 所高校发放调查表，仅收回 19 所反馈信息，仅为原发出数的 1/4，具体分别是：北洋大学、北平大学、同济大学、交通大学、武汉大学等国立大学；安徽大学、河南大学等省立大学，协和大学与燕京大学等私立大学；山西法学院、山西教育学院、江西医学专科、江西农艺专科、河北女子师范学院、河北工业学院，河北医学院、河北水产专科等省立专门学校；之江文理学院与南通学院农科私立专门学校（见表 6-1）。

表 6-1　　　　　　　　　1929—1933 年中国高校毕业人数与
就业或得业人数比较　　　（单位：人，%）

学校名称	年份	毕业人数	得业人数	百分比
交通大学	1929—1933	634	634	100
河北女子师范	1929	23	22	95
北平大学	1929—1933	341	325	95
同济大学	1933	120	112	93
之江文理学院	1933	27	25	92
燕京大学	1917—1931	1248	1129	90
北洋大学	1929—1932	264	229	88
河北工学院	1929—1931	87	77	88

续表

学校名称	年份	毕业人数	得业人数	百分比
南通学院农科	1929—1933	53	46	86
协和大学	1920—1932	179	154	86
武汉大学	1932—1933	161	138	85
江西医专	1929—1933	90	76	74
山西教育学院	1929—1933	171	129	75
河北水产专科	1931	24	18	75
河北医学院	1932—1933	48	36	75
江西农专	1929—1931	61	44	74
安徽大学	1932—1933	212	152	71
河南大学	1932—1933	78	54	69
共　计		3821	3400	88

资料来源：汪忠天：《国内大学及专门学校毕业生就业情况的一个调查》，《中华教育界》第 22 卷第 6 期，1934 年，第 50 页。

由表 6 - 1 可知，这些学校毕业人数为 3821，就业人数为 3400，就业百分比为 88%，就各校言，1929—1933 年交通大学毕业人数 634 人，全部就业，河北女子师范毕业人数为 23 人，就业人数为 22 人，北平大学毕业人数为 341 人，就业人数为 325 人，就业率为 95%；同济大学毕业人数为 120 人，就业人数为 112 人，就业率为 93%；之江文理学院就业百分比 92%，燕京大学就业率为 90%，北洋大学就业率为 88%，河南大学毕业人数 78 人，就业人数为 54 人，就业率为 69%。① 虽然是部分高校的就业数据，亦反映出大学毕业生总体的就业态势基本稳定，仅个别学校的就业状况不容乐观。总之，这些"标本兼治"方法的运用势必使大学生就业更为顺畅。然而，受到政府行政效率、用人制度、高等教育体制等外界各种因素的干扰，安置大学生就业的成效较为有限。

综上所述，1927 年，南京国民政府创立之初，全国高校数量跌至谷底，由 116 所减至 80 余所。高等教育的发展水平直接决定着一个国家、民

① 汪忠天：《国内大学及专门学校毕业生就业情况的一个调查》，《中华教育界》第 22 卷第 6 期，1934 年，第 49 页。

族未来的走向，1928—1937 年，南京国民政府为巩固政权，通过颁发一系列的教育法案，规范与推动高等教育的发展。随后，中国高校的数量再度恢复至 100 余所，不断地为国家建设事业输送各类人才。受就业地域、自身专业、性别、高校类型等的限制，全国大学生就业状况、就业流向、就业结构与就业待遇等方面呈现出诸多的特点。此外，因国内外因素的影响，大学毕业生在奔赴建设国家的路途并非一帆风顺，而是一波三折，甚至是深陷"毕业即失业"的困局。为此，政府、学校、社会等采取通力合作的模式，不仅加快了中国高等教育改革的进程，有利于清除毕业生就业的阻力，而且在一定程度上缓解了大学毕业生的就业危机。即便如此，国家与社会共同应对就业的成效却不理想，特别是 1937 年日本全面侵华战争的爆发，使前期的行政努力付诸东流。民国时期，波诡云谲的局势下大学生为生存问题而东奔西走，政府、高校、社会为解决此类问题的"标本兼治"的措施，能够为当前中国治理大学生就业问题提供有益的经验与教训。

参考文献

一　档案

《北京政府档案》，1921 年，北京市档案馆藏，资料号：J001 - 001 -
00089；《北平市社会局档案》，1934 年，北京市档案馆藏，资料号：
J002 - 001 - 00246、J002 - 003 - 00287、J002 - 002 - 00085、J002 -
002 - 00059、J002 - 002 - 00038；《北京政府教育部档案》，1935 年，北
京市档案馆藏，资料号：J004 - 002 - 00350、J004 - 002 - 00350、
J004 - 001 - 00044；《实业部档案》，1935 年，北京市档案馆藏，资料
号：J007 - 001 - 01034。

《湖北省建设厅档案》，1935 年、1936 年、1937 年，湖北省档案馆藏，资
料号：LS031 - 001 - 0484 - 001、LS031 - 001 - 0484 - 002、LS031 -
001 - 0485 - 001、LS031 - 001 - 0525 - 001、LS031 - 001 - 1202 - 001、
LS031 - 001 - 0609 - 001、LS031 - 001 - 1070 - 006、LS031 - 001 -
1070 - 008、LS031 - 001 - 1070 - 009。

《上海市工部局档案》，1935 年、1936 年、1937 年，上海市档案馆藏，资
料号：U1 - 3 - 511、U1 - 4 - 151、U1 - 3 - 4305；《上海市教育局档
案》，1935 年、1936 年、1937 年，上海市档案馆藏，资料：Y8 - 1 -
1006、Y8 - 1 - 445、Y8 - 1 - 86；《上海市社会局档案》，1935 年、1936
年、1937 年，上海市档案馆藏，资料号：Q6 - 14 - 482、Q6 - 4 - 282、
Q6 - 5 - 724、Q5 - 3 - 1316、Q548 - 1 - 37、Q276 - 1 - 683。

《天津特别市政府档案》，1936 年，天津市档案馆藏，资料号：J0001 - 2 -
000002 - 008、J0001 - 2 - 000002 - 003、J0001 - 2 - 000002 - 017；《天
津市教育局档案》，1936 年，天津市档案馆藏，资料号：J0110 - 1 -
000033 - 016、J0110 - 1 - 000001 - 043、J0110 - 1 - 000038 - 030、

J0110 - 1 - 000038 - 029、J0110 - 1 - 000038 - 028、J0110 - 1 - 000038 -
027；《天津市社会局档案》，1936 年，天津市档案馆藏，资料号：
J0025 - 2 - 000883 - 028、J0025 - 2 - 000883 - 027、J0025 - 3 - 004192 -
005、J0025 - 3 - 005662 - 042、J0025 - 3 - 005833 - 026。
中国第二历史档案馆编：《中华民国史档案资料汇编》（第三编），江苏古
籍出版社 1991 年版；《中华民国史档案资料汇编》（第五辑第一编），江
苏古籍出版社 1994 年版。

二　报纸

《国民政府公报》，1929—1937 年。
《民报》，1905—1910 年
《民国日报》，1916—1932 年。
《商民公报》，1925 年
《申报》，1927—1937 年。
天津《大公报》，1927—1936 年。
《香山仁言报》，1915—1937 年。
《新民报》，1929—1937 年。
《中山民国日报》，1929—1937 年。
《中央日报》，1927—1937 年。

三　资料汇编

陈学恂主编：《中国近代教育史教学参考资料（上册）》，人民教育出版社
1986 年版。
杜元载主编：《革命文献》（第 56 辑），台北："中央"文物供应社
1971 年版。
高等教育部办公厅编：《高等教育文献法令汇编（1949—1952）》，高等教
育办公厅 1958 年版。
高时良编：《中国近代学制史料（第四辑）》，华东师范大学出版社 1993
年版。
葛祖兰：《记上海三所教会大学》，《上海地方史资料（四）》，上海人民出
版社 1986 年版。

黄季陆主编：《革命文献》（第54—55辑），台北："中央"文物供应社
　　1971年版。

江苏省政协文史资料委员会、中国第二历史档案馆编：《江苏文史资料》
　　（第79辑），《江苏文史资料》编辑部1994年版。

教育部教育年鉴编纂委员会编：《第一次中国教育年鉴》，开明书店1934
　　年版。

教育部中国教育年鉴编审委员会编：《第二次中国教育年鉴》，商务印书馆
　　1948年版。

李楚材编著：《帝国主义侵华教育史资料·教会教育》，教育科学出版社
　　1987年版。

李清悚、顾岳中编：《帝国主义在上海的教育侵略活动资料简编》，上海教
　　育出版社1982年版。

李森主编：《民国时期高等教育史料续编》，国家图书出版社2016年版。

李文海主编：《民国时期社会调查丛编·文教事业卷》，福建教育出版社
　　2014年版。

李友芝、李春年等编：《中国近现代师范教育史资料》，北京师范大学出版
　　社1983年版。

李中道：《东吴大学及东吴法学院》，《解放前上海的学校（第59辑）》，
　　上海人民出版社1988年版。

《南大百年实录》编辑组编：《南大百年实录·中央大学史料选（中卷）》，
　　南京大学出版社2002年版。

南京大学高教研究所校史编写组：《金陵大学史料集》，南京大学出版社
　　1989年版。

潘懋元、刘海峰编：《中国近代教育史资料汇编·高等教育》，上海教育出
　　版社2007年版。

秦孝仪主编：《抗战前国家建设史料》，《革命文献》（第93辑），台北：
　　"中央"文物供应社1983年版。

上海市文史馆、上海市人民政府参事室文史资料工作委员会编：《上海地
　　方史资料（四）》，上海人民出版社1986年版。

上海市政协文史资料委员会编：《上海文史资料存稿汇编·教科文卫》，上
　　海古籍出版社2001年版。

上海文献汇编编委会编：《上海文献汇编·文化卷》，天津古籍出版社 2013
　　年版。

沈云龙主编：《近代中国史料丛刊（第三编·第五辑）》，台北：文海出版
　　社 1966 年版。

舒新城编：《中国近代教育史资料》（上中下），人民教育出版社 1961
　　年版。

苏公隽：《圣约翰大学面面观》，《文史资料辑存（第 3 辑）》，中国人民政
　　治协商会议江苏省常熟市委员会文史资料研究委员会 1962 年版。

汤世雄、王国华主编：《北京师范学校史料汇编（1906—1948）》，北京教
　　育出版社 1995 年版。

王强主编：《民国大学校史资料汇编》，凤凰出版社 2014 年版。

王燕来选编：《民国教育统计资料汇编》，国家图书出版社 2010 年版。

吴相湘、刘绍唐主编：《民国史料丛刊》，台北：传记文学出版社 1971
　　年版。

张研、孙燕京主编：《民国史料丛刊·文教·高等教育》，大象出版社 2009
　　年版。

中共中央文献研究室编：《建国以来重要文献选编（第三册）》，中央文献
　　出版社 1992 年版。

中国人民政治协商会议广州市委员会文史资料研究委员会编：《广州近百
　　年教育史料·广州文史资料专辑》，广东人民出版社 1983 年版。

中国人民政治协商会议上海市委员会文史资料工作委员会编：《上海文史
　　资料选辑》，上海人民出版社 1988 年版。

中国人民政治协商会议浙江省委员会文史资料研究委员会编：《浙江文史
　　资料选辑（第 29 辑）》，浙江人民出版社 1985 年版。

中国社会科学院近代史研究所中华民国史研究室编：《中华民国史资料丛
　　稿·大事记》（第十八辑），中华书局 1983 年版。

朱有瓛主编：《中国近代学制史料》，华东师范大学出版社 1993 年版。

［日］多秋贺五郎：《近代中国教育史资料·民国编》，台北：文海出版社
　　1976 年版。

四　著作

安徽省立大学编：《安徽省立大学一览（1929 年）》，合肥安徽省立大学

1929 年版。

安树芬主编:《中国女性高等教育的历史与现状研究》,高等教育出版社 2002 年版。

北京朝阳大学编:《朝阳大学概览(1926 年)》,朝阳大学 1926 年版。

北京大学编:《国立北京大学同学录》,1924 年。

北京大学编:《国立北京大学同学录(1925 年)》,1925 年。

北京大学编:《民国十九年国立北京大学毕业同学录》,国立北京大学 1930 年版。

北京交通大学编:《北京交通大学一览(1926—1927)》,北京交通大学 1926 年版。

北京民国大学出版部编:《北京民国大学一览》,北京民国大学出版部 1924 年版。

北京中法大学居礼学院编:《北京中法大学居礼学院一览(1927—1928 年度)》,中法大学居礼学院 1928 年版。

北平大学第二师范学院编:《国立北平大学第二师范学院教职员一览表(1928 年度下学期)》,北平大学第二师范学院 1929 年版。

北平民国大学编:《北平民国大学职教员录》,北平民国大学 1928 年版。

北平清华大学编:《国立清华大学一览(1929—1930 年度)》,清华大学 1930 年版。

陈东原:《中国妇女生活史》,商务印书馆 1937 年版。

陈功江:《精神符号与个性彰显民国时期知名大学校训研究》,华中科技大学出版社 2011 年版。

陈国钦、袁征:《瞬逝的辉煌:岭南大学六十四年》,广东人民出版社 2008 年版。

陈进金:《抗战前教育政策之研究(民国十七年至二十六年)》,近代中国出版社 1997 年版。

陈景磐:《中国近代教育史》,人民教育出版社 1983 年版。

陈明霞:《近代福建教会学校教育研究》,人民出版社 2012 年版。

陈明远:《那时的大学》,山西人民出版社 2011 年版。

陈平原:《民国大学:遥想大学当年》,东方出版社 2013 年版。

陈青之:《中国教育史》,东方出版社 2012 年版。

陈文联：《冲决男权传统的罗网——五四时期妇女解放思潮研究》，中南大学出版社 2003 年版。

陈续先：《社会救济行政》，正中书局 1943 年版。

陈映璜等：《民国大学之人类学系列》，东方出版社 2015 年版。

程谪凡：《中国现代女子教育史》，中华书局 1936 年版。

丛小平：《师范学校与中国的现代化：民族国家的形成与社会转型 1897—1937》，商务印书馆 2014 年版。

崔运武：《中国师范教育史》，山西教育出版社 2006 年版。

大同大学编：《大同大学第 28 期同学录》，大同大学 1925 年版。

邓小林：《民国时期国立大学教师聘任之研究》，西南交通大学出版社 2007 年版。

邓云乡：《文化古城旧事》，河北教育出版社 2004 年版。

丁世良、赵放主编：《中国地方志民俗资料汇编（华北卷）》，北京图书馆出版社 1989 年版。

东北大学编：《东北大学概览（1928 年度）》，东北大学出版社 1929 年版。

东北大学体育科编：《东北大学体育科毕业纪念册（1932 年）》，东北大学体育科 1932 年版。

东吴大学法律学院编：《私立东吴大学法律学院院章（1930—1931）》，东吴大学法律学院 1931 年版。

东吴大学上海校友会、苏州大学上海校友会编：《东吴春秋：东吴大学建校百十周年纪念》，苏州大学出版社 2010 年版。

董宝良主编：《中国近现代高等教育史》，华中科技大学出版社 2007 年版。

杜芳琴、王政主编：《中国历史中的妇女与性别》，天津人民出版社 2004 年版。

《二十一年度全国高等教育概况统计》，教育部高等教育司 1934 年版。

冯刚、吕博：《中西文化交融下的中国近代大学校园》，清华大学出版社 2016 年版。

冯舜华、程伟：《比较经济体制学》，辽宁大学出版社 1993 年版。

福中矿务大学编：《福中矿务大学一览（1925—1927）》，福中矿务大学 1926 年版。

辅仁大学编：《辅仁大学（1929 年）》，辅仁大学 1929 年版。

辅仁大学编:《辅仁大学（1930年）》，辅仁大学1930年版。

高明士:《中国制度教育史论》，联经出版事业股份有限公司1999年版。

高时良主编:《中国教会学校史》，湖南教育出版社1994年版。

高伟强、余启咏、何卓恩编著:《民国著名大学校长（1912—1949）》，湖北人民出版社2007年版。

葛祖兰:《记上海三所教会大学》，《上海地方史资料（四)》，上海人民出版社1986年版。

顾长声:《传教士与近代中国》，上海人民出版社1981年版。

顾卫民:《基督教与近代中国社会》，上海人民出版社2010年版。

顾学稼、林蔚、伍宗华编:《中国教会大学史论丛》，成都科技大学出版社1994年版。

光华大学编:《光华大学十周年纪念册》，光华大学1935年版。

广东国民大学编:《广东国民大学概览（1935年）》，广东国民大学1935年版。

郭爱理:《中国与教育自主（1807—1937)》，纽约:锡拉丘兹大学出版社1946年版。

郭鸣鹤:《师范教育》，百城书局1932年版。

郭箴一:《中国妇女问题》，商务印书馆1937年版。

国立北京大学编:《国立北京大学规程》，国立北京大学1918年版。

国立北京大学编:《国立北京大学一览（1933年度)》，国立北京大学1933年版。

国立北京大学编:《国立北京大学一览（1935年度)》，国立北京大学1935年版。

国立北平师范大学编:《国立北平师范大学组织大纲（1932年）》，国立北平师范大学1932年版。

国立北平大学法商学院编:《国立北平大学法商学院一览（1934年）》，国立北平大学法商学院1935年版。

国立东南大学南京高师编:《国立东南大学南京高师毕业同学录（1926年)》，国立东南大学南京高师1926年版。

国立湖南大学编:《国立湖南大学概况（1937年度)》，国立湖南大学1937年版。

国立暨南大学编：《国立暨南大学教职员及学生一览（1927 年）》，国立暨南大学 1927 年版。

国立青岛大学编：《国立青岛大学一览（1931 年度）》，国立青岛大学 1931 年版。

国立山东大学出版课编：《国立山东大学一览（1932 年）》，国立山东大学出版课 1933 年版。

国立同济大学秘书处编：《国立同济大学校况简表（1929 年度）》，国立同济大学事务课 1930 年版。

国立同济大学秘书处编：《国立同济大学一览（1930 年度）》，国立同济大学事务课 1930 年版。

国立武汉大学编：《国立武汉大学一览（1930 年度）》，国立武汉大学 1931 年版。

国立武汉大学编：《国立武汉大学一览（1933 年度）》，国立武汉大学 1933 年版。

国立武汉大学编：《国立武汉大学一览（1932 年度）》，国立武汉大学 1932 年版。

国立中央大学编：《国立中央大学一览（1930 年）》，国立中央大学 1930 年版。

国立中央大学秘书处编纂组编：《国立中央大学沿革史（1930 年）》，国立中央大学秘书处编纂组 1930 年版。

国立中央大学注册组编：《国立中央大学第四届毕业生名册（1931 年）》，国立中央大学出版组 1931 年版。

韩立云：《创立与传承：民国时期北京大学人才培养模式的形成》，南京大学出版社 2015 年版。

何晓夏、史静寰：《教会学校与中国教育近代化》，广东教育出版社 1996 年版。

何一民、姚乐野主编：《民国时期社会调查丛编·四川大学卷》（上中下），福建教育出版社 2014 年版。

胡建华：《现代中国大学制度的原点：50 年代初期的大学改革》，南京师范大学出版社 2001 年版。

胡卫清：《普遍主义的挑战：近代中国基督教教育研究（1877—1927）》，

上海人民出版社 2000 年版。

湖南大学编：《湖南大学一览（1929 年度）》，湖南大学 1929 年版。

湖南大学编：《湖南大学一览（1933 年度）》，湖南大学 1934 年版。

沪江民国十八年年刊社编：《沪江大学 1929 年年刊（第 14 卷）》，沪江大学 1929 年版。

黄邦俊：《苦闷的大学生》，妇子书店 1932 年版。

黄涛：《大德是钦：记忆深处的福建协和大学》，中国大百科全书出版社 2007 年版。

黄新宪：《基督教教育与中国社会变迁》，福建教育出版社 1996 年版。

黄延复：《水木清华：二三十年代清华校园文化》，广西师范大学出版社 2001 年版。

姜闽虹：《抗战时期的民国大学招生研究》，北京理工大学出版社 2016 年版。

教育部编：《青年择业问题》，商务印书馆 1936 年版。

教育部统计室编：《全国高等教育统计（1934 年）》，1936 年。

教育部统计室编：《全国教育经费统计（一册）》，教育部统计室 1937 年版。

金陵大学编：《金陵大学文理科概况（1928—1929 年）》，金陵大学 1929 年版。

金以林：《近代中国大学研究（1895—1949）》，中央文献出版社 2000 年版。

李超英：《中国师范教育论》，商务印书馆 1939 年版。

李红惠：《民国时期国立大学学术休假制度研究》，商务印书馆 2017 年版。

李华兴主编：《民国教育史》，上海教育出版社 1997 年版。

李文海、刘仰东、夏明方等：《中国近代十大灾荒》，上海人民出版社 1994 年版。

李新总编，周天度等著：《从淞沪抗战到卢沟桥事变》，中华书局 2002 年版。

李艳莉：《崇高与平凡：民国时期大学教师日常生活研究》，福建教育出版社 2017 年版。

李瑛：《民国时期大学农业推广研究》，合肥工业大学出版社 2012 年版。

李玉胜：《民国著名大学校长的高等教育理念与实践探析》，南京大学出版社 2016 年版。

李子迟：《晚清民国大学之旅》，中国致公出版社 2010 年版。

梁碧莹：《近代中美文化交流研究》，中山大学出版社 2009 年版。

梁启超：《饮冰室合集》（第 1 卷），中华书局 1989 年版。

林其锬、吕良弼主编：《五缘文化概论》，福建人民出版社 2003 年版。

岭南农科大学编：《岭南农科大学章程（1925—1926）》，岭南农科大学 1926 年版。

刘健清、王家典、徐梁伯编：《中国国民党史》，江苏古籍出版社 1992 年版。

刘巨才：《中国近代妇女运动史》，中国妇女出版社 1989 年版。

刘问岫编：《中国师范教育简史》，人民教育出版社 1984 年版。

庐燕贞：《中国近代女子教育史》，文史哲出版社 1989 年版。

鲁竹书：《失业问题研究》，中央图书局 1927 年版。

陆仰渊、方庆秋主编：《民国社会经济史》，中国经济出版社 1991 年版。

吕芳上编：《无声之声（Ⅰ）：近代中国的妇女与国家（1600—1950）》，"中研院"近代史研究所 2003 年版。

罗久蓉、吕妙芬编：《无声之声（Ⅲ）：近代中国的妇女与文化（1600—1950）》，"中研院"近代史研究所 2003 年版。

罗苏文：《女性与近代中国社会》，上海人民出版社 1996 年版。

马啸风主编：《中国师范教育史》，首都师范大学出版社 2003 年版。

马镛：《外力冲击与上海教育》，湖北教育出版社 2003 年版。

梅生编：《中国妇女问题讨论集》，新文化书社 1934 年版。

南京大学高教研究所编：《南京大学大事记（1902—1988）》，南京大学出版社 1989 年版。

南京师范大学校史编写组编：《南京师范大学大事记 1902—1990》，南京大学出版社 1992 年版。

彭淑敏：《民国福建协和大学之研究——以师资与财务为例（1916—1949）》，台北：台湾基督教文艺出版社有限公司 2013 年版。

乔素玲：《教育与女性：近代中国女子教育与知识女性觉醒（1840—1921）》，天津古籍出版社 2005 年版。

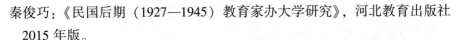

秦俊巧：《民国后期（1927—1945）教育家办大学研究》，河北教育出版社2015年版。

清华大学编：《国立清华大学本科学程一览（1929—1930年度）》，清华大学出版社1930年版。

清华大学编：《国立清华大学一览（1930年）》，国立清华大学1930年版。

清华大学校史编写组编著：《清华大学校史稿》，中华书局1981年版。

《全国高等教育概况》，教育部高等教育司1939年版。

全国民主妇女联合会筹备委员会编：《国民党统治区民主妇女运动》，新华书店1949年版。

上海圣约翰大学校史编辑委员会组编、徐以骅主编：《上海圣约翰大学（1879—1952）》，上海人民出版社2009年版。

《申报索引》编委会编：《申报索引（1931）》，上海书店出版社2008年版。

圣约翰大学编：《圣约翰大学一览（1934—1935年度）》，圣约翰大学1935年版。

圣约翰大学编：《圣约翰大学一览（1937—1938年度）》，圣约翰大学1937年版。

史静寰、王立新：《基督教教育与中国知识分子》，福建教育出版社1998年版。

舒新城编：《中国近代留学史》，中华书局1929年版。

私立东吴大学文理学院编：《私立东吴大学文理学院一览（1928年）》，私立东吴大学文理学院1928年版。

私立福建协和大学编：《私立福建协和大学十五周年纪念册》，私立福建协和大学1931年版。

私立福建协和大学编：《私立福建协和大学一览（1928—1929年）》，私立福建协和大学1929年版。

私立沪江大学编：《私立沪江大学一览（1931年度）》，私立沪江大学1932年版。

私立金陵大学理学院编：《私立金陵大学理学院概况（1930—1931）》，私立金陵大学理学院1931年版。

私立金陵大学理学院院长室编：《私立金陵大学理学院概况（1931—1932）》，私立金陵大学理学院院长室1931年版。

私立金陵大学农学院编：《私立金陵大学农学院概况（1930—1931 年）》，
私立金陵大学农学院 1931 年版。

私立金陵大学农学院院长室编：《私立金陵大学农学院概况（1932—1933
年度)》，私立金陵大学农学院院长室 1933 年版。

私立金陵大学文学院编：《私立金陵大学文学院概况（1930—1931）》，私
立金陵大学文学院 1931 年版。

私立岭南大学编：《私立岭南大学一览（1932—1933 年）》，私立岭南大学
1933 年版。

私立岭南大学编：《私立岭南大学一览（1931—1932 年）》，私立岭南大学
1932 年版。

私立齐鲁大学文理学院编：《私立齐鲁大学文理学院一览（1932 年度)》，
私立齐鲁大学文理学院 1932 年版。

私立武昌华中大学编：《私立武昌华中大学一览（1931 年度)》，私立武昌
华中大学 1931 年版。

孙本文：《现代中国社会问题》（第 1 册），商务印书馆 1947 年版。

孙海英编著：《金陵百屋房：金陵女子大学》，河北教育出版社 2004 年版。

孙丽荣编著：《中国近代教育史》，黑龙江人民出版社 2009 年版。

孙秀玲：《近代中国基督教大学社会服务研究》，山东人民出版社 2013
年版。

孙智君编著：《民国产业经济思想研究》，武汉大学出版社 2007 年版。

谈社英编著：《中国妇女运动通史》，妇女共鸣社 1936 年版。

谭玉秀：《民国时期城市失业问题及其对策研究（1912—1949）》，人民出
版社 2014 年版。

陶飞亚、吴梓明：《基督教大学与国学研究》，福建教育出版社 1998 年版。

田正平主编：《中外教育交流史》，广东教育出版社 2004 年版。

王国平：《东吴大学简史》，苏州大学出版社 2009 年版。

王立诚：《美国文化渗透与近代中国教育：沪江大学的历史》，复旦大学出
版社 2001 年版。

王丽娟：《民国国立大学学科价值取向流变研究（1912—1936）》，中国社
会科学出版社 2018 年版。

王文杰编著：《民国初期大学制度研究 1912—1927》，复旦大学出版社

2017 年版。

王晓丹：《历史镜像：社会变迁与近代中国女性生活》，云南大学出版社 2011 年版。

王忠欣：《基督教与中国近现代教育》，湖北教育出版社 2002 年版。

卫道治主编：《中外教育交流史》，湖南教育出版社 1998 年版。

文学院院长室编：《私立金陵大学文学院概况（1931—1932 年)》，文学院院长室 1930 年版。

吴洪成：《中国教育史研究·中国教会教育史》，西南师范大学出版社 1998 年版。

吴梓明编著：《基督教大学华人校长研究》，福建教育出版社 2001 年版。

吴梓明：《基督宗教与中国大学教育》，中国社会科学出版社 2003 年版。

伍振鷟：《中国大学教育发展史》，台北：三民书局 1982 年版。

厦门大学编：《厦门大学一览（1930—1931 年)》，厦门大学 1931 年版。

厦门大学编：《厦门大学一览（1931—1932 年)》，厦门大学 1932 年版。

谢必震编著：《香飘魏歧村：福建协和大学》，河北教育出版社 2004 年版。

熊月之、周武主编：《圣约翰大学史》，上海人民出版社 2007 年版。

熊子容：《职业教育》，黎明书局 1931 年版。

徐百齐：《中华民国法规大全（一)》，商务印书馆 1936 年版。

徐保安：《教会大学与民族主义：以齐鲁大学学生群体为中心（1864—1937)》，南京大学出版社 2015 年版。

徐海宁：《中国近代教会女子大学办学研究：以金陵女子大学为个案》，南京师范大学出版社 2008 年版。

徐雪筠等译编：《上海近代社会经济发展概况（1882—1931)》，上海社会科学院出版社 1985 年版。

徐以骅、韩信昌：《海上梵王渡：圣约翰大学》，河北教育出版社 2003 年版。

徐以骅：《教会大学与神学教育》，福建教育出版社 1999 年版。

燕京大学编：《私立燕京大学一览（1930—1931 年度)》，燕京大学 1931 年版。

杨才林：《民国社会教育研究》，社会科学文献出版社 2011 年版。

杨天宏：《基督教与近代中国》，四川人民出版社 1994 年版。

叶骏主编：《朱元鼎传》，上海人民出版社 2002 年版。

游鉴明主编：《无声之声（Ⅱ）：近代中国的妇女与社会（1600—1950）》，"中研院"近代史研究所 2003 年版。

余家菊：《师范教育》，中华书局 1926 年版。

虞宁宁：《中国近代教会大学招生考试研究》，华中师范大学出版社 2016 年版。

张珂：《民国公立大学与政府关系研究》，重庆出版社 2017 年版。

张连红主编：《金陵女子大学校史》，江苏人民出版社 2005 年版。

张其昀：《中华民国大学志》，中华文化出版事业委员会 1954 年版。

张宪文主编：《金陵大学史》，南京大学出版社 2002 年版。

张宪文主编：《民国研究》，社会科学文献出版社 1994 年版。

张意忠编著：《民国大学校长》，北京师范大学出版社 2012 年版。

张永广：《民国时期私立大学师范教育研究》，湖北人民出版社 2012 年版。

章开沅、马敏主编：《社会转型与教会大学》，湖北教育出版社 1998 年版。

章开沅主编：《文化传播与教会大学》，湖北教育出版社 1996 年版。

之江大学编：《杭州之江大学同学录（1928 年春季）》，之江大学 1928 年版。

之江大学编：《杭州之江大学同学录（1927 年春秋二季）》，之江大学 1927 年版。

智效民：《大学之魂：民国老校长》，中国华侨出版社 2012 年版。

中国基督教教育调查会：《中国基督教教育事业》，商务印书馆 1922 年版。

中国教育学会主编：《师范教育研究》，正中书局 1963 年版。

中国通商银行编：《五十年来之中国经济》，京华书局 1967 年版。

中华民国大学院：《全国教育会议报告》，商务印书馆 1928 年版。

中华全国妇女联合会妇女运动历史研究室编：《五四时期妇女问题文选》，生活·读书·新知三联书店 1981 年版。

中华全国妇女联合会妇女运动历史研究室编：《中国妇女运动历史资料（民国政府卷）》，中国妇女出版社 2011 年版。

中华续行委办会调查特委会编：《1901—1920 年中国基督教调查资料》，蔡咏春、文庸、段琦译，中国社会科学出版社 1987 年版。

钟荣光编：《私立岭南大学二十五年度校务报告（1936—1937 年）》，私立岭南大学 1937 年版。

周叙琪：《1910—1920 年代都会新妇女生活风貌》，台湾大学出版中心 1996 年版。

周予同：《中国现代教育史》，上海书店出版社 1989 年版。

朱博泉：《沪江大学校史述略》，《上海文史资料选辑（第 47 辑）》，上海人民出版社 1984 年版。

朱峰：《基督教与近代中国女子高等教育——金陵女大与华南女大比较研究》，福建教育出版社 2002 年版。

朱维铮主编：《基督教与近代文化》，上海人民出版社 1994 年版。

注册部编：《国立北京大学学生一览（1930 年度）》，1931 年。

邹瑞彭：《河南省立河南大学一览（1932 年）》，河南人民出版社 1932 年版。

［美］白凯（KathrynBernhardt）：《中国的妇女与财产》，上海书店出版社 2007 年版。

［美］费正清编：《中国的思想与制度》，郭晓兵等译，世界知识出版社 2008 年版。

［美］费正清、［美］费维恺编：《剑桥中华民国史（1912—1949）》（上），刘敬坤等译，中国社会科学出版社 1993 年版。

［美］海伦·福斯特·斯诺：《中国新女性》，中国新闻出版社 1985 年版。

［美］杰西·格·卢茨：《中国教会大学史 1850—1950》，曾钜生译，浙江教育出版社 1987 年版。

［美］林蔚、章开沅主编：《中西文化与教会大学：首届中国教会大学史学术研讨会论文集》，湖北教育出版社 1991 年版。

［美］罗德生克·斯科特：《福建协和大学》，陈建明、姜源译，珠海出版社 1998 年版。

［美］司徒雷登：《在华五十年：司徒雷登回忆录》，程宗家译，北京出版社 1982 年版。

［美］文乃史：《东吴大学》，王国平、杨木武译，珠海出版社 1999 年版。

［美］叶文心：《民国时期大学校园文化（1919—1937）》，冯夏根等译，中国人民大学出版社 2012 年版。

［日］本间久雄：《妇女问题十讲》，开明书店 1924 年版。

［日］多贺秋五郎：《近代中国教育史资料（1902—1960）》，文海出版社
　　1976 年版。

［日］山川丽：《中国女性史》，三秦出版社 1987 年版。

五　论文

《颁发师范生状况调查表填报》，《福建教育周刊》1929 年第 45 期。

《北平各大学本届毕业生职业运动宣言》，《全国学术工作咨询处月刊》第
　　2 卷第 5 期，1936 年。

《北平市二十三年度各区人口职业分配及失业人数统计》，《冀察调查统计
　　丛刊》1937 年第 2 期。

《本届毕业同学名录：文科毕业生》，《大夏大学周报》1929 年第 56 期。

《本校医学院毕业同学赴赣从事救护工作》，《国立同济大学旬刊》1935 年
　　第 46 期。

本裕：《大学生出路与中国教育制度》，《大学新闻（北平）》1934 年第
　　16 期。

《本院二十五年班各系毕业生之出路》，《北洋周刊》1936 年第 118 期。

《毕业生概况》，《国立师范学院旬刊》1931 年第 103 期。

《毕业生各就岗位》，《金陵大学农学院通讯》1942 年第 3 期。

《毕业生就业指导委员会之统计》，《中华教育界》第 16 卷第 6 期，
　　1926 年。

《毕业学生出路问题》，《国闻周报》第 9 卷第 26 期，1932 年。

边理庭：《师范学校的师资问题》，《教育杂志》第 27 卷第 7 期，1937 年。

卜舫济、郑学海：《本大学现行之教育宗旨》，《约翰声》第 29 卷第 6 期，
　　1918 年。

蔡谊：《失业问题发生之原因及其救济方法》，《军需杂志》1934 年第
　　27 期。

曹金：《毕业，就业，迁业，失业：两年半的生活记录》，《商职月刊》第
　　1 卷第 4 期，1935 年。

长毛：《所学非所用》，《逸经》1936 年第 17 期。

陈岱孙：《关于大学毕业生职业问题一个建议》，《独立评论》1936 年第
　　211 期。

陈光虞：《大学生失业问题的检讨》，《民鸣周刊》第 1 卷第 12 期，1934 年。

陈筠：《基督教教育之最后目的》，《中华基督教教育季刊》第 5 卷第 2 期，1929 年。

陈礼江：《教育上的浪费与节约》，《教育通讯（汉口）》1938 年第 27 期。

陈锡恩：《私立福建协和学院建制》，《协大半月刊》第 2 卷第 8 期，1932 年。

陈珍玲、沈冶祥：《廉美的服饰》，《玲珑》第 1 卷第 8 期，1931 年。

陈振名：《广州市小学教师生活之研究》，《教育研究（广州）》1936 年第 69 期。

程其保：《令公私立专科以上学校奉令发专科以上毕业生就业训导班简章仰遵办》，《湖北省政府公报》1936 年第 226 期。

慈鸿飞：《二三十年代教师、公务员工资及生活状况考》，《近代史研究》1994 年第 3 期。

《大学毕业生出路问题之严重》，《教育杂志》第 22 卷第 8 期，1930 年。

《大学毕业生失业人数》，《新新月报》1936 年第 6—7 期。

《大学毕业生失业问题之救济》，《教育杂志》第 26 卷第 9 号，1936 年。

《大学毕业生之职业运动》，《华侨半月刊》1934 年第 51—52 期。

《大学及专科学校毕业生出路办法》，《浙江教育行政周刊》1930 年第 47 期。

《大学历届毕业生职业统计表》，《之江校刊》1933 年第 60 期。

《大学生训练班学生分发任用》，《全国学术工作咨询处月刊》第 3 卷第 1 期，1937 年。

狄舟：《从"毕业即失业"到"失业及创业"》，《新生周刊》1934 年第 4 期。

方光伟：《民国私立大学的兴衰》，《教育史研究》1993 年第 1 期。

房列曙：《民国时期安徽的社会救济和社会保障》，《安徽师范大学学报》（人文社会科学版）2008 年第 2 期。

冯友兰：《清华校史概略》，《清华周刊》1931 年第 35 卷第 11—12 期。

《妇女职业与家庭是否能够兼顾》，《燕大周刊》1935 年第 6 卷第 5 期。

《复校后七年来概况统计》，《之江校刊》1936 年第 85—87 期。

《傅兰雅日记：驶向中国（二）》，《档案与史学》1997 年第 4 期。

《改革高等教育案原文》，《中央周报》1933 年第 239 期。

《改革高等教育办法，教厅昨特函本校查照办理》，《安徽大学周刊》1933
年第 118 期。

《改进高等教育计划》，《吉林省教育会月报》第 8 期，1930 年。

高家栋：《失业救济与失业青年》，《全国学术工作咨询处月刊》第 2 卷第
7 期，1936 年。

高迈：《谈人才统制》，《全国学术工作咨询处月刊》第 2 卷第 5 期，
1936 年。

《高农毕业生郑梅馨报告从事工作状况》，《国立浙江大学校刊》1934 年第
192 期。

高时良：《华中大学的发展历程及办学特色》，《教育评论》1993 年第
5 期。

葛家栋：《燕大男生对于婚姻态度之调查》，《社会学界》1930 年第 4 期。

公屏：《如何救济失业大学生》，《骨鲠》1934 年第 38 期。

龚徽桃：《专科以上学校毕业生失业问题》，《教育杂志》第 27 卷第 1 号，
1937 年。

顾元玲：《妇女问题之一看法》，《社会服务周报》1943 年第 5 期。

管怀琮：《大学生的失业问题》，《国立劳动大学月刊》第 1 卷第 3 期，
1929 年。

光：《失业大学生行窃》，《民鸣周刊》第 1 卷第 26 期，1934 年。

郭秉文：《民国十年之教育：十年度之高等教育》，《新教育》第 4 卷第 2
期，1922 年。

郭秉文：《民国十一年之高等教育》，《新教育》第 6 卷第 2 期，1923 年。

郭寿华：《救济大学毕业生》，《时代公论》第 2 卷第 96 期，1934 年。

郭寿华：《为青年出路问题与教育当局商榷》，《时代公论》第 1 卷第 14
期，1932 年。

《国内职业指导机关概况》，《教与学》第 2 卷第 11 期，1937 年。

韩静：《卜舫济与圣约翰大学》，硕士学位论文，华东师范大学，2004 年。

郝士英：《大学毕业生失业问题的原因和救济办法》，《文化与教育》1935
年第 59 期。

何祜先：《师范生实习指导的商榷》，《福建教育》1935 年第 4—5 期。

何华：《献给时代的女性》，《妇女生活》1935 年第 1 卷第 3 期。

何景元：《大学生失业问题》，《社会半月刊》第 1 卷第 1 期，1934 年。

何黎萍：《中国近代妇女职业的起源》，《妇女研究论丛》1997 年第 3 期。

何清儒：《选择一种职业》，《全国学术工作咨询处月刊》第 2 卷第 9 期，1936 年。

宏：《大学毕业生之职业运动》，《时代公论》1934 年第 121 期。

胡克森：《孔子泛血缘化理论在五缘文化形成中的作用》，《史学月刊》2007 年第 6 期。

《胡适谈大学生就业问题》，《中华基督教教育季刊》第 10 卷第 4 期，1934 年。

花寿泉：《师范生之训练与服务问题》，《江苏月报》第 4 卷第 1 期，1935 年。

华教授：《金女大之概况》，《金陵女子大学校刊》1928 年第 10 期。

华年：《大学生失业问题》第 3 卷第 45 期，1934 年。

华年：《大学生职业运动的一幕》第 3 卷第 31 期，1934 年。

黄离明：《八年来中国高等教育之研究》，《教育研究（广州）》1936 年第 66 期。

黄祖度：《女子职业教育问题之研究》，《湖北教育月刊》第 2 卷第 4 期，1935 年。

姬振铎：《大学毕业生应得的最低服务机会》，《文化与教育》1935 年第 71 期。

《基督教大学最近统计》，《中华基督教教育季刊》第 1 卷第 2 期，1925 年。

《计划：省立师范学校招生办法》，《河北教育公报》第 3 卷第 11 期，1930 年。

记者：《介绍妇女职业促进会》，《妇女周刊》1925 年第 20 期。

贾启明：《政府与社会秩序》，《新北辰》第 3 卷第 8 期，1937 年。

蒋宝麟：《20 世纪 20 年代金陵大学的立案与改组》，《近代史研究》2016 年第 4 期。

蒋廷黻：《陈果夫先生的教育政策》，《独立评论》1932 年第 4 期。

《教部发表之全国教育统计》，《湖南教育》1931 年第 24 期。

《教部统计近三年度大学毕业生 26959 人》，《进修半月刊》第 5 卷第 19
　　期，1936 年。

《教育部高等教育司司长孙本文报告近三年来全国大学及专校概况》，《湖
　　北教育厅公报》第 2 卷第 17 期，1931 年。

《教育部拟救大学生失业办法》，《中央周报》1930 年第 110 期。

《结婚启示与离婚广告》，《旁观》1933 年第 21 期。

金保华：《教会大学的自主调适》，硕士学位论文，华中师范大学，
　　2002 年。

金芝：《现阶段中妇女的要求》，《妇女》1945 年第 1 期。

《救济失业大学生》，《独立评论》1936 年第 207 期。

《救济失业大学生意见》，《全国学术工作咨询处月刊》第 2 卷第 5 期，
　　1936 年。

《救济失业学生》，《全国学术工作咨询处月刊》第 2 卷第 5 期，1936 年。

《就业训导班举行就业指导谈话》，《中央政治学校校刊》1936 年第
　　120 期。

《就业指导班筹委会商讨就业办法》，《全国学术工作咨询处月刊》第 2 卷
　　第 6 期，1936 年。

举庭：《大学毕业生之职业问题》，《北平周报》1934 年第 71 期。

孔祥熙：《大学生在社会服务之准备》，《中央周报》1936 年第 421 期。

孔祥熙：《命令：部令：训令：国民政府工商部训令：工字第二十九号
　　（1928 年 6 月 12 日）》，《工商公报》第 1 卷第 2 期，1928 年。

李锡珍：《啼饥号寒之生活》，《中华教育界》第 20 卷第 8 期，1933 年。

李欣然：《高等教育现代化进程中大学校长对学术角色的卫护——以民国
　　大学校长为中心的考察》，《山东师范大学学报》（人文社会科学版）
　　2018 年第 6 期。

李蒸：《吾国乡村教育问题》，《教育汇刊》1929 年第 1 期。

厉广雷：《论中国民国时期法律体系的建构》，硕士学位论文，吉林大学，
　　2011 年。

梁晨：《从教育选拔到教育分层：民国大学院校的招生与门槛》，《近代史
　　研究》2018 年第 6 期。

梁春芳：《师范生应该怎样》，《浙江青年》第 1 卷第 8 期，1935 年。

梁瑞庭：《师范生之待遇与训练》，《陕西教育月刊》第 1 卷第 10 期，1935 年。

梁士杰：《师范生就业之前》，《中等教育》1942 年第 2 期。

梁漱溟：《东西人的教育之不同》，《教育杂志》第 14 卷第 3 期，1922 年。

林仲达：《教育问题之社会学的探讨》，《中华教育界》第 24 卷第 7 期，1937 年。

林宗芳：《离婚的自觉》，《女子月刊》第 2 卷第 12 期，1934 年。

《令饬上海等县尽先延用本届幼稚师范毕业生》，《江苏教育》第 4 卷第 7 期，1935 年。

《令发修订小学师资训练班暂行办法》，《江苏教育》第 4 卷第 7 期，1935 年。

《令知小学教师应尽先聘请师范毕业生》，《安徽教育行政周刊》第 2 卷第 16 期，1929 年。

刘诚：《中学教职员服务状况调查》，《教育论坛》第 2 卷第 12 期，1931 年。

刘宇佳、程斯辉：《民国时期政府管理国立大学政策文本量化研究——基于政策工具的视角》，《湖北社会科学》2018 年第 10 期。

卤厂：《对于大学毕业生职业运动的感言》，《新社会半月刊》第 7 卷第 6 期，1934 年。

绿芜：《新教书匠的自供》，《读书青年》第 2 卷第 6 期，1937 年。

《论吾国高等教育》，《民国汇报》第 1 卷第 2 期，1913 年。

罗炳生：《基督教高等教育之近状及当前的问题》，《中华基督教教育季刊》第 2 卷第 3 期，1926 年。

罗来聘：《师范生与社会》，《浙江青年》第 2 卷第 6 期，1936 年。

罗廷光：《中国大学教育之展望》，《读书通讯》1947 年第 146 期。

马敏：《近年来中国大陆教会大学史研究综述》，《世界宗教研究》1996 年第 4 期。

马敏、吴梓明：《美国收藏的中国教会大学史历史文献》，《近代史研究》1993 年第 6 期。

马修进：《民国时期华北地区商业教育研究（1912—1937）》，硕士学位论文，山东师范大学，2015 年。

民立：《关于托儿所的几个问题》，《妇女界》第 2 卷第 10 期，1941 年。

《民元以来全国高等教育之进展》，《蜀铎》第 2 卷第 2 期，1936 年。

《民政》，《江西省政府公报》1937 年第 857 期。

穆一士：《谈青年失业问题》，《青年动力》第 1 卷第 1 期，1937 年。

《南昌市人民职业统计》，《经济旬刊》第 1 卷第 8 期，1933 年。

《女公务员人数统计》，《妇女共鸣》第 3 卷第 12 期，1934 年。

欧阳湘：《师范生之工作介绍问题》，《教育改造》第 1 卷第 5—6 期，
　　1937 年。

潘菽：《改进中国教育的几个简简单单的问题》，《中国教育界》第 18 卷第
　　9 期，1930 年。

潘之资：《浙江省二十年度教育统计概述》，《浙江教育行政周刊》第 5 卷
　　第 6 期，1933 年。

钱笑予：《江阴妇女职业谈》，《妇女共鸣》第 6 卷第 7 期，1937 年。

钱一苇：《妇女与职业》，《女子月刊》第 3 卷第 9 期，1935 年。

邱杰：《现阶段的大学生失业救济问题》，《全国学术工作咨询处月刊》第
　　2 卷第 7 期，1936 年。

秋江：《访问陈仪先生（特稿）》，《改进半月刊》第 1 期第 8 号，1939 年。

《全国高教概况：教育部对于全国高等教育》，《新声月刊》第 3 卷第 2 期，
　　1931 年。

日恒：《试释大学毕业生失业的原因》，《众力》第 1 卷第 5 期，1936 年。

柔云：《妇女职业问题之研究》，《民众生活》第 1 卷第 3 号，1930 年。

瑟庐：《最近十年内妇女界的回顾》，《妇女杂志》第 10 卷第 1 期，
　　1924 年。

《山西省教育厅训令第 1079 号》，《山西教育公报》1933 年第 67 期。

《汕头市政府二十年度施政方针》，《市政公报（特载）》1931 年第 67 期。

《上海职业指导所职业介绍统计》，《全国学术工作咨询处月刊》第 3 卷第
　　5 号，1937 年。

社英：《述女性政治工作现状》，《妇女共鸣》1930 年第 26 期。

沈鹏飞：《大学生失业原因》，《中国社会》第 1 卷第 2 期，1934 年。

《圣约翰大学自编校史稿》，《档案与史学》1997 年第 1 期。

《师范毕业生不敷分配》，《集美周刊》第 19 卷第 7—8 期合刊，1936 年。

《十九年度专科以上学校学生数》,《教育周刊》1931 年第 87 期。

史静寰:《近代西方传教士在华教育活动的专业化》,《历史研究》1989 年第 6 期。

《世界失业人数统计》,《新中华》第 4 卷第 4 期,1936 年。

轼:《中国女子职业现状的检讨》,《史地社会论文摘要》第 1 卷第 11 期,1935 年。

《司法院特许私立法政学院设立一览表》,《司法公报》1937 年第 177 期。

宋积莲:《青海师范毕业生服务指导问题》,《新青海》第 2 卷第 12 期,1934 年。

孙崇文:《抗战以前中国基督教大学及其学生生活研究》,博士学位论文,华东师范大学,2005 年。

孙广勇:《社会变迁中的中国近代教育会研究》,博士学位论文,华中师范大学,2006 年。

孙铭勋:《大学毕业生就业问题》,《生活教育》第 2 卷第 14 期,1935 年。

孙起炘:《中国经济之复兴》,《实业部月刊》第 1 卷第 8 期,1936 年。

孙秀玲、韩雪童:《民国时期大学女教师的角色冲突与调适——基于社会学视角的分析》,《当代教育科学》2018 年第 9 期。

韬奋:《壮哉移民西北的先锋队》,《生活周刊》第 6 卷第 10 期,1931 年。

滕亚屏:《旧中国的教会大学》,《吉林大学社会科学学报》1980 年第 2 期。

《天津市二十三年度各区人口职业分配及失业人数统计》,《冀察调查统计丛刊》第 2 卷第 2 期,1937 年。

田正平:《教会大学与中国教育现代化》,《文史哲》2007 年第 3 期。

《厅令各县教局遵章任用师范毕业生》,《河南省政府公报》1934 年第 944 期。

汪忠天:《毕业与出路》,《哲学与教育》第 2 卷第 1 期,1933 年。

汪忠天:《国内大学及专门学校毕业生就业情况的一个调查》,《中华教育界》第 22 卷第 6 期,1934 年。

王成康:《最近全国高等教育概况》,《教与学》第 2 卷第 6 期,1936 年。

王成:《中国教会大学人才培养特点透视》,硕士学位论文,南京大学,2011 年。

王立新：《美国教会在华高等教育事业的考察》，《上海社会科学院学术季刊》1991 年第 4 期。

王叔铭：《中国妇女职业简史》，《女子月刊》1937 年第 5 期。

王言法：《近代中国高等教育与社会的嬗变》，博士学位论文，山东大学，2011 年。

王艺菲：《民国时期国立大学校园文化价值取向研究》，《教育现代化》2018 年第 50 期。

魏馥兰：《怎样贯彻基督教大学之中国化》，《中华基督教教育季刊》第 2 卷第 2 期，1926 年。

魏珂、李艳莉：《民国时期大学教师学术休假生活研究》，《高教探索》2019 年第 2 期。

文央、姜平：《职业妇女的结婚问题——为邮局禁用已婚女子而写》，《上海妇女》第 3 卷第 9 期，1939 年。

邬大光、林莉：《教育服务：现代教育交流中的一种异化》，《教育研究》2005 年第 6 期。

无敏：《职业妇女的检讨》，《妇女新生活月刊》1937 年第 7 期。

吴季玄：《浪费的大学教育》，《正论》1935 年第 45 期。

《吴兴县职业人口类别统计》，《经济统计月志》第 2 卷第 3 期，1935 年。

吴至信：《中国女子职业现状的检讨》，《史地社会论文摘要》1935 年第 1 期。

吴梓明：《全球地域化：中国教会大学史研究的新视野》，《历史研究》2007 年第 1 期。

夏敦：《妇女职业与劳动问题》，《新女性》第 4 卷第 2 期，1929 年。

《乡村师范教育问题》，《江苏教育》第 1 卷第 7—8 期，1932 年。

《校董会》，《东吴年刊》1929 年第 1 期。

谢承燏：《读者来信：关于大学生出路问题的几个意见》，《华年》第 3 卷第 12 期，1934 年。

谢景修：《在金大之文科生活谈》，《金陵周刊》1928 年第 5 期。

《新妆服饰公司之发起》，《商业杂志》第 2 卷第 8 期，1927 年。

熊式辉、程时煃：《江西省政府训令：教三字第六二六四号》，《江西省政府公报》1937 年第 909 期。

熊月之：《晚清西学东渐史概论》，《上海社会科学院学术季刊》1995 年第
　1 期。

《修正律师暂行章程》，《司法公报》1916 年第 68 号。

《学校新闻：东吴大学立案已准》，《中华基督教教育季刊》第 5 卷第 3 期，
　1929 年。

雅明：《妇女从事职业的先决问题》，《女子月刊》第 1 期第 8 号，1933 年。

杨聪玲：《之江大学办学形态研究——以抗战时期为中心》，硕士学位论
　文，复旦大学，2009 年。

杨家麟：《国民经济建设运动的回顾与前瞻》，《血路》1938 年第 21 期。

杨卫玉：《女子的职业心理》，《兴华》第 34 卷第 2 期，1937 年。

杨元长：《中国绝无仅有的妇女职业》，《今代妇女》1930 年第 14 期。

尧：《妇女职业与教育》，《史地社会论文摘要月刊》第 3 卷第 8 期，
　1937 年。

叶张瑜：《建国初期教会大学的历史考察》，《当代中国史研究》2001 年第
　3 期。

伊卡：《中等学校毕业以后》，《学生杂志》第 17 卷第 12 号，1930 年。

衣德：《论组设专科以上学校毕业生就业训导班之利害得失》，《孤愤半月
　刊》1936 年第 3 期。

仪声：《大学生的失业问题》，《民生》1936 年第 30 期。

亦正：《失业大学生就业训练问题》，《自力旬刊》1936 年第 6—7 期。

佚名：《妇女会职业介绍所消息》，《妇女月报》第 1 卷第 8 期，1935 年。

佚名：《妇女职业界之好消息》，《妇女共鸣》1930 年第 29 期。

音青：《首都政府机关的女职员》，《生活周刊》第 6 卷第 21 期，1930 年。

友新：《中国职业妇女的现状与救济》，《妇女杂志》1927 年第 13 期。

喻鉴清：《初期就业之大学毕业生》，《全国学术工作咨询处月刊》第 1 卷
　第 10 期，1935 年。

袁学礼：《师范生待遇问题》，《江苏教育》第 1 卷第 7—8 期，1932 年。

岳宗福：《理念的嬗变与制度的初创——近代中国社会保障立法研究
　（1912—1949）》，博士学位论文，浙江大学，2004 年。

越：《大学毕业生的出路》，《青年》第 3 卷第 2 期，1936 年。

詹詹：《关于女子职业的几种论调》，《生活（上海 1925A）》第 5 卷第 26

期，1930 年。

张汉倬：《中国大学毕业生失业之原因及其救济办法协议》，《全国学术工作咨询处月刊》第 2 卷第 8 期，1936 年。

张太原：《20 世纪 30 年代的文实之争》，《近代史研究》2005 年第 6 期。

张烨：《重读五十年代的院系调整——基于教育政策借鉴理论的视角》，《华东师范大学学报》（教育科学版）2007 年第 2 期。

张意忠：《民国时期大学教授与学生的关系及其启示》，《高等教育研究》2018 年第 11 期。

张英：《由今日大学毕业生之无出路谈到今后中国之大学教育》，《文化与教育》1934 年第 24 期。

张羽异：《大学生失业问题》，《是非公论》1936 年第 11 期。

张聿飞：《镀金式的现代中国高等教育》，《社会周报（北平）》1933 年第 7 期。

张周勋：《调查毕业生就业情况》，《工业周刊》1937 年第 298 期。

张周勋：《谈大学生的失业与就业》，《文化与教育》1937 年第 131 期。

章博：《近代中国社会变迁与基督教大学的发展——以华中大学为中心的研究》，博士学位论文，华中师范大学，2006 年。

章开沅：《教会大学史研究的文化视野》，《华中师范大学学报》（哲学社会科学版）1997 年第 3 期。

章寅：《清华学制沿革述略及历年毕业生统计》，《国立清华大学廿周年纪念刊》，1931 年。

赵厚勰：《雅礼会在华教育事业研究》，博士学位论文，华中师范大学，2006 年。

正之：《大学生的职业运动》，《新人周刊》第 2 卷第 39 期，1936 年。

郑西谷：《中学师资训练问题之研究》，《教育杂志》第 26 卷第 7 号，1936 年。

郑永详、王连保：《复兴民族运动中师范生应有之努力》，《集美周刊》第 17 卷第 9 期，1935 年。

知微：《学潮》，《浙江教育杂志》1922 年第 1 期。

《中国大学毕业生的失业恐慌》，《国际教育》第 1 卷第 3 期，1936 年。

中济：《广东妇女在政治教育及专门艺术方面的职业》，《生活（上海

1925A)》第 1 卷第 42 期，1926 年。

周谷平、孙秀玲：《挑战与应对：近代中国教会大学的社会服务》，《华东师范大学学报》（教育科学版）2007 年第 4 期。

周雍能、钱承起：《大学生出路之我见》，《新商业》第 2 卷第 1 期，1936 年。

朱惟杰：《大学教育》，《教育季刊（上海 1931）》，1931 年。

朱玉珂：《妇女职业与妇女教育》，《妇女月报》第 2 卷第 10 期，1936 年。

朱玉珂：《她师范毕业后的一年生活》，《青年界》第 8 卷第 2 期，1935 年。

《专科以上毕业生就业失业调查》，《河南统计月报》第 2 卷第 7 期，1936 年。

《专科以上学校毕业生就业训导班简章》，《行政院公报》第 1 卷第 1 期，1936 年。

紫炎：《由朱买臣想到——近代离婚率的增加》，《三六九画报》1936 年第 1 期。

卒：《一万大学毕业生》，《民间半月刊》第 2 卷第 4 期，1936 年。

《最近全国高等教育概况》，《全国学术工作咨询处月刊》第 2 卷第 10 期，1936 年。